Paulus-
kalender
2025

PAULUSVERLAG EINSIEDELN / SCHWEIZ

Einige Rechtsinhaber waren nicht zu ermitteln.
Hinweise nimmt der Verlag gerne entgegen.

Textzusammenstellung: Hans Thomas

Umschlagmotiv: Glasmalerei, Cathedra Petri,
Petersdom, Rom
© mauritius images / Image Broker

© 2024 Paulusverlag
ISBN 978-3-7228-0225-1 (Buchform)
ISBN 978-3-7228-0325-8
(Aufstell-/Wandkalender)

Der Gott der Hoffnung erfülle euch
mit aller Freude und mit allem
Frieden im Glauben,
damit ihr reich werdet an Hoffnung
in der Kraft des Heiligen Geistes.

*Der Apostel Paulus in seinem
Brief an die Römer (15,13)*

1

JANUAR

Mittwoch

Oktav von Weihnachten
Hochfest der Gottesmutter Maria
Weltfriedenstag

Das wäre ein Vorsatz fürs neue Jahr:
Ich breche aus aus dem Teufelskreis des
schönen Scheins und trete ein in den Le-
benskreis, indem ich mich annehme, wie
ich bin, meine Möglichkeiten, aber auch
meine Grenzen erkenne. Indem ich Wert
lege auf Zeit für mich, Zeit für andere, Zeit
für Gott. Aus der Lebenswüste von Stress
und Fassade in die blühende Landschaft
von Gelassenheit und Liebe.

Margot Käßmann

Zum neuen Jahr

Möge Gott dir im Neuen Jahr
mehr Zeit schenken zu danken
als zu klagen.

Mögen sich deine Freuden nach Tagen,
aber dein Kummer nach Stunden zählen.

Mögen die Zeiten selten sein,
in denen du deine Freunde entbehrst,
doch kurz die Augenblicke
in Gesellschaft von Dummköpfen.

Mögen alle Tränen des kommenden Jahres
Tränen der Freude sein.

Irischer Segenswunsch

2

Hll. Basilius der Große
und Gregor von Nazianz,
Bischöfe und Kirchenlehrer
Gebetstag für geistliche Berufe

Neid schadet am meisten dem,
der ihn hegt, anderen gar wenig.
Gleich wie der Rost das Eisen frisst,
so frisst der Neid den Neider.

Hl. Basilius der Große (330–379)

Das A und das O

Jesus war, ist und bleibt ein Mensch für Menschen. Anders kann man ihn nicht begreifen. Und schon gar nicht kann man ihn ohne diese Tatsache als Gott verstehen. Letztlich bleibt alles, was mit Jesus zusammenhängt, ein Geheimnis. Ein Geheimnis, das Menschen immer wieder dazu drängt, einem geheimnisvollen Ruf durch die Tat zu folgen. Manchmal mehr schlecht als recht. Man kann darüber lange diskutieren. Es hilft nichts. Das Erste und das Letzte, das A und das O, stehen auf dem Spiel. Es geht in der Nachfolge Jesu um eine Entscheidung, die eine grundlegende Veränderung des Lebens zur Folge hat, die nichts mehr beim Alten lassen kann. Sie macht alles neu. Sie ist eine Provokation.

Michael Albus
Ins Offene gehen
Patmos Verlag

3

JANUAR

Freitag

Heiligster Name Jesu
Hl. Genoveva, Ordensfrau
Hl. Odilo, Abt
Herz-Jesu-Freitag

Heute will ich dir
ein kleines Stück
vom Himmel schenken,
gerade so groß,
dass nur du allein darauf Platz hast
und alle deinen Sorgen und Ängste
rechts und links hinunterfallen.

Christa Spilling-Nöker

Jesus: ein heilender Name

Durch die Wiederholung des Jesus-Namens stellst du dich in die Gegenwart Jesu; sie vermittelt dem, der betet, auch die Kraft der Erlösung, des Heils. Jesus ist wesentlich der Erlöser. Das ist die Bedeutung seines Namens (vgl. Mt 1,21). «Und in keinem anderen ist das Heil zu finden. Denn es ist uns Menschen kein anderer Name unter dem Himmel gegeben, durch den wir gerettet werden sollen» (Apg 4,12).

Die liebende Wiederholung des Namens «Jesus» stellt uns in seine Gegenwart. Wenn uns Jesus gegenwärtig ist, schenkt er uns Erlösung: Heilung von Krankheiten, den körperlichen, den emotionalen oder den spirituellen; und als Folge davon: Friede mit unseren Mitmenschen, mit Gott und mit uns selbst.

Anthony de Mello
Meditieren mit Leib und Seele
Topos plus

4

JANUAR

Samstag

Hl. Marius, Bischof von Lausanne
Hl. Rigobert
Hl. Angela von Foligno
Mariensamstag

Durch ihren Glauben und ihre Heiligkeit
ist Maria das «Schon» des «Noch nicht»
der Kirche und jedes Christen.
Sie ist die Gegenwart unserer
Zukunft in Christus.

Frère Max Thurian von Taizé

Komm in unser Leben

Du Gott des Universums,
wir loben dich,
wir glauben an deine Liebe
und Fürsorge für uns.
Wir danken dir, dass du
unsere Stärke
in unserer Schwäche bist.

Du hast die Wüsten, Steppen
und Berge erschaffen,
deine Macht ist grenzenlos.

Du bist unser Fels,
unsere Hoffnung und
unsere Kraft.

Du hast unsere Namen
in deine Handfläche geschrieben
und lässt uns nicht allein.

Du hast versprochen,
jeden Tag bis zum Ende der Zeit
bei uns zu sein.

Komm in unser Leben
und erneuere es!

Ein Gebet von «missio»

5

Sonntag

2. Sonntag nach Weihnachten
Hl. Gerlach, Einsiedler

Achtsamkeit heißt: die Augen aufmachen und den anderen so anschauen, als ob man ihn noch nie gesehen hätte. Es bedeutet: jemanden nicht nur mit äußeren Augen anzuschauen, sondern mit den Augen des Herzens.

Anselm Grün

«Im Anfang war das Wort»

Dieser Anfang, der Ursprung von allem, ist das «Wort». Kein flüchtig dahin gesagtes Wort, sondern das schöpferische Wort Gottes, das alles ins Leben gerufen hat. Der griechische Ausdruck dafür ist Logos, und das bedeutet «Sinn». Am Beginn also: Logik Gottes, der Sinn, den Gott der Welt und allem, was ist, einstiftet. Diesen Anfang besingt der Prolog des Johannes. Nach der Überzeugung des Evangelisten ist das kein nostalgisches Lied, das von guten alten, aber vergangenen Zeiten singt. Für ihn bleibt der Anfang gegenwärtig, aktuell. Dieser Anfang geht gewissermaßen mit, als geheimes Wasserzeichen. Er veraltet nie.

Eben darin liegt die frohe Botschaft: Der Anfang, den Gott gesetzt hat, bleibt gültig. Gott nimmt das Wort des Anfangs nicht zurück. Der Sinn, den Gott in seine Schöpfung gelegt hat, bleibt gültig. In ihm steckt die Kraft zur Erneuerung – immer wieder.

Bischof Stephan Ackermann
Gott blickt uns an
Verlag Herder

6

JANUAR

Montag

Erscheinung des Herrn
Hll. Kaspar, Melchior, Balthasar

Epiphanie, Erscheinung des Herrn: göttliche Wahrheit und Herrlichkeit leuchten, wenn auch noch verborgen, in dem Kind von Bethlehem. Suchende Menschen finden den Weg. Sie kommen mit Gaben und gehen als Beschenkte. Als Boten des Lichts in eine dunkle Welt.

Schott-Messbuch

Weise Herrn aus fremdem Land

Weise Herrn aus fremdem Land
trabten durch den Wüstensand,
weil ein Stern am Himmel stand
und der Herr geboren war,
und der Herr geboren war.

Dromedare schritten sacht;
goldenhelle ward die Nacht.
Als das Kindlein aufgewacht,
brachten sie ihm Gaben dar,
brachten sie ihm Gaben dar.

Legten dann in Gottes Hand
auch ihr Herz und den Verstand,
ritten wieder in ihr Land,
und der Stern sang wunderbar,
und der Stern sang wunderbar.

Silja Walter
Gesamtausgabe. Band 10
Paulusverlag

7

JANUAR

Dienstag

Hl. Raimund von Peñafort, Priester
Hl. Reinhold, Märtyrer
Hl. Valentin von Rätien, Bischof

Man muss den Heiland sich eigentlich als einen wahren Menschen vorstellen, wenn man ihm ähnlich zu werden begehrt. Kurz, der Heiland soll uns aus den Augen heraus funkeln, dass man's sehe, dass er in uns lebt!

Nikolaus Graf von Zinzendorf
(1700–1760)

Was mich befreit

Die Wahrheit wird euch frei machen (Joh 8,32). Nicht unsere Tat, unser Mut, unsere Kraft, unser Volk, unsere Wahrheit, sondern Gottes Wahrheit allein ... Sie allein aber lässt mich den anderen sehen. Sie richtet meinen in mich verbogenen Blick über sich hinaus und zeigt ihm den anderen Menschen. Und indem sie das tut, tut sie an mir die Tat der Liebe, der Gnade Gottes. Sie vernichtet unsere Lüge und schafft die Wahrheit. Sie vernichtet den Hass und schafft die Liebe. Gottes Wahrheit ist Gottes Liebe, und Gottes Liebe macht uns frei von uns selbst für den andern. Frei sein heißt nichts anderes als in der Liebe sein. Und in der Liebe sein heißt nichts anderes als in der Wahrheit Gottes sein.

Dietrich Bonhoeffer (1906–1945)

8

JANUAR

Mittwoch

Hl. Severin, Abt
Hl. Erhard, Bischof

Erringe du den inneren Frieden,
und eine große Zahl von
Menschen um dich herum
werden ihren Frieden finden.

Starez Seraphim von Sarow

Hunger nach Gerechtigkeit

Siehst du, Gott,
auch heute noch wie in Ägypten
das Elend deines Volkes?
Hörst du, Gott,
auch heute noch unser Schreien?

Schaue hin, Gott,
und brauche unsere Augen,
um Ungerechtigkeit heute
zu sehen.

Höre hin, Gott,
und brauche unsere Ohren,
um Ungerechtigkeit heute
zu hören.

Handle, Gott,
und brauche unsere Hände,
um Ungerechtigkeit heute
zu beseitigen
und Frieden für alle zu schaffen.

Marie-Luise Langwald
in: «Herausforderung Gerechtigkeit»
Klens Verlag

9

JANUAR

Donnerstag

Hll. Julian und Basilissa, Märtyrer

Ihr Christen habt in eurer Obhut ein Dokument mit genug Dynamit in sich, die gesamte Zivilisation in Stücke zu blasen, die Welt auf den Kopf zu stellen; dieser kriegszerrissenen Welt Frieden zu bringen. Aber ihr geht damit so um, als ob es bloß ein Stück gute Literatur ist, sonst weiter nichts.

Mahatma Gandhi

Niemals Gewalt!

Auf Knien flehe ich euch an, abzulassen vom Weg der Gewalt und auf den Weg des Friedens zurückzukehren. Gewalt verzögert nur den Tag der Gerechtigkeit. Gewalt zerstört den Einsatz für Gerechtigkeit.

Folgt keinem Führer, der euch beibringt, den Tod in Kauf zu nehmen. Liebt das Leben, respektiert das Leben, das eigene und das der anderen. Widmet euch dem Einsatz für das Leben, nicht dem Werk des Todes.

Gewalt ist der Feind der Gerechtigkeit. Nur Frieden kann den Weg zu wahrer Gerechtigkeit weisen.

Hl. Papst Johannes Paul II.

10

JANUAR

Freitag

Hll. Päpste Agathon und Gregor X.
Hl. Paulus, erster Einsiedler

Es gibt ein wunderschönes Wort, in dem
all das geheimnisvoll zusammengefasst ist,
was Gott uns zugedacht hat. Es ist das Wort
«Paradies». Paradies meint die Schönheit
eines Gartens in Frühling, Sommer und
Herbst. Es meint den Frieden zwischen
Mensch und Natur, zwischen Mann und
Frau, Frieden mit sich selbst und vor allem
den zwischen Gott und Mensch.

Klaus Berger

Berührt vom Friedensfürst

Lass dich vom Friedensfürst, von Jesus, der gestorben und auferstanden ist, berühren. Lass zu, dass in dir die Sehnsucht nach dem Frieden brennt. Dann wird dein unruhiges Herz friedlich im Schoß Gottes, der Vater und Mutter von unendlicher Zärtlichkeit ist, ruhen. Und du wirst nicht aufgrund von theoretischem Wissen, sondern aus eigener Erfahrung den Frieden kennenlernen, der den Menschenkindern möglich und uns vom Vater, vom Sohn und vom Heiligen Geist auf unserer irdischen Pilgerreise gewährt wird. Dies ist das Ziel ohne Ende. Welches andere Ziel sollten wir denn suchen, wenn nicht jenes Ziel, das Gott selbst ist, der ein Ziel ohne Ende lebt, weil er ein ewiges Ziel ist?

Leonardo Boff
Nachfolge Jesu auf den Wegen des Lebens
Topos plus

11

Hl. Theodosius, Abt
Hl. Hyginus, Papst und Märtyrer

Christen sollen Ferment der Versöhnung
unter den Menschen sein,
Ferment des Vertrauens
unter den Völkern,
Ferment des Friedens auf der Erde.

Frère Roger Schutz

Keine Kriege mehr!

Möge es vor dir wohlgefällig sein, Ewiger, unser Gott und Gott unserer Vorfahren, dass du die Welt von Krieg und Blutvergießen befreist und stattdessen einen großen und wunderbaren Frieden in der Welt verbreitest, dass keine Nation mehr das Schwert gegen eine andere Nation erhebt und keine Nation mehr den Krieg lernt. Mögen alle Bewohner der Erde nur die volle Wahrheit anerkennen und um sie wissen, dass wir in diese Welt nicht um des Haders und der Zwietracht willen gekommen sind – wovor Gott bewahre – und nicht um des Hasses, der Eifersucht, der Aufreizung und des Blutvergießens willen, was Gott verbiete. Vielmehr sind wir in die Welt gekommen, um dich anzuerkennen und dich zu kennen. Mögest du gepriesen sein für immer.

Friedensgebet aus der jüdischen Tradition

12

Fest der Taufe des Herrn
Hl. Tatiana, Märtyrerin
Hl. Ernst, Märtyrer

In der Taufe bringen wir unser Kind
zunächst einmal ganz einfach dorthin,
von wo wir es haben:
Wir bringen es vor Gott
und danken ihm dafür.
Wir vertrauen es ihm an und sagen:
Führe du es. Führe es so,
dass es deine Hand nicht verliert.

Jörg Zink

Beim Namen gerufen

Nicht das Leben,
nicht die Welt
oder die Gesellschaft,
kein Verein oder Club,
Gott ruft.

Durch alle Stimmen
und Geräusche hindurch
tönt sein Rufen,
geduldig und vernehmbar.
Ist mein Ohr bereit?

Nicht die Menschheit,
nicht das Volk oder die Nation,
keine Gruppe oder
Gemeinschaft ist gemeint.
Ich bin gerufen.

Über die Menge hinweg,
mir –
niemand sonst gilt das Rufen.
Geduldig und vernehmbar.
Ist mein Herz bereit?

Claudia Hofrichter / Matthias Ball
Wir möchten, dass unser Kind getauft wird
Kösel Verlag

13

JANUAR

Montag

Hl. Hilarius,
Bischof und Kirchenlehrer

Jesus lebt nie aus Abstraktionen oder allgemeinen Normen; er sieht den Menschen immer in seiner allerkonkretesten Situation. Deshalb konnte er so überraschend, überwältigend tiefmenschlich zu Mitmenschen sein.

Edward Schillebeeckx (1914–2009)

Es gibt Zeiten ...

Es gibt Zeiten im Leben,
in denen die Sonne untergeht.
Dann ist es wichtiger,
geduldig zu sein als tüchtig.
Dann ist es besser,
Schmerzen ertragen zu können
als zu arbeiten.
Dann ist es nötiger,
sich in andere zu fügen
als zu befehlen,
sinnvoller, die Einsamkeit zu bestehen
als mitzureden.

Es sind die Zeiten,
in denen sich zeigt,
wer ich in Wahrheit bin.

Jörg Zink

14

JANUAR

Dienstag

Hl. Felix von Nola, Bekenner

Wenn es überhaupt eine Möglichkeit gibt, einen anderen Menschen positiv zu verändern, dann doch nur, indem man ihn liebt und ihn so langsam sich wandeln hilft von dem, was er ist, zu dem hin, was er sein kann.

Papst Benedikt XVI.

Das Leuchten

Das Göttliche schläft in jedem Menschen wie ein Samenkorn. So wie es sich im Menschen Jesus Christus entfaltet hat, soll es auch in jedem Menschen erwachen und sich entfalten. Jesus Christus war ganz transparent. Gott leuchtete durch ihn hindurch. Er leuchtete in ihm auf. Das Gleiche hat auch mit uns zu geschehen, Gott möchte sich in uns entfalten, sich zeigen, sich auswirken, sich darstellen. So wie Paulus gesagt hat: «Mit Christus bin ich gekreuzigt. Ich lebe, doch nicht mehr als ich, sondern Christus lebt in mir» (Gal 2,19).

Willigis Jäger
Kontemplatives Beten
Vier Türme Verlag

15

JANUAR

Mittwoch

Hl. Maurus, Abt
Hl. Arnold Janssen

Geh eine Meile,
um einen Freund zu sehen,
zwei Meilen,
um einen Kranken zu besuchen,
drei Meilen,
um Frieden zwischen Menschen zu stiften.

Arabisches Sprichwort

Meine Hände

Gott, guter Vater
Heute möchte ich dir besonders danken
für das Wunderwerk meiner Hände.
Ich kann mit ihnen
greifen, festhalten, loslassen.

Ich kann sie öffnen oder zum Gebet falten.
Ich kann sie ausstrecken zum Gruß.
Ich kann sie zur Versöhnung reichen.
Ich kann mit ihnen trösten und pflegen,
streicheln und wärmen.

Gott, guter Vater,
dein Sohn Jesus Christus
hat mit seinen Händen Kinder gesegnet
und Kranke geheilt.

Gott, guter Vater,
gib mir die Gnade,
dass auch aus meinen Händen
Segen ausströmt.

Rosberth Krieg,
in der Zeitschrift «Zeichen der Liebe»

16

JANUAR

Donnerstag

Hl. Marzellus, Papst, Märtyrer
Hl. Priszilla

Vertrauen und Achtung, das sind die beiden unzertrennlichen Grundpfeiler der Liebe, ohne welche sie nicht bestehen kann; denn ohne Achtung hat die Liebe keinen Wert und ohne Vertrauen keine Freude ... Edler und besser sollen wir durch die Liebe werden.

Heinrich von Kleist (1777–1811)

Füreinander sein

Die wirkliche Frage lautet nicht: «Was können wir einander bieten?», sondern: «Wer können wir füreinander sein?» Zweifellos, es ist wunderbar, wenn wir einem Nachbarn etwas reparieren, einem Freund einen guten Rat geben, einem Kollegen einen hilfreichen Tipp geben, einem Kranken Linderung verschaffen ... Aber es gibt ein größeres Geschenk als das alles. Das ist das Geschenk unseres eigenen Lebens, das aus allem, was wir tun, hervorleuchtet. Je älter ich werde, desto mehr entdecke ich, dass mein größtes Geschenk, das ich anzubieten habe, meine eigene Freude am Leben ist, mein eigener innerer Friede, mein eigenes Schweigen und meine Einsamkeit, mein eigenes Gefühl, mich wohlzubefinden. Wenn ich mich selbst frage: «Wer hilft mir am meisten?», dann muss ich zur Antwort geben: «Der Mensch, der bereit ist, sein Leben mit mir zu teilen.»

Henri J. M. Nouwen
in: «Wege zur Mitte»
Verlag Herder

17

JANUAR

Freitag

Hl. Antonius, Abt, Vater der Mönche
Hl. Roselina, Ordensfrau

Ich habe immer daran geglaubt, dass das Gegenteil von Liebe nicht Hass ist, sondern Gleichgültigkeit. Das Gegenteil von Glaube ist nicht Überheblichkeit, sondern Gleichgültigkeit. Das Gegenteil von Hoffnung ist nicht Verzweiflung, es ist Gleichgültigkeit. Gleichgültigkeit ist nicht der Anfang eines Prozesses, es ist das Ende eines Prozesses.

*Elie Wiesel (1928–2016), Autor
und Überlebender des Holocaust*

Glauben auf Umwegen

«Wer behauptet, alle Antworten zu kennen, hat in Wirklichkeit kaum begriffen, auf welche Erkenntnis es ankommt" (1 Kor 8,2). Da kann ich Paulus mal guten Gewissens zu hundert Prozent zustimmen! Leute, die in Glaubensdingen vorgeben, alles zu wissen, sind mir geradezu unheimlich. Und so mache ich auch keinen Hehl daraus, wenn ich etwas nicht kapiere. Ich hoffe sehr und arbeite hart daran, in der Erkenntnis Gottes voranzuschreiten, aber ich weiß auch: Alles werde ich nicht durchschauen, vielleicht sogar das Wichtigste nicht ... Der Gott, dem ich vertraue, nimmt mir meine Zweifel und Umwege nicht krumm.

Georg Schwikart
Mystik für alle!
Verlag Neue Stadt

18

JANUAR

Samstag

Hl. Priska, Jungfrau, Märtyrerin
Hl. Wolfrid, Märtyrer
1. Tag der Weltgebetsoktav für die
Wiedervereinigung der Christen

Entzünde, Gott, Heiliger Geist,
in uns das Feuer des Ursprungs,
brich unsere Grenzen auf,
lass in uns die Wunden der Spaltung
brennen,
damit wir wach bleiben
für deine Zeichen,
die Einheit in Vielfalt, Versöhnung,
Frieden und Liebe bewirken.

Bischof Franz-Josef Bode

Beten um Einheit

Wenn wir um Einheit beten ...
Dann wollen wir
Schritte aufeinander zugehen.
Dann geben wir die Hoffnung nicht auf,
dass wir uns nicht
weiter voneinander entfernen.
Dann haben wir den Mut,
auch das scheinbar Unmögliche zu wagen.
Dann haben wir auch die Kraft,
einander zu verzeihen.
Dann träumen wir von
wahrer Gemeinschaft.
Dann vertrauen wir auf den Heiligen Geist
der Liebe, der Erkenntnis und der Umkehr.
Dann lieben wir unsere
Brüder und Schwestern im Glauben.
Dann glauben wir,
dass Beten etwas verändert.
Dann wissen wir,
dass unser Glaube trägt.

Cornelia Pfeiffer / Marcus Leitschuh
in: «Werkbuch Ökumene»
Verlag Herder

19

Sonntag

2. Sonntag im Jahreskreis
Hl. Makarius der Große, Einsiedler
Hll. Marius und Gefährten, Märtyrer

Letztlich haben wir die Wahl, im Urvertrauen zu leben und das Universum als das Zuhause anzusehen, das Gott für uns gemacht hat, oder in Angst und Misstrauen zu leben. Wir müssen uns entscheiden. Das ist die wichtigste Entscheidung, die wir jeden Tag, den wir erleben, treffen. Wenn wir vertrauen, sind wir in Frieden; wenn nicht, werden wir es nie sein.

David Steindl-Rast

Die Hochzeit zu Kana

In dieser Erzählung will Johannes zum Ausdruck bringen, dass eine enge Verbindung zwischen der Menschwerdung Gottes in Jesus und der Hochzeit zwischen Mann und Frau besteht. Wenn Gott Mensch wird, dann feiert er Hochzeit mit den Menschen, dann wird er genauso eins mit ihnen wie Mann und Frau in der Ehe. Das verwandelt unser Leben. Es ist dann nicht mehr geprägt durch die sechs steinernen Wasserkrüge, die auf die Reinigungsriten der Juden hinweisen. Es geht nicht mehr um die peinlich genaue Erfüllung des Gesetzes. Wer nur auf die Gebote achtet, der kann leicht erstarren. Sein Leben versteinert sich. Es wird schal und hat keinen Geschmack mehr. Durch die Menschwerdung Gottes wird unser Wasser in Wein verwandelt. Unser Leben bekommt einen neuen Geschmack. Wir dürfen das Fest der Hochzeit mit Gott feiern. Eucharistie wurde in der frühen Kirche daher als Hochzeitsmahl verstanden, als Mahl der Einswerdung mit Gott.

Anselm Grün

20

JANUAR

Montag

Hl. Fabian, Papst und Märtyrer
Hl. Sebastian, Märtyrer

Was die Zukunft betrifft,
so ist deine Aufgabe nicht,
sie vorauszusehen,
sondern sie zu ermöglichen.

Antoine de Saint-Exupéry

Dein Volk preist dich

Dein Volk preist dich, Gott.
Dein Volk preist dich.
Jeden Tag zeigst du uns deine Güte.
Gepriesen sei dein heiliger Name,
wunderbarer Gott.

Lehre uns,
dass ein jeder unserer Tage zählt,
damit unser Herz weise wird.
Gesegnet bist du, Gott.
Dein sind der Ruhm, die Ehre
und die Herrlichkeit.

Louise Bakala Koumouno
In Gottes Hand
Verlage Lembeck / Bonifatius

21

Hl. Agnes, Jungfrau, Märtyrerin
Hl. Meinrad, Einsiedler, Märtyrer
Hl. Patroklus, Märtyrer

Ein Mensch kann nur das tun,
was ein Mensch tun kann.
Aber wenn er das jeden Tag tut,
dann kann er
in der Nacht schlafen
und es am nächsten Tag wieder tun.

Albert Schweitzer

Ganz im Heute Gottes

In letzter Konsequenz bedeutet Jünger Jesu zu sein, ganz im Heute Gottes zu leben ... Nostalgie für eine längst vergangene Zeit oder das Klammern an erlittene Verletzungen oder auch eine Fixierung auf Träume oder Ängste vor der Zukunft entfremden uns von der Gegenwart und machen uns untauglich für das Reich Gottes, das nur im Hier und Jetzt zu uns kommt. Gott ist das ewige Jetzt, hat Paul Tillich gesagt, und die Erfüllung all unserer Sehnsüchte ist nichts anderes als Realpräsenz, die wirkliche Anwesenheit des Göttlichen.

Dabei ist es nicht Gott, der abwesend wäre, sondern leider sind wir es, die wir ständig achtlos, abgelenkt und gedankenlos leben. Wären wir dazu in der Lage, uns völlig auf die Gegenwart zu konzentrieren, würden wir entdecken, dass wir alle wie irrsinnig überall nach etwas suchen, das doch direkt vor uns liegt und näher bei uns ist als wir selbst.

Frère John, Taizé
Metanoia
Verlag Herder

22

JANUAR

Mittwoch

Hl. Vinzenz, Diakon und Märtyrer
Hl. Vinzenz Pallotti, Ordensstifter

Durch ein heiteres und frohes Gesicht
können wir beweisen,
dass die Nachfolge Christi
unser Leben mit Freude erfüllt.

Hl. Vinzenz Pallotti (1795–1850)

Schäme dich nicht

In der Bibel wird an mehreren Stellen mit großer Unbefangenheit davon erzählt, wie sogar Gott bereut, dazulernt, sich korrigiert und anders entscheidet. So etwa nach der Sintflut, als er beschließt, die Erde nicht noch einmal zu vernichten.

Also schäme dich deiner Irrtümer nicht, trau dich beherzt, es morgen anders zu machen als gestern. Es sind am Ende ja nicht Algorithmen oder Computerprogramme, die das entscheidende Wort sagen, die entscheidende Tat vollbringen, den entscheidenden Knopf drücken. Es sind Menschen. Hoffentlich solche, die um ihre Fehlbarkeit wissen und Irrtümer eingestehen können.

Annette Kurschus
in Zeitschrift «Chrismon»

23

JANUAR

Donnerstag

Hl. Ildefons, Bischof
Hl. Emerentiana, Märtyrerin
Sel. Heinrich Seuse, Mystiker
Sel. Nikolaus Groß, Märtyrer

Gott der Wüste und Gott des Gartens: Sieh uns, wie wir uns bemühen, für eine ungewisse Zeit in der Einsamkeit Wurzeln zu schlagen ... Lass uns die Ruhe finden, die wir brauchen. Und lass neue Ideen in uns aufkeimen für die, die keine Ruhe kriegen.

Johannes Goldenstein

Du liebreicher Gott

O unendlich guter Gott,
wie hast du dich heute wieder
so gütig zu mir erwiesen,
wie du mir Sein gabst,
da ich nicht war;
so bist du bei mir geblieben,
als ich mich von dir entfernte
und als ich gar entrinnen wollte,
da hieltest du mich liebreich umfangen.

Nun, auserwählter, liebreicher Gott,
da ich dich wiedergefunden habe,
den meine Seele liebt,
so gib dich mir immer mehr zu erkennen,
damit ich auch immer mehr dich liebe.

Sel. Heinrich Seuse (1295/97–1366),
Mystiker

24

JANUAR

Freitag

Hl. Franz von Sales,
Bischof von Genf, Kirchenlehrer,
Patron der katholischen Presse

Obgleich ich gar kein
Vertrauen zu dir fühle,
so weiß ich doch,
dass du mein Gott bist
und dass ich dir ganz zu eigen bin,
weiß, dass ich allein
auf deine Güte vertraue,
und so überlasse ich
mich gänzlich deinen Händen!

Hl. Franz von Sales

Wie war mein Heute?

Eines scheint mir jedenfalls klar:
Jeder einzelne Tag sollte
ein gut gelebter Tag sein.
Habe ich heute Frieden gestiftet?
Habe ich heute jemanden
zum Lächeln gebracht?
Habe ich heilende Worte gesagt?
Habe ich auf Verärgerung
und Ressentiments verzichtet?
Habe ich vergeben?
Habe ich Liebe geübt?

Das sind die eigentlichen Fragen!
Ich muss darauf vertrauen,
dass das bisschen Liebe,
das ich jetzt aussäe,
hier in dieser Welt
und im kommenden Leben
viele Früchte bringen wird.

Henri J.M. Nouwen
Das letzte Tagebuch
Verlag Herder

25

JANUAR

Samstag

Bekehrung des hl. Apostels Paulus
Schluss der Weltgebetsoktav

Es hat mir immer sehr fern gelegen zu denken, dass Gottes Barmherzigkeit sich an
die Grenzen der sichtbaren Kirche binde.
Gott ist die Wahrheit. Wer die Wahrheit
sucht, der sucht Gott, ob es ihm klar ist
oder nicht.

Hl. Edith Stein

Eine Gabe Gottes

Einheit ist eine Gabe Gottes für die Kirchen. Sie ist damit zugleich ein Aufruf an die Christen, diese Gabe sichtbar werden zu lassen. Das Gebet für die Einheit ist die Quelle, aus der alle Bemühungen um die volle sichtbare Einheit gespeist werden. Viele dieser Bemühungen sind unmittelbare Früchte der hundertjährigen Gebetsoktav. Doch es gibt immer noch viele Barrieren, die die Christen und ihre Kirchen weiterhin trennen. Wenn wir den Mut nicht verlieren wollen, müssen wir beständig im Gebet sein, um Gott und seinen Willen in allem, was wir tun und was wir sind, zu suchen.

Ökumenischer Rat der Kirchen

26

Sonntag

---

3. Sonntag im Jahreskreis
Hl. Timotheus und Titus, Bischöfe
Hl. Paula, Witwe

Wir lernen die Menschen nicht kennen,
wenn sie zu uns kommen;
wir müssen zu ihnen gehen,
um zu erfahren,
wie es mit ihnen steht.

Johann Wolfgang von Goethe

Predigt im Gehen

Zusammen mit einem jungen Mitbruder war Franziskus eines Tages unterwegs, um, wie er sagte, «den Menschen in der Stadt das Evangelium zu künden». Sie gingen durch die Gassen, sprachen mit den Leuten, plauderten mal hier, mal dort mit ein paar Männern auf dem Markt – und als es Abend wurde, kehrten sie in ihr Kloster zurück. Jetzt wunderte sich der junge Mönch: «Aber Vater Franziskus, wir haben ja ganz vergessen, den Leuten das Evangelium zu predigen!»

Franziskus lächelte leise, legte dem jungen Mitbruder die Hand auf die Schulter und sagte: «Was haben wir denn all die Zeit getan? Nichts anderes, als die Frohbotschaft gekündet! Wir haben uns mit den Menschen unterhalten; sie haben unsere Gesichter gesehen, unsere Gesten, unser ganzes Verhalten. So haben wir gepredigt ....»

Adalbert L. Balling
Vertrau dem Leben
Verlag Herder

27

Montag

Hl. Angela Merici, Ordensfrau
Sel. Paul Josef Nardini

Ich strecke meine Hände
zu Gott aus,
dass er mich halte,
so wie die Feder,
frei von aller Schwere,
vom Winde getragen wird.

Hl. Hildegard von Bingen

Liebe – Das Glück des Siehe da!

Zum Begriff Liebe fällt mir als Erstes ein mittelalterliches Lied ein, das heute, durch die Taizé-Bewegung bekannt geworden, viel gesungen wird. Es geht auf einen Bibelvers zurück. «Ubi caritas et amor, ibi Deus est – Wo Liebe ist, da ist Gott.» Nicht Gottesverehrung in Demut und Ergebenheit, nicht Anbetung eines höheren unbegreiflichen Wesens ist das Herz der Religion, sondern Liebe im Doppelsinn dieses Wortes, das uns als Geliebte und als Liebende benennt. An die Liebe zu glauben, heißt sich selber zu erfahren als bejahte, gewollte, angenommene Wesen und zugleich als solche, die selber Liebe werden. Liebesfähig zu werden ist das Ziel des Lebens. Was die Tradition mit dem – für uns oft missverständlichen – Ausdruck «die ewige Seligkeit» benennt, bedeutet nichts anderes, als dass Liebe und Gerechtigkeit ihre Kraft zeigen: in allen, für alle.

Dorothee Sölle
in: «Was kommt. Was geht. Was bleibt»
Verlag Herder

28

Hl. Thomas von Aquin, Kirchenlehrer
Hl. Josef Freinademetz
Hl. Manfred von Riva

Klugheit ist die Tugend der geistlichen Unterscheidung. Sie lässt uns sorgfältig fragen, woher ein innerer Impuls kommt und wohin er führt. Der kluge Mensch ist nicht laut und hastig, er nimmt sich Zeit für ein Urteil mit Augenmaß ... In Wahrheit gedeiht die Klugheit auf dem Acker des Gebets, denn Gottes Geist allein kann uns erleuchten und Klarheit verschaffen.

Helmut Schlegel

Wenn du fragst

Wenn du fragst,
auf welchem Weg du gehen sollst,
so nimm Christus;
denn er ist der Weg.
Geh auf ihm.

Wenn du fragst,
wohin du gehen sollst,
so halte dich an Christus;
denn er ist die Wahrheit,
nach der wir verlangen.

Wenn du fragst,
wo du bleiben sollst,
so halte dich an Christus;
denn er ist das Leben.

Halte dich an ihn,
wenn du sicher sein willst.

Hl. Thomas von Aquin (1224–1274)

29

Hl. Valerius, Bischof

Auf dem Mond
war ein kleiner Schritt eines Menschen
ein großer Schritt für die Menschheit.

Auf der Erde
ist ein gutes Wort eines Menschen
ein großer Schritt für die Menschlichkeit.

Stefan Voges

Durch den Tunnel
des Zweifels

Auch der größte Gläubige geht durch den Tunnel des Zweifels. Und das ist nichts Schlechtes; im Gegenteil, manchmal ist es für das geistliche Wachstum unerlässlich: Es hilft uns zu verstehen, dass Gott immer größer ist, als wir ihn uns vorstellen; die Werke, die er vollbringt, sind überraschend im Vergleich zu unseren Berechnungen; seine Handlungen sind anders, sie übersteigen unsere Bedürfnisse und Erwartungen; und deshalb dürfen wir nie aufhören, ihn zu suchen und uns zu seinem wahren Gesicht zu bekehren.

Papst Franziskus

30

Hl. Martina, Märtyrerin
Hl. Adelgundis, Äbtissin
Hl. Eusebius, Einsiedler

Gott, du bist uns nah,
jetzt, hier, in diesem Moment
und zu aller Zeit.
Gott, mit dir wollen wir gehen,
gib du uns den Impuls.
Bei dir wollen wir ruhen,
gib du uns den Atem.
Bei dir ist Proviant, begleite uns.
Bleib uns vertraut,
und werde uns neu.

Manfred Büsing

Was am Einstürzen ist

Nach einer tschechischen Legende hat der Baumeister einer gotischen Kirche in Prag das hölzerne Baugerüst nach dem Ende des Baus anzünden lassen. Als das Feuer aufloderte und das brennende Gerüst in Flammen mit Getöse zu Boden stürzte, geriet der Baumeister in Panik und beging Selbstmord, weil er dachte, sein Bau sei eingestürzt. Mir scheint, dass viele Christen, die in der heutigen Zeit des Wandels in Panik verfallen, einem ähnlichen Irrtum erliegen. Das, was am Einstürzen ist, ist vielleicht nur das hölzerne Gerüst; wenn es verbrannt ist, wird das Gebäude der Kirche zwar Spuren des Feuers aufweisen, aber das Wesentliche, das lange Zeit verdeckt war, wird sich dann erst zeigen.

Tomáš Halík
Der Nachmittag des Christentums
Verlag Herder

31

Freitag

Hl. Johannes Bosco, Priester,
Ordensgründer

Sorge dafür, dass es Gott gibt ... Jedes Mal,
wenn du an ihn glaubst, wird es ihn ein
bisschen mehr geben. Und wenn du dran-
bleibst, wird er ganz und gar für dich da
sein. Und er wird dir Gutes tun.

Eric-Emmanuel Schmitt

Ruf mich beim Namen!

Ruf mich beim Namen, Herr,
wenn ich in der Menge der Namenlosen
mitgehe und nicht mehr frage: Wohin?

Ruf mich beim Namen,
wenn ich die Hoffnung
und mich selbst verloren habe.
Lass mich beim Klang deiner Stimme
erkennen, dass dir an mir liegt.

Ruf mich beim Namen,
geh mir voran,
wenn ich im Ungewissen
deine Spur suche
und die Tür zum Leben.

Eleonore Beck
in: «Messbuch 2020»
Verlag Butzon & Bercker

1

FEBRUAR

Samstag

Hl. Brigitta, Äbtissin
Hl. Katharina de Ricci, Mystikerin
Mariensamstag

Es ist ganz wahr, was die Philosophie sagt, dass das Leben rückwärts verstanden werden muss. Aber darüber vergisst man den anderen Satz, dass vorwärts gelebt werden muss.

Søren Kierkegaard (1813–1855)

Obwohl wir Gott nicht sehen

Wir sehen Gott nicht, der uns doch gegenwärtig ist. Wohl sind wir seiner Gegenwart durch den heiligen Glauben gewiss; aber wir vergessen es oft, weil wir mit unseren Augen Gott nicht sehen, und wir benehmen uns, als wäre Gott weit von uns entfernt.
Wer aber in der Stille des Herzens das Gefühl von seiner Gegenwart bewahrt hat, der ist glücklich. Seine Vereinigung mit der göttlichen Güte wird immerfort, wenn auch unmerklich, wachsen und sein ganzes Wesen mit unendlicher Milde durchtränken.

Hl. Franz von Sales (1567–1622)

FEBRUAR

2

Sonntag

Darstellung des Herrn
Maria Lichtmess
Hl. Maria Katharina Kasper

Wie der stille See
seinen dunklen Grund
in der tiefen Quelle hat,
so hat die Liebe eines Menschen
ihren rätselhaften Grund
in Gottes Licht.

Søren Kierkegaard

Maria Lichtmess

Viele Gemeinden versuchen, dieses Fest heute wieder auf neue Weise zu feiern. Denn sie spüren, dass es etwas Wesentliches für unser Leben zu sagen hat: Immer neue Räume deines Lebens sollen sich für das Licht öffnen, das an Weihnachten in unserer Welt aufgeleuchtet ist. Das Licht von Weihnachten entlässt dich in den Alltag mit der Aufgabe, alle Lebensbereiche von diesem Licht erhellen zu lassen: deine Arbeit, dein Leben daheim in der Familie, das Miteinander im Gottesdienst und dein politisches Engagement. Das Licht von Weihnachten soll auch heute die Heiden erleuchten, wie es im Lobgesang des Simeon heißt. Es soll auch heute die Welt in dir und um dich herum mit dem Licht der Liebe erfüllen, damit alle Menschen das Heil sehen, das die tiefste Sehnsucht erfüllt.

Anselm Grün
Weihnachten – Einen neuen Anfang feiern
Verlag Herder

3

FEBRUAR

Montag

Hl. Blasius, Bischof, Märtyrer
Hl. Ansgar, Bischof
Sel. Helena Maria Stollenwerk

Jeder Segen, der über uns gemacht wird, jede Weihe, die von Christus her über uns gesprochen wird, ist eine Weihe aus dem ganzen Christus, der uns auf sein Schicksal und auf seine Wirklichkeit bindet und verpflichtet. Dieses sein Schicksal ist Erde und Geschichte und Aushalten und Einsamkeit und Golgotha und Kalvaria, aber auch Sieg.

Alfred Delp SJ (am 2. Febr. 1945 von den Nazis hingerichtet)

DU suchst mich

DU suchst mich, wenn ich
vom Weg abgekommen bin.
DU holst mich wieder heim,
damit ich nicht verlorengehe.

Und ich – suche ich dich?

Halte die Sehnsucht in mir wach,
dich zu finden,
deine Spuren zu erkennen
im Gesicht meiner Mitmenschen,
in der Schönheit der Schöpfung,
in den Zeichen der Zeit,
auf dem Weg meines Lebens.

Katharina Wagner

4

FEBRUAR

Dienstag

Hl. Rabanus Maurus
Hl. Veronika
Hl. Gilbert

Wer den Gipfel der Weisheit erreichen will, muss zum Gipfel der Liebe gelangen; denn niemand ist vollkommen in der Weisheit, der nicht vollkommen ist in der Liebe.

Hl. Rabanus Maurus (um 780–856)

Am gemeinsamen Tisch

Wenn Jesus in Galiläa Menschen von irgendwoher zu seinen Gastmahlen einlud, ging dem kein Sündenbekenntnis voraus und wurden keine Sünden feierlich vergeben. Da wurde jemand eingeladen und damit war gesagt: Du bist mir recht – so, wie du kommst ...

Waren die zwölf engsten Freunde Jesu «würdig»? Waren es die zwielichtigen Gestalten von den Straßen und aus den Dörfern in Galiläa? Nein, «würdig» war wohl kaum einer, aber eingeladen und am Tisch bewirtet wurde jeder, der es wollte. Am gemeinsamen Tisch sitzen zu wollen ist die einzige Würdigkeit, die wir mitbringen. Und sie genügt.

Jörg Zink
Vor uns der Tag
Topos plus

5

FEBRUAR

Mittwoch

Hl. Agatha, Märtyrerin
Hl. Adelheid von Vilich, Äbtissin

Selbstgerecht kann nur sein, wer sich selbst gegenüber nicht ganz ehrlich ist, wer seine eigenen negativen Seiten auf andere projiziert. Diesen traut man dann all das Böse zu, das man in sich selbst nicht wahrnehmen will.

Kurt Marti

Hin und wieder

Hin und wieder einhalten,
mich orientieren:
Wo stehe ich?
Wohin will ich?

Hin und wieder Maß nehmen:
Was ist wichtig in meinem Leben?
Was nimmt zu viel Raum ein?
Was zu wenig?

Hin und wieder Feste feiern,
Begegnungen:
Freunde einladen,
Freude geben und empfangen.

Hin und wieder allein sein:
Durchatmen.
Zur Ruhe kommen.
Ganz ich selbst sein.

Gisela Baltes

6

FEBRUAR

Donnerstag

Hl. Paul Miki, Priester, und seine
Gefährten, Märtyrer in Japan
Hl. Dorothea, Jungfrau, Märtyrerin
Gebetstag für geistliche Berufe

Friede möge dich umgeben
wie ein wertvoller Ring,
er möge dich umschließen
von Anfang bis zum Ende,
und für das Böse
bleibe keine Lücke.

Irischer Segenswunsch

Berufung

Gott ist diskret. Wenn er einen Menschen ruft, dann tut er dies meist sehr behutsam, eben Schritt für Schritt. Gott lässt sich Zeit, mit jedem von uns. Und deshalb dürfen auch wir uns Zeit mit uns und unserer Antwort lassen ... Jede Berufungsgeschichte ist ein oft auch langwieriger Dialog, der sich zwischen Gott, der ruft, und dem Berufenen, der antwortet, langsam entfaltet.

In dem Maße, in dem der gerufene Mensch Gott Gehör schenkt, Umgang mit ihm pflegt und sich für das öffnet, was Gott ihm ganz persönlich, oft auch in der Begegnung mit anderen Menschen sagen will, wird der Ruf Gottes immer deutlicher vernehmbar. Bis das, wozu Gott ihn beruft, immer konkretere Konturen erhält und danach drängt, Formen anzunehmen: in einer Lebensform und/oder einem Beruf.

Ludwig Kröger
PWB Aachen

7

FEBRUAR

Freitag

Hl. Romuald, Abt
Herz-Jesu-Freitag

Große Gedanken
und ein reines Herz,
das ist es,
was wir von Gott
erbitten sollen.

Johann Wolfgang von Goethe

Jeder Tag ist wertvoll

Ich sehe, wie viele Menschen das Leben so viel mehr Kraft kostet als mich, weil es schwer ist, aufzustehen, sich anzuziehen, sich zu bewegen. Aber ich habe von solchen Menschen gelernt, dass das Leben wertvoll ist, jeder Tag! Dass es wunderschön sein kann, eine Wolke zu beobachten oder einfach nur atmen zu können. Wer die Welt so ansieht, so lebenswert, dem erscheint wohl jeder Mensch liebenswert. Ganz gleich, wie lange ein Mensch leben darf, wie viel Kraft ein Mensch hat oder wie viele Gaben – du und ich, wir sind Geschöpfe der Liebe Gottes. Das macht uns alle je einzeln liebenswert und das Leben lebenswert.

Margot Käßmann

8

FEBRUAR

Samstag

Hl. Hieronymus Ämiliani
Hl. Johannes von Matha,
Hl. Josefine Bakhita, Ordensfrau
Sel. Philipp Jeningen

Anfangen ist wichtig. Bleiben ist wichtiger. Anfangen ist fast immer einfach. Dabeizubleiben ist schwierig. Treue ist wichtig. Am Ball bleiben ist wichtig. Ich finde es selbstverständlich, zu bleiben, auch wenn ich das, was ich angefangen habe, nicht vollenden kann. Das ist kein Widerspruch. Das Unmögliche verlangt Gott nicht.

Ruth Pfau

Ein Rad

Schließe die Augen
und stell dir ein Rad vor,
das sich dreht.
Im Zentrum der Nabe
gibt es einen Punkt,
den innersten Punkt,
der sich nicht bewegt,
um den sich aber alles dreht.
Versuche inmitten deiner Welt,
in der du lebst,
unter dem Veränderbaren
das Unveränderliche wahrzunehmen.

Peter Dyckhoff
Bete ruhig
Don Bosco Verlag

9

FEBRUAR

Sonntag

---

5. Sonntag im Jahreskreis
Hl. Apollonia, Märtyrerin
Hl. Alto, Glaubensbote
Sel. Anna Katharina Emmerick

Gönne dich dir selbst!
Ich sage nicht: Tu das immer.
Aber ich sage: Tu es wieder einmal.
Sei wie für alle anderen Menschen
auch für dich selbst da.

Hl. Bernhard von Clairvaux
(1090–1153)

«Werft eure Netz aus!» (Lk 5,4)

Herr, die ganze Nacht mühten wir uns ab,
was heißt die ganze Nacht: Tag und Nacht.
Alles haben wir versucht:
Unsere Erfahrungen haben wir eingebracht,
mit den neuesten Methoden gearbeitet,
aber wir haben so wenig erreicht.

Der Herr sagt: Ja, ihr habt so viel investiert,
habt alles Mögliche versucht,
aber eines habt ihr vergessen:
dies alles in Einheit mit mir zu tun.
Ihr meint, alles allein schaffen zu müssen.
Ihr gebt zu viel auf euer Planen,
aber zu wenig auf mein Wirken.
Ihr setzt zu viel auf euer Wollen,
aber zu wenig auf meinen Willen.
Ihr nehmt euch selbst zu wichtig,
aber mit mir rechnet ihr nicht.

Vertraut mir, haltet euch an mein Wort,
dann werft von Neuem das Netz aus.
Ihr werdet staunen!

Hans Schwarzl
in: «Der Geist macht lebendig»
Lahn Verlag

10

FEBRUAR

Montag

Hl. Scholastika, Ordensfrau

Lieben und vergeben, so wie Gott liebt und vergibt. Das ist ein Lebensprogramm, das weder Unterbrechungen noch Ausnahmen kennen darf, sondern uns dazu anspornen muss, immer weiter zu gehen, ohne jemals zu ermüden, mit der Gewissheit, dass die väterliche Gegenwart Gottes uns trägt.

Papst Franziskus

Der Himmel kniet nieder

«Ich weiß nicht, ob der Himmel niederkniet, wenn man zu schwach ist, um hinaufzukommen?» So fragt die Dichterin Christine Lavant. Und mit ihr fragen viele so. Ja, der Himmel hat sich niedergebeugt, das ist die Frohbotschaft Jesu von Nazaret. Jesus selbst ist der Freudenbote. In ihm ist Gottes Herrschaft unüberbietbar nahegekommen. Gott lebt in ihm unser Leben mit, und er ist zur Mitte unseres Lebens geworden. Seither ist die Bitte «Dein Reich komme» der drängende Schrei unserer Herzen, dass das Begonnene vollendet werde, Gottes Reich in dieser Welt, in unserem Leben.

Klaus Schweiggl
in Zeitschrift «Dein Wort – Mein Weg»
Werk der Frohbotschaft, Batschuns

11

Gedenktag Unserer Lieben Frau
in Lourdes
Welttag der Kranken

Maria, so wie wir nicht nur auf dem Eckstein Jesus Christus aufgebaut sind, sondern auch auf dem Fundament der Apostel
und Propheten, so sind unser Leben und
unser Heil bleibend von deinem Ja, deinem
Glauben und der Frucht deines Leibes abhängig.

Karl Rahner

Gott segne dich

Gott segne dich,
fülle deine Füße mit Tanz,
deine Arme mit Kraft,
deine Hände mit Zärtlichkeit,
deine Augen mit Lachen,
deine Ohren mit Musik,
deine Nase mit Wohlgeruch
deinen Mund mit Jubel,
dein Herz mit Freude. –
So segne dich
die Barmherzigkeit Gottes.

Sinfonia Oecumenica
Basileia Verlag

12

Hl. Eulalia, Märtyrerin
Hl. Meletios, Bischof

Welch Geheimnis ist ein Kind!
Gott ist auch ein Kind gewesen.
Weil wir Kinder Gottes sind,
kam ein Kind, uns zu erlösen.

Welch Geheimnis ist ein Kind!
Wer dies einmal je empfunden,
ist den Kindern überall
durch das Jesuskind verbunden.

Clemens Brentano (1748–1842)

Folge dem Licht

Du weißt es:
Überall auf der Welt ist es dunkel,
die Menschen stolpern
in der Finsternis herum
und können ihren Weg nicht finden.
Darum mach dich auf und folge dem Licht.

Entzünde dich am Licht der Lichter,
an Jesus unserem Heiland,
und trage dein Licht in die Welt.

Du fragst, wohin du gehen sollst?
Ich sage dir:
Den Traurigen bring die Freude,
die ein zerbrochenes Herz haben,
denen verbinde die Wunden,
die großes Leid erfahren,
die tröste du und nimm sie in die Arme.
Sag ihnen ein gutes Wort.

So seid ihr Licht der Welt
und leuchtet unter den Menschen.
Ihr seid Gottes Kinder.
Über euch wacht Gott
und macht euren Weg hell.

Hanns Dieter Hüsch

13

FEBRUAR

Donnerstag

Hl. Reinhild, Äbtissin
Hl. Adolf, Bischof

Hätte die Seele das Wissen
um das Gute und das Böse nicht,
so wäre sie wie ein Blasebalg,
mit dem ein Schmied
nicht mehr arbeitet.

Hl. Theresa von Avila

Zu lieben kann gelehrt werden

Ich wusste immer, dass tief unten in jedem menschlichen Herz Gnade und Großmut zu finden ist. Niemand wird geboren, um einen anderen Menschen wegen seiner Hautfarbe, seiner Lebensgeschichte oder seiner Religion zu hassen. Menschen müssen zu hassen lernen, und wenn sie zu hassen lernen können, dann kann ihnen auch gelehrt werden zu lieben, denn Liebe empfindet das Herz viel natürlicher als ihr Gegenteil. Die Güte der Menschen ist eine Flamme, die zwar versteckt, aber nicht ausgelöscht werden kann.

Nelson Mandela (1918–2013),
Friedensnobelpreisträger

14

Freitag

Hl. Cyrill, Mönch
Hl. Methodius, Bischof
Hl. Valentin, Bischof, Märtyrer

Es gibt nur einen einzigen Weg
aus unseren heutigen Schwierigkeiten,
und das ist, dass wir wieder lernen,
einander zu lieben.
Das ist so einfach und so schwicrig.

Ruth Pfau

Verehrter Valentin!

In England schickt man sich an deinem Festtag Liebesbriefe. In Frankreich und Belgien ziehen die jungen Leute das Los, wer für das nächste Jahr Valentin und Valentine ist. Bei uns schenkt man sich heute Blumen, um einander eine Freude zu machen oder aufkeimende Gefühle zu signalisieren.

Die alten Legenden helfen solche Bräuche zu verstehen – berichten sie doch von einem freundlichen Mönch Valentin, der den Vorübergehenden zauberhafte Blumen aus seinem Gärtchen geschenkt haben soll

Deine Mitchristen haben dich nicht vergessen ... Man hat dich zum Patron der Epileptiker gemacht. Begründung: Du seiest nie umgefallen, sondern habest standhaft an deinem Glauben festgehalten.

Das ist vielleicht gar nicht so weit hergeholt. Einen Schutzpatron für Rückgrat und Charakter können wir allemal brauchen. Schenk uns vom Himmel her eine Portion deiner Courage!

Christian Feldmann

15

FEBRUAR

Samstag

Hll. Faustinus und Jovita, Märtyrer
Hl. Siegfried, Bischof

Wenn wir jeder bei uns selbst anfangen, uns zu bessern, und wenn wir uns zuerst selbst bessern, jeder von uns, dann kommen wir mit Gottes Hilfe zum inneren und zum äußeren Frieden.

Konrad Adenauer

Die kleinen Schritte

Nichts erfordert mehr Vertrauen in das Leben, als etwas Neues zu wagen. Und genau das ist es, wozu das Leben uns immer wieder ermuntern will: aufzubrechen zu neuen Ufern, Gewohntes zu verlassen, einen Schritt aus der Komfortzone herauszutreten und sich den frischen Wind der Veränderung um die Nase wehen zu lassen. Ein gelingendes Leben fordert es geradezu von uns ein, die eigenen Grenzen zu überschreiten, an Orte zu gehen, an denen wir noch nie waren, Menschen zu treffen, die bislang noch Fremde waren, und damit das Gewohnte, Vertraute und auch Schützende hinter uns zu lassen. Das heißt es, sich dem Leben anzuvertrauen. Es bedarf hierfür keiner waghalsigen Abenteuer, es sind oft bereits die kleinen Schritte aus der täglichen Routine, die neuen Schwung ins Leben bringen.

Christa Spannbauer
in: «Wege zur Mitte»
Verlag Herder

16

6. Sonntag im Jahreskreis
Hl. Juliana, Märtyrerin

Der Mensch kann nicht
zu neuen Ufern aufbrechen,
wenn er nicht den Mut aufbringt,
die alten zu verlassen.

André Gide

Sie spiegeln das Antlitz Jesu

Die Seligpreisungen spiegeln das Antlitz, das Gesicht, die Identität Jesu, sie stehen im Herzen der Predigt Jesu. Dieses Antlitz Jesu vermittelt, wer Gott für uns Menschen ist. Jesu Blick auf die Menschen bleibt nicht an der geschminkten, geschönten, gestylten Oberfläche stehen. Jesu Blick geht in die Tiefe; er vermittelt Würde, Zuwendung, Leben und Hoffnung. In Jesus, in seinen Seligpreisungen schreibt Gott das Hoheitszeichen seiner Liebe und Würde auf die Stirn eines jeden Menschen, des Freundes und Feindes, des Armen und Geringen. Es ist uns versagt, von uns selbst, von den anderen, von den Schwachen gering und verächtlich zu denken. Wir würden Gott selbst verachten und ihn geringschätzen.

Manfred Scheuer
Und eine Spur Ewigkeit
Verlag Herder

17

FEBRUAR

Montag

Die hll. Gründer des Servitenordens
Hl. Silvinus, Bischof
Hl. Flavian, Bischof, Märtyrer

In Menschen wohnt ein innerer Drang, nicht an sich selbst kleben zu bleiben und das eigene Ich nicht zum Mittelpunkt des Lebens zu stilisieren. Denn eine solche ichbezogene Haltung wird auf Dauer eine ziemlich einsame Angelegenheit und darüber hinaus sterbenslangweilig. Vielmehr wohnt im Herzen eines jeden Menschen die Sehnsucht, sich für andere und anderes zu öffnen und sich zu verschenken.

Melanie Wolfers

Lehre mich das Wesentliche

Herr, lehre mich das Schweigen
in einer Welt voller Worte.

Herr, hilf mir beim inneren Rückzug
in einer besitzergreifenden Welt.

Herr, lehre mich maßhalten
in einer lärmenden Welt.

Herr, lehre mich das Abwarten
in einer Welt der raschen Entscheidungen.

Herr, mache mich hellhörig
in einer Welt des vorschnellen Redens.

Herr, lass mich Frei-Zeiten suchen
in meiner so oft verplanten Zeit.

Herr, schenke mir Gelassenheit
in einer hektischen Welt.

Hilf mir, klarer zu werden
und im Kontakt mit dir
das rechte Wort zu finden.

Ursula Bittner
in liturg. Monatsschrift «Te Deum»
Verlag Butzon & Bercker

18

FEBRUAR

Dienstag

Hl. Simeon, Bischof, Märtyrer
Hl. Konstantia, Märtyrerin

Die Gefahr ist groß,
Gottes Stimme zu überhören.
Darum beten wir:
Herr, gib acht auf uns,
denn das Meer ist so groß
und unser Boot ist so klein.

Bretonisches Fischergebet

Worte aus dem Herzen

Die Worte, die wir zu Gott sagen, sie können leise und arm und schüchtern sein. Wenn sie nur von Herzen kommen. Und wenn sie nur der Geist Gottes mitbetet. Dann hört sie Gott. Dann wird er keines dieser Worte vergessen. Dann wird er die Worte in seinem Herzen aufbewahren, weil man die Worte der Liebe nicht vergessen kann.

Und dann wird er uns geduldig, ja selig weiter zuhören, ein ganzes Leben lang, bis wir ausgeredet haben, bis wir unser ganzes Leben ausgeredet haben.

Karl Rahner
Von der Not und dem Segen des Gebetes
Verlag Herder

19

Hl. Bonifaz, Bischof von Lausanne

«Ora et labora», sagen die Mönche: «Bete und arbeite». Unsere Gemeinden dürfen nicht nur Oratorium sein, sie müssen auch Laboratorium werden: Bethaus und Werkstatt. Was wir tun, wie wir leben, das alles kann und soll Gebet sein.

Stefan Jürgens

Du kennst mich

Herr, du kennst meine Ängste
und die Situationen in meinem Leben,
die mir Angst machen.
Ich vertraue sie
und mein ganzes Leben dir an.
Ich danke dir für all das
Gute in meinem Leben.
Höre mich jetzt,
wenn ich sie dir aufzähle,
und während ich das tue,
schenke mir den Frieden,
der alles Denken übersteigt.

Adam Hamilton
Gegen die Angst
Neufeld Verlag

20

FEBRUAR

Donnerstag

Hl. Eleutherius, Bischof, Märtyrer

Was vor uns liegt
und was hinter uns liegt,
ist nichts im Vergleich zu dem,
was in uns liegt.
Wenn wir das, was in uns liegt,
nach außen in die Welt tragen,
geschehen Wunder.

Henry David Thoreau

Gesunde Ruhelosigkeit

Eine gesunde Ruhelosigkeit kennzeichnet jene Suche, auf die unsere Hoffnung uns ausschickt. Sowohl Erwartung wie Verlangen enthalten ein Element des «Noch nicht». Wir erkennen noch nicht klar, was wir erwarten. Wir besitzen noch nicht, wonach wir verlangen. Wir sind noch auf dem Weg dorthin. Und doch nehmen sowohl Erwartung als auch Verlangen das Ziel schon vorweg.

Aus der Ferne sehen wir bereits das, was wir noch erwarten. Wir haben unser Herz bereits auf das gesetzt, wonach wir noch verlangen ... Jedes «Noch nicht» lässt unsere Suche ruhelos bleiben. Jedes «Schon jetzt» hält jene Ruhelosigkeit gesammelt.

Wie schwer ist es, in der kreativen Spannung der Hoffnung zu leben, der Spannung zwischen dem «Noch nicht» und dem «Schon jetzt»!

David Steindl-Rast
Dankbarkeit
Verlag Herder

21

FEBRUAR

Freitag

Hl. Petrus Damiani, Bischof,
Kirchenlehrer
Hll. German und Randoald, Märtyrer

Der Glaube nimmt, was in dieser Welt an
Unheil und Bosheit geschieht, nicht als das
Letzte hin. Er glaubt an die Veränderbar-
keit, weil er an Gottes Solidarität glaubt, in
der es mit den Menschen gut werden kann
– weit über das Gute hinaus, wovon sich
Menschen-Vorstellungskraft einen Begriff
machen könnte.

Jürgen Werbick

Hab ein Auge auf mich

Hab ein Auge auf mich,
wenn ich die Gefahren
für Leib und Seele unterschätze.

Hab ein Auge auf mich,
wenn ich vor lauter Selbstverliebtheit
den Blick für das Wesentliche verliere.

Hab ein Auge auf mich,
wenn ich Gefahr laufe,
mich vor lauter Umwegen
von meinem Weg zu Dir zu entfernen ...

Hab ein Auge auf mich,
wenn ich die Bedürftigkeit meines Nächsten
nur noch vage wahrnehme.

Gott, Du lässt uns alle Freiheiten,
und dafür danke ich Dir.

Nimm uns an die Hand,
wenn wir Gefahr laufen,
Dein Geschenk der Freiheit zu missbrauchen.

Gaby Bessen

22

FEBRUAR

Samstag

Kathedra Petri
Hl. Margareta von Cortona, Büßerin
Sel. Isabella von Frankreich

Wer vertraut, verkennt nicht, dass viele
Menschen auf der Erde mit Nichts daste-
hen. Wer Vertrauen hat, geht der Verantwortung nicht aus dem Weg, sondern kann
aufrecht stehen bleiben, wo die Gesellschaft aus den Fugen gerät. Er lässt sich
auch nicht von Fehlschlägen aufhalten.

Frère Roger Schutz

Für eine junge Kirche

Bitten wir den Herrn, er möge die Kirche von denen befreien, die sie alt machen, sie auf die Vergangenheit festnageln, bremsen und unbeweglich machen wollen. Bitten wir auch, dass er die Kirche von einer anderen Versuchung befreie: zu glauben, dass sie jung ist, wenn sie auf alles eingeht, was die Welt ihr anbietet; zu glauben, dass sie sich erneuert, wenn sie ihre Botschaft verbirgt und sich den anderen anpasst. Nein. Sie ist jung, wenn sie sie selbst ist und wenn sie die immer neue Kraft des Wortes Gottes, der Eucharistie, der Gegenwart Christi und der Kraft seines Geistes jeden Tag empfängt. Sie ist jung, wenn sie fähig ist, immer wieder zu ihrer Quelle zurückzukehren.

Papst Franziskus

23

Sonntag

7. Sonntag im Jahreskreis
Hl. Polykarp, Bischof, Märtyrer
Hl. Willigis, Bischof

Der Christ unterdrückt
seine Rachegelüste nicht nur,
um selber gut zu sein,
sondern damit auch
der Feind gut werde.

Thomas Merton

«Liebt eure Feinde!» (Lk 6,27)

Endlich einer, der sagt:
«Selig die Armen!»
und nicht: Wer Geld hat, ist glücklich!

Endlich einer, der sagt:
«Liebe deine Feinde!»
und nicht: Nieder mit den Konkurrenten!

Endlich einer, der sagt:
«Selig, wenn man euch verfolgt!»
und nicht: Passt euch jeder Lage an!

Endlich einer, der sagt:
«Der Erste soll euer Diener sein!»
und nicht: Zeige, wer du bist!

Endlich einer, der sagt:
«Was nützt es dem Menschen,
wenn er die ganze Welt gewinnt!»
und nicht: Hauptsache vorwärts kommen!

Endlich einer, der sagt:
«Wer an mich glaubt,
wird leben in Ewigkeit!»
und nicht: Was tot ist, ist tot!

Martin Gutl
Ich begann zu beten
Verlag Styria

24

FEBRUAR

Montag

Hl. Matthias, Apostel

Du sollst ernst machen mit der Feindes-
liebe. Tobt jemand gegen dich? Sei gütig!
Das Fieber in seiner Seele ist schuld, dass
er dich noch hasst. Ist er gesund geworden,
wird er dich lieben.

Hl. Augustinus (354–430)

Gott führt uns

Manchmal bricht das Ende der Welt schon jetzt über einen herein, die Sonne verfinstert sich und die Sterne fallen vom Himmel: Ein geliebter Mensch stirbt, der Arbeitsplatz wird gekündigt, die Diagnose des Arztes macht wenig Hoffnung. All das, was selbstverständlich war, wird plötzlich in Frage gestellt. Von heute auf morgen kann sich die gewohnte Ordnung in ein Chaos verwandeln. Krankheit und Tod, Angst und Einsamkeit gehören zu unserem Leben dazu. Und da mögen auch manche Gebete in die falsche Richtung gehen. Gott hat nie versprochen, dass wir nicht mehr weinen werden – aber er sammelt unsere Tränen in seinem Krug. Das wirklich Entscheidende ist: Er geht mit uns durch all unser Chaos hindurch, er nimmt uns an seine Hand – und führt uns zu einer neuen Ordnung. Er geht mit. Das braucht Vertrauen. Vertrauen aber kann man lernen. Auch wenn alle Sterne vom Himmel fallen.

Andrea Schwarz
Kleines Buch der Lust am Leben
Verlag Herder

25

FEBRUAR

Dienstag

Hl. Walburga, Äbtissin

Ob dir's bewusst oder unbewusst ist – nie steht ein Unfriede in dir auf, der nicht vom Eigenwillen kommt, ob man es merkt oder nicht. Nicht das ist schuld, dass dich die Umstände oder die Dinge hindern; sondern du selbst bist es in den Dingen, der dich hindert. Denn du verhältst dich in ungeordneter Weise zu den Dingen. Darum beginne zuerst bei dir und lass dich!

Meister Eckhart (1260–1328)

Gib uns Kraft

Gib uns Kraft,
unser Leben zu lieben,
ganz zu bejahen und zu lieben,
mit seinen Freuden und Leiden,
seinem Auf- und Abstieg.

Gib uns die Kraft,
Augen und Ohren
deinem Weltall offen zu halten
und mit aller Freudigkeit
darin zu wirken.

Lass uns das Leben,
das du uns gegeben hast,
voll und ganz leben.
Lass uns tapfer sein
im Nehmen und Geben.
Dies ist unser Gebet an dich.

Rabindranath Tagore

26

Hl. Alexander, Bischof

Herr, ich glaube, dass du Gutes aus dem Schmerz, den Widrigkeiten und Ungerechtigkeiten des Lebens entstehen lassen kannst. Hilf mir, dir in den schwierigen Zeiten zu vertrauen, weiterzumachen und das «Richtige» zu tun, auch wenn andere mir Unrecht tun. Ich bete, dass du aus den Nöten meiner Vergangenheit etwas Schönes und Erlösendes werden lässt.

Adam Hamilton

Befreiung und Widerstand

Jeder von uns ist immer wieder eingeladen, sich für Gott zu entscheiden. Das heißt, bewusster zu leben und gegen den Strom der Oberflächlichkeit und der Passivität zu schwimmen.

Dieser Weg ist Befreiung und Widerstand zugleich. Befreiung, indem ich im Urvertrauen in das Leben bestärkt werde. Widerstand, indem ich mich wehre gegen die Gleichgültigkeit und mein Leben auf das Wesentliche ausrichte.

Dies ist ein täglicher Prozess, ein ständiges Unterwegssein, ein Suchen und Finden. Denn Gott bleibt der ganz Andere und dennoch in Jesus Christus so nahe Gott.

Pierre Stutz
Meiner Hoffnungsspur folgen
Verlag Katholisches Bibelwerk

27

FEBRUAR

Donnerstag

Hl. Gabriel Possenti
Hl. Markward, Abt
Sel. Charitas Brader

Glaube ist kein Ersatz für das Wissen, sondern ein nachdenklicher Umgang mit unserem Wissen. Der Glaube beginnt nicht dort, wo das Denken endet, sondern umgekehrt: Der Glaube beginnt aus eigenen Gründen. Wo der Glaube ins Spiel kommt, beginnt das Denken noch einmal neu.

Andreas Knapp

Friede sei in dir

Friede sei über dir
von einem Ende des Horizonts
bis zum anderen,
damit du behütet bleibst
vom Aufgang der Sonne
bis tief in die Nacht.

Friede sei mit dir,
wo immer du auch unterwegs bist,
damit du heiter und unbesorgt
dein Tagewerk vollbringen
und des Nachts angstfrei schlafen kannst.

Friede sei in dir bei allem,
was du denkst, sagst oder tust,
damit durch dich ein Stück vom Himmel
auf dieser Erde spürbar wird.

Christa Spilling-Nöker
Vom Geschmack des Lebens
Topos plus

28

Hl. Romanus, Abt

Werte wie Mitgefühl, Solidarität, gegenseitiger Respekt gibt es in all unseren großartigen Religionen. Wir können damit anfangen zu bekräftigen, dass das Problem nicht der Koran ist, nicht die Thora und nicht die Bibel. Ich habe das schon oft gesagt: Das Problem ist niemals der Glaube. Es sind die Gläubigen und wie wir miteinander umgehen.

Kofi Annan, ehem. UNO-Generalsekretär

Wie Gott uns kennt

Es gehört zu den schönsten und trostvollsten Gewissheiten des Glaubens, dass Gott uns ganz und gar kennt. Das ist keine Drohung, denn er kennt uns nicht, um uns zu richten und zu verurteilen. Er ist nicht der Spion, der unsere innersten Geheimnisse herausfindet, um uns anzuklagen.

Gott kennt mich. Auch wenn ich mir selbst oft ein Rätsel bin, Er weiß um mich. Bei ihm bin ich geborgen. Das sagt Jesus mit dem Bild des Hirten: «Meine Schafe hören meine Stimme; ich kenne sie ... Sie werden niemals zugrunde gehen, und niemand wird sie meiner Hand entreißen» (Joh 10,27f). Diese Zusage tut gut. Sie ist tragfähig für das ganze Leben.

Christoph Kardinal Schönborn
Zeit der liebenden Aufmerksamkeit
Patmos Verlag

1

MÄRZ

Samstag

Hl. Albin, Bischof
Hl. David, Bischof

Da die Zeit das kostbarste, weil unwiederbringliche Gut ist, über das wir verfügen, beunruhigt uns bei jedem Rückblick der Gedanke etwa verlorener Zeit. Verloren wäre die Zeit, in der wir nicht als Menschen gelebt, Erfahrungen gemacht, geschaffen, genossen und gelitten hätten.

Dietrich Bonhoeffer

Am Ende dieses Tages

Am Ende dieses Tages
lege ich mein Leben
mit all seinen Erfahrungen,
mit seinen Höhen und Tiefen,
mit seinen Licht- und Schattenseiten
vertrauensvoll in die Hände Gottes.

Ich versöhne mich mit mir,
mit meinen Brüdern und Schwestern,
mit Gott
und allen Ereignissen dieses Tages
und bitte darum,
dass ich die Gnade dieses Tages
mit einem dankbaren Herzen
annehmen kann
und der Friede dieser Nacht
in mein Herz einkehren möge.

Gebet aus dem Europakloster St. Gilgen

2

MÄRZ

Sonntag

8. Sonntag im Jahreskreis
Krankensonntag
Hl. Agnes von Prag, Äbtissin
Sel. Karl der Gute, Graf von Flandern

Jetzt will ich zu einem Kranken gehen
und Dich bitten mitzukommen
mein Gott
Mach mich frei und offen
für den Kranken, der auf mich wartet
Lass es eine gute Begegnung werden
Kraft und neues Leben für ihn und mich

Anton Rotzetter

Trau, schau, wem!

«Kann ein Blinder einen Blinden führen?», fragt Jesus. Und gibt auch gleich die Antwort: Hab keine Angst! Du hast Augen im Kopf. Beurteile den, der zu dir spricht, nicht nur nach seinen Worten, sondern vor allem nach seinen Taten. Du hast die Kompetenz zu unterscheiden: Du hast ein Gewissen, du hast deine Augen und deinen Verstand. Deshalb lauf nicht sofort zu jedem blühenden Strauch: Von Disteln, die schön blühen, gibt es keine Feigen oder Trauben. Lerne allmählich die Vorzeichen zu sehen, was am Ende wohl dabei rauskommt. Trau, schau, wem!

Manchmal bleibt die Frage: Jesus, wo stehst du denn, wenn wir in solchen unsicheren Situationen stecken? Dann können wir auf Jesus schauen, der auf der Seite der Suchenden steht – als Kritiker derer, die allzu schnell zu wissen meinen, wer sie sind und wo es langgeht ... Von ihm können wir lernen, hinzuschauen und so unseren Weg in seinem Licht zu gehen.

Ludger Bornemann

3

MÄRZ

Montag

Hl. Kunigunde, Kaiserin

Der Humor lehrt uns die wahre Größenord-
nung ... Bevor man das Erb- und Erzübel,
die Eitelkeit, nicht totgelacht hat, kann man
nicht beginnen, das zu werden, was man
ist: ein Mensch.

Erich Kästner

Danke für das Lachen

Gepriesen seist du, Herr, der meinem Leben so viel Freude gebracht hat. Ich lächle, wenn ich den Reichtum deiner Segnungen sehe. Meine Augen lächeln, wenn ich sehe, wie hungernde Kinder gesättigt werden. Mein alter Mund lächelt, wenn ich sehe, wie Menschen begreifen, dass sie von dir gebraucht werden. Oft, Herr, lache ich aus vollem Herzen gemeinsam mit den Schwestern, wenn wir sehen, was du wirklich bist. Und täglich lachen wir mit der Freude, die du uns gibst, wenn wir dir unser Loblied singen. Dank dir für dieses wunderbare, fröhliche Lachen, Herr. Amen.

Hl. Mutter Teresa

4

MÄRZ

Dienstag

Hl. Kasimir
Hl. Luzius I., Papst, Märtyrer
Hl. Rupert von Deutz, Abt

Für den Atheisten ist die ganze Religion nur ein Witz. Für Leute, die mit Religion beschäftigt sind, ist nicht die ganze Religion ein Witz, aber Teile davon sind komisch auf ihre Art und Weise. Ich denke, wenn man diesen Humor nicht hat, dann hat man diesen strengen Fundamentalismus, diesen Fanatismus, dann ist das gefährlich. Nicht Religion an sich ist gefährlich, sondern Religion ohne Humor ist gefährlich.

Landesrabbiner Walther Rothschild

Gott vertrauen

Im Wort «Vertrauen» entdecke ich das Wort «Treue». Lange bevor wir Gott vertrauen, birgt er uns in seiner Treue. Freilich ist diese Treue kein Besitz, den wir in einem Tresor deponieren könnten. Sie ist eher ein wogendes Netz, das sich unter den waghalsigen Bewegungen unseres Lebens ausbreitet.

So verstanden ist Vertrauen – auch und gerade das Vertrauen auf Gott – das Gegenteil von Stillstand und gelähmter Ergebenheit. Es ist eine Suchbewegung. Wer Gott vertraut, tut einen entschiedenen Schritt nach vorne. Man kann es an der Geschichte ablesen: Die wirklichen Vertrauenskünstler in der Arena Gottes, die großen Heiligen, waren Menschen, die wagemutig Neues riskiert und initiiert haben.

Helmut Schlegel
Spiritual Coaching
Topos plus

5

MÄRZ

Mittwoch

Aschermittwoch
Hl. Theophilus, Bischof
Hl. Dietmar, Bischof

Wir stellen uns unter das Aschenkreuz, weil wir nicht verleugnen wollen, dass unser Leben vergänglich ist – aber es ist eben auch das Kreuz, das Himmel und Erde verbindet. Es ist das Zeichen des Todes, das zum Baum des Lebens geworden ist. Wir stellen uns unter das Aschenkreuz, weil wir darin auch das neue Leben sehen, das uns an Ostern geschenkt ist.

Joachim Koffler

Gut hinhören

Biblischer Glaube sagt: Wir geben Gott eine Antwort mit unserem Leben. Wenn wir es verantwortlich leben, lassen wir das einmalige Bild, das Gott sich von jedem von uns gemacht hat, sichtbar werden. Gott spricht zu uns in unserem Gewissen. So ist die erste Antwort auf seinen Anruf, auf unser Gewissen zu hören. Das Gewissen zeigt uns nicht nur, dass wir die einmalige Gestalt leben sollen, die Gott jedem zugedacht hat. Das Gewissen verweist uns auch auf die Brüder und Schwestern, vor deren Not wir nicht die Augen verschließen dürfen. Verantwortung ist auch eine spirituelle Aufgabe. Im Gebet sollen wir gut hinhören, was Gott – heute, von uns und ganz persönlich von mir – möchte, welche Aufgabe ich in der Welt habe.

Anselm Grün
Was gutes Leben ist
Verlag Herder

6

MÄRZ

Donnerstag

Hl. Fridolin, Mönch
Hl. Coletta, Äbtissin
Gebetstag für geistliche Berufe

Jeder kann zaubern,
jeder kann seine Ziele erreichen,
wenn er denken kann,
wenn er warten kann,
wenn er fasten kann.

Hermann Hesse

Wenn ich verzichte ...

Ich verzichte auf Nahrung –
und erfahre,
was Hunger ist.

Ich verzichte auf Lärm –
und höre die leisen Töne.

Ich verzichte auf Betäubung –
und spüre mich wieder.

Ich verzichte auf Luxus –
und erkenne,
was ich wirklich brauche.

Und dann, vielleicht,
atmet Gott in mir –
mehr als ich selbst!

Hildegard Nies
in der Monatsschrift «Te Deum»
Verlage Maria Laach / Kath. Bibelwerk

7

MÄRZ

Freitag

Hll. Perpetua und Felizitas,
Märtyrerinnen
Weltgebetstag der Frauen

All das, was misslungen ist
alle Steine, die im Weg lagen
all das, wo ich gescheitert bin
die Bruchstücke meines Lebens
vor Gott bringen
und darauf vertrauen
dass bei ihm
Steine zu Brot werden
und Unvollendetes
vollendet wird.

Andrea Schwarz

Hilf uns!

Gott, Quelle des Lebens,
hilf uns, alle Menschen zu achten
und sie in ihrer Einzigartigkeit
anzunehmen.

Hilf uns, die Wunder der Natur zu achten
und sie zu schützen mit allem,
was in unserer Macht steht.

Hilf uns, einander zu unterstützen
auf dem Weg der Freiheit,
der Gerechtigkeit und des Friedens
als gleichwertige Glieder deiner Familie.

Dazu segne uns Gott, Vater und Mutter,
es segne uns Jesus Christus, unser Bruder,
und es segne uns die heilige Geistkraft.

Weltgebetstag der Frauen 2019

8

MÄRZ

Samstag

Hl. Johannes von Gott, Ordensgründer

Reich ist man nicht durch das, was man besitzt, sondern mehr noch durch das, was man mit Würde zu entbehren weiß; und es könnte sein, dass die Menschheit reicher wird, indem sie ärmer wird, und gewinnt, indem sie verliert.

Immanuel Kant (1724–1804),
deutscher Philosoph

Wir brauchen eine Kehrtwende

Die österliche Bußzeit weckt uns mit seinen Appellen zur Umkehr in von der Vorsehung bestimmter Weise auf, sie schüttelt uns aus der Schläfrigkeit auf, von der Gefahr, aus Trägheit einfach nur so weiterzumachen. Die Mahnung, die der Herr durch den Propheten Joel an uns richtet, ist stark und klar: «Kehrt um zu mir von ganzem Herzen!» (Joel 2,12). Warum müssen wir zu Gott umkehren? Weil etwas in uns nicht richtig läuft, in der Gesellschaft, in der Kirche, und wir brauchen Veränderung, eine Kehrtwende, unsere Bekehrung! Erneut richtet die österliche Bußzeit an uns ihren prophetischen Appell, uns daran zu erinnern, dass ein Neuanfang möglich ist in uns und um uns herum, einfach weil Gott treu ist, weil er auch weiterhin reich an Güte und Barmherzigkeit ist, und weil er immer bereit ist, zu vergeben und einen Neuanfang zu machen. Mit diesem kindlichen Vertrauen machen wir uns auf den Weg!

Papst Franziskus

9

MÄRZ

Sonntag

---

1. Sonntag der Fastenzeit
Hl. Franziska von Rom
Hl. Bruno, Bischof, Märtyrer
Hl. Dominikus Savio

Für den Glaubenden ist die Wüste Weg.
Für den, der nicht glaubt, ist sie das Nichts.
Und aus dem Nichts kommen die trostlo-
se Trauer und die Sünde. Und alle Sünden
sind Versuche, eine Leere auszufüllen.

Simone Weil

Die Versuchung in der Wüste

Der Kern aller Versuchung – das wird Lk 4,1–13 sichtbar – ist das Beiseiteschieben Gottes, der für unser Leben als zweitrangig, wenn nicht überflüssig und störend empfunden wird. Die Welt aus Eigenem, ohne Gott, in Ordnung zu bringen, auf das Eigene zu bauen, nur die politischen und materiellen Realitäten als Wirklichkeit anzuerkennen und Gott als Illusion beiseitezulassen, das ist die Versuchung, die uns in vielerlei Gestalten bedroht. Zum Wesen der Versuchung gehört ihre moralische Gebärde: Sie lädt uns gar nicht direkt zum Bösen ein, das wäre zu plump. Sie gibt vor, das Bessere zu zeigen: die Illusionen endlich beiseitezulassen und uns tatkräftig der Verbesserung der Welt zuzuwenden. Sie tritt zudem unter dem Anspruch des wahren Realismus auf: Das Reale ist das Vorkommende - Macht und Brot; die Dinge Gottes erscheinen demgegenüber als irreal, eine Sekundärwelt, derer es eigentlich nicht bedarf.

Papst Benedikt XVI.
Jesus von Nazareth
Verlag Herder

10

Die heiligen Vierzig Märtyrer
von Sebaste

Zu Beginn einer jeden geistlichen Übung
sollten wir uns klar machen: Ich bin es
nicht allein, es ist ein anderer, der in mir
wirkt und mich führt. Ich kann nur versuchen, mich ihm zu öffnen, meine innere
Bereitschaft zu erklären, mich ihm in seinem Wirken anzuschmiegen – und es geschehen zu lassen.

Abt Emmanuel Jungclaussen

Drei, die zusammengehören

Gebet, Barmherzigkeit und Fasten,
diese drei bilden nur eines.
Sie geben einander das Leben.
Denn die Seele des Gebetes
ist das Fasten.
Das Leben des Fastens
ist die Barmherzigkeit.
Niemand reiße sie auseinander.
Wenn man nur eines
von diesen dreien hat,
so hat man nichts.
Wer also betet, der faste!
Wer fastet, der übe Barmherzigkeit!

Hl. Petrus Chrysologus
(um 380–450)

11

MÄRZ

Dienstag

Hl. Rosina, Einsiedlerin, Märtyrerin

Wenn du fastest,
achte auf dein Inneres,
nimm dir Zeit für dich selbst,
komm zur Ruhe in der Stille,
lass dich auf Neues ein,
entdecke dein Bestes,
komm auf
den guten Geschmack
des Einfachen und Wenigen.

Paul Weismantel

Ein enges und ein weites Herz

Der griechische Redner Demokrit sagte: «Die Geizigen sind mit den Bienen zu vergleichen. Sie arbeiten, als ob sie ewig leben würden.» Vor lauter Arbeit vergisst der Geizige das Genießen. Er ist weder fähig, das Seine für sich zu genießen, noch es mit anderen zu teilen. Wirklich freuen kann ich mich am Besitz nur dann, wenn ich auch mit anderen teile ...
Der Geizige kennt nur Arbeit und Sparen. Er vergisst dabei das Leben. Geiz engt das Herz ein. Der Großzügige hat dagegen ein weites Herz. Er will sein großes Herz mit anderen teilen und es für andere öffnen. Weil ihm das Herz wichtiger ist als die vielen Dinge, die er besitzt, kann er großzügig von seinem Besitz austeilen. Und in seinem großen Herzen haben viele Menschen Platz, die darin Liebe, Wärme und Trost finden.

Anselm Grün
Das kleine Buch vom guten Leben
Verlag Herder

12

MÄRZ

Mittwoch

Hl. Beatrix, Ordensfrau
Hl. Almut, Äbtissin

Christus, die große Sonne,
erlischt keinem für immer,
den sein Strahl einmal durchleuchtet.
Er ist vergraben
im umwölktesten Herzen,
und es kann stündlich geschehen,
dass er aufersteht.

Hl. Theresa von Avila

Zu sagen, man müsste ...

Zu sagen, man müsste was sagen, ist gut,
man müsste,
man müsste was sagen.
Abwägen ist gut, es wagen ist besser,
doch wer macht den Mund denn schon auf?

Zu sagen, man müsste was machen, ist gut,
man müsste,
man müsste was machen.
Gerührtsein ist gut, sich rühren ist besser,
doch wo ist die Hand, die was tut?

Zu sagen, man müsste was geben, ist gut,
man müsste,
man müsste was geben.
Begabtsein ist gut, doch geben ist besser,
doch wo gibt es den, der was gibt?

Zu sagen, man müsste was ändern, ist gut,
man müsste,
man müsste was ändern.
Sich ärgern ist gut, verändern ist besser,
doch wer fängt bei sich damit an?

Lothar Zenetti
Texte der Zuversicht
Topos Taschenbuch

13

MÄRZ

Donnerstag

Hl. Leander, Bischof

Leben, das ist eben auch nur ein Hinfallen und Wiederaufstehen, Weiterleben, sich an den kleine Dingen freuen und die großen nicht ganz aus den Augen verlieren, sich verantwortlich fühlen für alle um uns herum, helfen, wo es geht, sich selber dabei nicht verlieren.

Maxie Wander

Weg des Glaubens

Wer wie ich von klein auf christlich soziali-
siert wurde, hat viele Glaubensinhalte ver-
innerlicht. Wir können Gebete und Lieder
auswendig, orientieren uns am Kirchenjahr, sind mit biblischen Texten vertraut,
wissen um theologische Wahrheiten und
verfügen über Grundkenntnisse der Kir-
chengeschichte. Das ist ein großer Schatz.
Aber darin liegt auch die Gefahr der Er-
starrung ...
Auch in meinem Glauben gab es Botschaf-
ten, die mich auf der Wanderung zu Gott
nicht förderten, sondern hinderten. Sie darf
ich getrost begraben.

Georg Schwikart
Requiem für meinen Glauben
Echter Verlag

14

Hl. Mathilde, Königin

Das ganze Leben kann Fürbitte sein. Das heißt doch auch: So leben, so handeln, sich so verhalten, dass das Leben der anderen sich zum Besseren wendet. Und manchmal geschieht es. Leben ist Gebet. Und Leben ist für mich derzeit nur immer der nächste Schritt. Auch wenn ich nicht weiter sehe und hoffe, dass sich der Nebel so weit lichten wird, dass wieder der nächste Schritt möglich ist.

Ruth Pfau

Ein großer Schmerz

Ein großer Schmerz für uns ist es,
dass wir deine schöne Musik
so freudlos spielen,
Herr, der du uns Tag um Tag bewegst.
Dass wir immer noch
bei den Tonleitern sind,
bei der Zeit der anmutslosen
Bemühungen.
Dass wir zwischen den Menschen
hindurchgehen wie schwerbeladene,
ernste, überanstrengte Leute.
Dass wir es nicht fertigbringen,
über unseren Winkel der Welt
während der Arbeit, der Last,
der Ermüdung etwas auszubreiten
wie Anmut und Behagen der Ewigkeit.

Madeleine Delbrêl
Gebet in einem weltlichen Leben
Johannes Verlag

15

Hl. Klemens Maria Hofbauer
Hl. Louise von Marillac

Es gibt kaum ein beglückenderes Gefühl, als zu spüren, dass man für andere Menschen etwas sein kann. Dabei kommt es gar nicht auf die Zahl, sondern auf die Intensität an ... Gott selbst lässt sich uns im Menschlichen dienen.

Dietrich Bonhoeffer

Wie die Sonne

Für die frühe Kirche schon war das Bild für den auferstandenen Christus die unbesiegbare Sonne, der «sol invictus». Die Monate des Winters vermögen im Treiben der Wolken die Sonne einzuhüllen und zu umdüstern, die Schneekälte der Dezembertage mag Frost und Reif über die Erde werfen, aber das alles geschieht nur, um im Verlauf des Jahres die Sonne schöner und klarer zum Vorschein zu bringen denn je ... Da bietet die Natur ein erstes Sinnbild für die Auferstehung des Lebens in dem großen Konzert des Lichts, der Freude, der Wärme, der Sonnenhaftigkeit unserer Seele.

Eugen Drewermann
Eine Liebe stärker als der Tod
Taschenbuch Topos plus

16

2. Sonntag der Fastenzeit
Hl. Hilarius, Märtyrer

Geistige Güter sind wie Liebe:
Werden sie verteilt,
vermehren sie sich
– oder wie Feuer:
Verteilt man es
in kleine Einzelfeuer,
wird es am Ende
eine gewaltige Feuersbrunst.

Leonardo Boff

Verklärung Jesu (Lk 9,28b–36)

Während du betest, Herr,
strahlt dein Gewand
wie von Sonne und Schnee.
Lass uns drei Hütten, Herr, bauen
am Rand unserer Tage voll Weh.
      Wie schön bist du,
        seliger Christus auf Tabor.

Wenn wir ermatten, Herr,
hol uns herein
in den Schatten voll Licht.
Lass uns dich schauen, Herr,
Jesus, allein, von Gesicht zu Gesicht.
      Wie schön bist du,
        seliger Christus auf Tabor.

So wirst du kommen, Herr,
schon bricht aus dir
dein urewiger Glanz.
Kommst du am Ende, Herr,
glühen auch wir
mit den Sonnen im Tanz
      Wie schön bist du,
        seliger Christus auf Tabor.

Silja Walter
Gesamtausgabe. Band 10

17

MÄRZ

Montag

Hl. Patrick, Bischof, Apostel Irlands
Hl. Gertrud von Nivelles, Äbtissin

Wenn ihr nicht alles, was ihr in der Welt besitzt, verlassen könnt, so behaltet die zeitlichen Güter doch wenigstens nur so, dass ihr von ihnen nicht wie von Fesseln an die Welt geschmiedet werdet.

Hl. Papst Gregor I. der Große
(um 540–604)

Fastenzeit ist Wendezeit

Die Fastenzeit ist eine Zeit für Wüstenerfahrungen, für Stille, zum Innehalten, um Zwischenbilanz zu ziehen, um den Blick auf das Wesentliche zu richten, um achtsam zu werden: Was tut mir gut? Was tut meinen Mitmenschen gut? Was heißt das für mein Leben: Gott schenkt mir seine Liebe? Fasten bezieht sich nicht nur auf das Essen, sondern auf den gesamten Lebensstil. Wo können wir vereinfachen und entrümpeln?

Fasten – das kann sein wie ein Frühjahrsputz für die Seele, damit wir uns im Haus unserer Seele wieder wohlfühlen. Indem wir Gewohnheiten aufspüren, die sich eingeschlichen haben, die das Klima in unseren Herzen vergiften. Eine andere Sichtweise einüben und unser Leben von Gott her sehen und nicht mehr durch die Brille unserer Verletzungen, Enttäuschungen und Eitelkeiten. Fasten kann die Augen unseres Herzens öffnen. Es hilft, die wirklichen Schätze unseres Lebens wieder zu sehen.

Benno Elbs,
Bischof von Feldkirch

18

MÄRZ

Dienstag

Hl. Cyrill von Jerusalem,
Bischof, Kirchenlehrer
Hl. Eduard, König, Märtyrer

Keiner erwartet von dir,
dass du die ganze Wüste
vor dem Verdursten rettest.
Deine Aufgabe ist es,
dieser einen Blume
das Leben zu erhalten.

Afrikanische Weisheit

Füll mich bis zum Rand

Füll mich bis zum Rand
mit deiner Liebe,
Herr,
damit ich sie
verströme an alle,
die du mir anvertraust.

Füll mich bis zum Rand
mit deiner Kraft,
Herr,
damit ich die
mit ihr stärke,
die schwach und verzagt sind.

Füll mich bis zum Rand
mit Glauben,
Herr,
damit ich den Weg
denen weisen kann,
die suchen.

Füll mich bis zum Rand
mit deiner Liebe,
Herr,
damit ich dich
durch ein Leben aus Liebe bezeuge!

Friederike Stadler

19

MÄRZ

Mittwoch

Hl. Josef,
Bräutigam der Gottesmutter Maria

Das Gebet ist keine Bestellung, die wir aufgeben und von der wir erwarten können, dass sie ausgeführt wird. Das Gebet heißt, sich auf das Leben der Welt, auf die Liebe einzustimmen, auf die Kraft, die Sonne, Mond und die Sterne bewegt. Letzten Endes gibt es dort, wo Liebe ist, eigentlich nur Gebet. Wenn wir das Herz am rechten Fleck haben und es vor Liebe überfließt, wird alles zum Gebet.

David Steindl-Rast

Gebet zum hl. Josef

Heiliger Josef,
der du stets auf Gott vertraut hast
und dich in deinen Entscheidungen
von seiner Vorsehung hast leiten lassen,
lehre uns, uns nicht so sehr
auf unsere eigenen Pläne zu verlassen,
sondern auf den Liebesplan Gottes.
Du, der du von der Peripherie kommst,
hilf uns, unseren Blick umzukehren
und das zu bevorzugen,
was die Welt verwirft und ausgrenzt.
Tröste die, die sich allein fühlen,
und stütze jene,
die im Stillen daran arbeiten,
das Leben und die Menschenwürde
zu verteidigen. Amen.

Papst Franziskus

20

MÄRZ

Donnerstag

Hl. Irmgard, Kaiserin
Hl. Claudia, Märtyrerin
Hl. Jacinta Marto

Die Heiligkeit der Heiligen
beruht nicht auf
Aufsehen erregenden Taten,
sondern auf Kleinigkeiten,
die in den Augen der Welt
als Lappalien erscheinen.

Hl. Papst Johannes XXIII.

Durch, mit, in ihm

Der einzige Ort, von wo aus das vergesse-
ne, verwundete, jetzt ängstlich verdrängte
Wort Gott wieder einen Sinn gewinnen
kann, ist die Geschichte Jesu. Auch wenn
die ganze Welt im Schatten des «Todes
Gottes» läge, ist dort immer der eine, der
einzige Ort, wo Gott als lebendig erlebt
werden kann: in Christus, in Jesus von
Nazaret. Alles, was wir über Gott «wussten» und sagten, kann und muss sterben –
wir kennen Gott nicht, außer in dem, was
uns in Christus anspricht, durch ihn, mit
ihm und in ihm. Die Welt hat nur deshalb
einen Sinn, weil auf ihr einst Jesus schritt,
ruft Dietrich Bonhoeffer in den Spuren von
Paulus und Martin Luther. Alles andere erscheint mir wie Müll, wie Dreck, schrieb
der Apostel Paulus – ich will nur Christus
kennen, und zwar als den Gekreuzigten.

Tomáš Halík
Glaube und sein Bruder Zweifel
Verlag Herder

21

MÄRZ

Freitag

Hl. Lupicinus, Abt
Hl. Absalon (Axel), Bischof

Wenn Jesus «Gottesherrschaft» sagt, geht es ihm nicht nur um die Seele, sondern – im ganzen Gewicht dieses Wortes – um Gott und die Welt, um die Armen, die Hungernden, die Kinder, um die Sorgen der Menschen, um Feindseligkeit und Versöhnung, um Krankheit und Tod, um Politik und Moral. Mitten darin ist Gott anzutreffen, als Quelle des Erbarmens, der Vergebung und der Ermutigung.

Franz Kamphaus

Du Gott der Anfänge

Segne uns, wenn wir deinen Ruf hören, wenn deine Stimme uns lockt zu Aufbruch und Neubeginn.
Behüte uns, wenn wir loslassen und Abschied nehmen, wenn wir dankbar zurückschauen auf das, was hinter uns liegt.
Lass dein Gesicht leuchten über uns, wenn wir in Vertrauen und Zuversicht einen neuen Schritt wagen auf dem Weg unseres Glaubens.
Schenke uns Frieden, wenn der eigene Weg uns aufwärts führt, wenn wir Lebewohl sagen.
Gott der Anfänge, segne uns!

Jörg Zink
Wie wir beten können
Kreuz Verlag

22

MÄRZ

Samstag

Hl. Benvenutus, Bischof
Hl. Lea, Witwe
Sel. Clemens August Graf von Galen

Nur jene können wahrhaft die Welt genießen, die mit der unsichtbaren Welt beginnen. Nur jene genießen sie, die zuerst auf sie verzichtet haben. Nur jene können wahrhaft Feste feiern, die zuerst gefastet haben. Nur jene können die Welt gebrauchen, die gelernt haben, sie nicht zu missbrauchen.

Hl. John Henry Newman (1801–1890)

Der morgige Tag gehört Gott

Lebe den heutigen Tag,
Gott schenkt ihn dir.
Lebe ihn in Ihm.
Der morgige Tag gehört Gott,
nicht dir.
Lege nicht auf Morgen
die Sorgen von heute.
Morgen ist Gottes, er sei ganz Ihm.
Der Augenblick, der jetzige,
ist ein gebrechliches Brücklein.
Wenn du es mit dem Bedauern
von gestern belastest
und mit den Sorgen von morgen,
dann gibt es nach
und du verlierst den Boden.
Das Vergangene? Gott vergibt es.
Die Zukunft? Gott schenkt sie.
Lebe den Tag von heute
in Gemeinschaft mit Ihm.

Schwester Odette,
1955 in Algerien von einem
Dschihadisten erschossen

23

MÄRZ

Sonntag

3. Sonntag der Fastenzeit
Hl. Toribio von Mongrovejo, Bischof
Hl. Viktorian, Märtyrer

Jesus ist gekommen, das Evangelium zu verkünden und das so vielfach durchkreuzte Leben aufzurichten ... Erstaunlich und eigentlich wunderbar: Wer dem Leben anderer aufhilft, kann erfahren, dass sich dadurch auch das eigene Leben aufrichtet.

Klaus Egger

«Hau ihn um!» (Lk 13,7)

Jesus stellt uns das Bild des unfruchtbaren Feigenbaums vor Augen, der gefällt werden soll, so will es der Weinbergbesitzer. Gott, der die Geduld verliert?

Der Weingärtner bittet für ihn: «Lass ihn dieses Jahr noch stehen, ich will den Boden um ihn herum aufgraben und düngen, vielleicht trägt er doch Früchte.» Fast könnte man sagen, da findet ein innergöttlicher Dialog statt und es ist noch unklar, wie er ausgeht.

Der Aufruf an uns aber ist eindeutig: Lasst all das Leblose, Lähmende, nicht Frucht Bringende in eurem Leben los, trennt euch von dem, was abgestorben ist in euch, verlasst den Teufelskreis von bösen Gedanken und schaut nach dem, was dem Leben dient, eurem und dem der anderen, was austreibt und Frucht bringen will: im Miteinander, im Dialog, für Dich.

Ein afrikanisches Sprichwort sagt: «Zu einem Baum, der keine Früchte trägt, führt kein Weg.» Machen wir uns auf, fruchtbar zu sein, damit viele den Weg zu uns finden.

Kornelia Vonier-Hoffkamp
auf: kath-frauenpredigten.de

24

MÄRZ

Montag

Hl. Katharina von Schweden, Äbtissin
Hl. Oscar Romero, Märtyrer

Transzendenz bedeutet nicht, zum Himmel schauen, an das ewige Leben denken und über die Probleme der Erde hinwegsehen. Vielmehr handelt es sich um eine Transzendenz, die dem menschlichen Herzen gilt. Sie bedeutet, sich auf das Kind, auf den in Lumpen Gekleideten, auf den Kranken einzulassen, in die Elendshütten und Häuser zu gehen und mit ihnen allen zu teilen.

Hl. Oscar A. Romero (1917–1980)

In Gottes Namen

In Gottes Namen hielten sich
die Pharisäer streng an das Gesetz.
In Gottes Namen stellte Jesus
das Wohl der Menschen
über das Gesetz.

In Gottes Namen beurteilen,
verurteilen wir menschliches Versagen.
In Gottes Namen lud Jesus
gerade die Sünder ein.

In Gottes Namen unterdrücken
Menschen einander und führen Kriege.
In Gottes Namen predigte Jesus
Liebe und Frieden.

«In Gottes Namen!»,
sagen wir manchmal gedankenlos.
«Vater, dein Wille geschehe!»,
sagte Jesus und meinte es todernst.

Gisela Baltes
in der Monatsschrift «Magnificat»
Verlag Butzon & Bercker

25

Verkündigung des Herrn

Die Verehrung Mariens
besteht vor allem darin,
dass man ihrem Sohn nachfolgt
und die rechte Art der Nachfolge
von ihr lernt.

Hl. Vinzenz Pallotti (1795–1850)

Magnificat

Es singt in mir
mein Herz zu dir.
mein Gott, ich muss dich preisen.
    Du hast auf deine Magd gesehn.
    Was du gesagt hast, ist geschehn
    nach deinem heil'gen Willen.

Es singt in mir
mein Herz zu dir.
mein Gott, ich muss dich preisen.
    Die Stolzen fegst du weg vom Thron.
    Den Armen schenkst du Lieb und
    Lohn,
    die ihren Hunger stillen.

Es singt in mir
mein Herz zu dir.
mein Gott, ich muss dich preisen.
    Dein Segen über Abraham
    auf mich, das arme Mädchen, kam.
    Nun wird er sich erfüllen.

Silja Walter
Gesamtausgabe. Band 8
Paulusverlag

26

Mittwoch

Hl. Ludger, Bischof
Hl. Castulus, Märtyrer

Gegen Widerstände anzukämpfen braucht Mut und Ausdauer, täglich neue Energie und einen langen Atem. Die Gefahr auszubrennen ist bei sensiblen und hochengagierten Menschen groß. Deshalb kommt es sehr darauf an, dass wir die Verbindung zu unseren Kraftquellen pflegen, indem wir immer wieder innehalten, uns innerlich sammeln und in uns hineinhören.

Günter Banzhaf

Nichts ist kostbarer

Christus, in deiner Gnade, die das wertvollste aller Geschöpfe ist, machst du die Seele des gläubigen Menschen größer als den Himmel. Denn der Himmel und die übrigen Geschöpfe vermögen dich, den Schöpfer aller Dinge, nicht zu fassen, meine Seele aber will für dich in der Liebe, die du mir schenkst, Wohnort und Ruheplatz sein.

Christus, der du die Wahrheit bist, du sagst: «Wer mich liebt, wird von meinem Vater geliebt, und auch ich werde ihn lieben, und wir werden zu ihm kommen und Wohnung bei ihm nehmen» (Joh 14,21.23). So wie dich Maria in ihrem Leib getragen hat, so will ich dich in meinem Herzen tragen.

Christus, ich will dich umfassen, wie du mich und alle Welt umfasst. Du bist mein wahrer Reichtum, und nichts in der Welt ist an Kostbarkeit dir gleich.

Helmut Schlegel
Der Sonnengesang
Topos plus

27

Donnerstag

Hl. Rupert von Salzburg
Sel. Frowin, Abt

Alle Veränderungen,
sogar die meistersehnten,
haben ihre Melancholie.
Denn was wir hinter uns lassen,
ist ein Teil unserer selbst.
Wir müssen
einem Leben Lebewohl sagen,
bevor wir in ein anderes
eintreten können.

Anatole France

Wie Fasten Gott gefällt

Das Fasten, das Gott will, sieht so aus:
Tu nichts Böses in deinem Leben, sondern handle gradlinig nach Gottes Willen.
Beachte seine Gebote und halte dich an seine Anordnungen.
Lass in deinem Herzen keine maßlose Ichsucht aufsteigen.
Du darfst auf Gott vertrauen, dass du aus ihm leben wirst, wenn du so handelst, nämlich Ehrfurcht hast vor ihm und dich von allem Bösen fernhältst.
Wenn du das tust, ist es ein großes Fasten, wie es Gott gefällt.

Der Hirt des Hermas
(frühchristliche Schrift, 2. Jh.)

28

MÄRZ

Freitag

Hl. Guntram, König

Gott will in unser Herz nicht mit Gewalt
wie ein ungebetener Gast eindringen. Er
will durch das Tor der Freiheit hineinkom-
men, durch das Tor der sich sehnenden Liebe.

Tomáš Halík

Dasein aus Gott

Immerfort empfange ich mich
aus deiner Hand.
Das ist meine Wahrheit
und meine Freude.
Immerfort blickt mich
voll Liebe dein Auge an,
und ich lebe aus deinem Blick,
du mein Schöpfer und mein Heil.
Lehre mich,
in der Stille deiner Gegenwart
das Geheimnis zu verstehen,
dass ich bin.
Und dass ich bin durch dich.
Und vor dir.
Und für dich.

Romano Guardini

29

MÄRZ

Samstag

Hl. Ludolf, Bischof, Märtyrer
Hl. Ragnachar, Bischof

Eines tut Not
In dieser Welt voller Heimatloser
Einkehren in sich selber
Hineingehen in das Dunkel
Den Ruß von der Lampe putzen
Damit die Menschen auf der Straße
Das Licht in deinen Augen sehen.

Aus Norwegen

Kreuze erhöhen

«Die Kreuze im Leben des Menschen sind wie die Kreuze in der Musik: Sie erhöhen.» Ich brauchte Zeit, bis ich mich mit diesem Beethoven-Spruch anfreunden, bis mein Kreuz mich erhöhen konnte.

Ein Kreuz, das mir zugemutet wird, verlangt zunächst, dass ich mich damit auseinandersetze, dass ich darum ringe, die Situation zu verändern ...

Es gibt aber auch Kreuze, die ich nicht abschütteln kann, die ich durchleiden muss und kann, wie Jesus selbst: «Nicht wie ich will, sondern wie du willst, Vater.»

M. Fabienne Bucher

30

---

4. Sonntag der Fastenzeit
Hl. Johannes Klimakus, Abt

Lernen wir, dass es nur
eine einzige Liebe gibt:
Wer Gott umarmt,
findet in seinen Armen die Welt;
wer in seinem Herzen
das Gewicht Gottes aufnimmt,
empfängt auch das Gewicht der Welt.

Madeleine Delbrêl

Der verlorene Sohn
(Lk 15,11–32)

Gott ist der barmherzige Vater, der uns in Jesus über alle Maßen liebt; der auf unsere Bekehrung wartet, jedes Mal wenn wir einen Fehler machen; der unsere Rückkehr erwartet, wenn wir uns von ihm entfernen, weil wir glauben, auf ihn verzichten zu können; er ist stets bereit, uns mit offenen Armen zu empfangen, was immer auch geschehen ist. Wie der Vater im Evangelium, so betrachtet auch Gott uns immer als seine Kinder, auch wenn wir uns verloren haben, und er geht uns mit Zärtlichkeit entgegen, wenn wir zu ihm zurückkehren. Und er spricht mit großer Güte zu uns, wenn wir uns für gerecht halten. Die Fehler, die wir begehen, auch wenn sie groß sind, zerstören nicht die Treue seiner Liebe. Im Sakrament der Versöhnung können wir stets neu beginnen: Er nimmt uns auf und schenkt uns die Würde unserer Kindschaft wieder zurück und sagt zu uns: Geh weiter! Bleib in Frieden, steh auf, geh los!

Papst Franziskus

31

Hl. Benjamin, Märtyrer
Hl. Cornelia, Märtyrerin

Sich in Bewegung setzen
mit Bedacht, nicht zu hastig.
Die ersten Schritte sind leicht.
Vieles ist da, das ich kenne,
aber noch nie gesehen habe.
Ich will offen sein
für das, was ist,
für das, was kommt.

Walter Krieger

Brich auf!

Brich auf,
lass los, mach dich auf!
Beginne, deine Wege zu verändern.
Sei unterwegs
mit Leib und Seele,
mit ganzem Herzen.
Sammle auf dem Weg zum fernen Ziel
die Hoffnung
für dich,
für alle Menschen,
für die Schöpfung.
Und du wirst
ankommen.

Paul Martin Clotz

1

APRIL

Dienstag

Hl. Hugo, Bischof
Hll. Irene, Agape und Chionina

O Gott,
in deinen Armen bin ich sicher.
Wenn du mich hältst,
habe ich nichts zu fürchten.
Ich weiß nichts von der Zukunft,
aber ich vertraue auf dich.

Hl. Franz von Assisi

Die Liebe bleibt

Was auch die Welt dir nimmt, ob die Menschen dir gleichgültig gegenüberstehen oder als deine Feinde sich gegen dich wenden und selbst dein bester Freund dich verleugnet: Wenn du in deinem Tun, in deinem Streben. in deinem Wort die Liebe zum Zeugen gehabt hast, so tröste dich, denn die Liebe bleibt. – Wo sie dein Mitwisser gewesen ist, das bleibt zu deinem Trost, und seliger als jede Heldentat, seliger als wenn Menschen dir dienen, seliger ist, dass die Liebe deiner gedenkt. Allen Schrecknissen der Zukunft, aller Mattigkeit halte diesen Trost entgegen: Die Liebe bleibt.

Søren Kierkegaard (1813–1855)

2

APRIL

Mittwoch

Hl. Franz von Paola, Einsiedler
Hl. Eustasius, Abt

Das ist sozusagen die Kernspaltung im Innersten des Seins – der Sieg der Liebe über den Hass, der Sieg der Liebe über den Tod im Schicksal Jesu Christi. Nur von dieser innersten Explosion des Guten her, die das Böse überwindet, kann dann die Kette der Verwandlungen ausgehen, die allmählich die Welt umformt. Alle anderen Veränderungen bleiben oberflächlich und retten nicht. Darum sprechen wir von Erlösung.

Papst Benedikt XVI.

Ein sanftes Herz

Ein sanftes Herz
wird nicht an einem Tag.
Es bildet sich
Sekunde um Sekunde,
Minute um Minute,
Tag um Tag.
Wie der weiche,
schmiegsame Wollfaden
Masche um Masche
über den ihn führenden Nadeln
das Gestrickte ergibt,
so werden die Fibern unseres Herzens
unter dem Antrieb deines Willens
nach und nach geschmeidig und sanft.

Madeleine Delbrêl

3

APRIL

Donnerstag

Hl. Richard, Bischof
Gebetstag für geistliche Berufe

Wir wurden als Christen nicht dazu berufen, für das Überleben der Kirche zu sorgen, sondern für das Wohl und Heil der Menschheit. Wir sind nicht Mitglieder der Kirche, um die Strukturen und die Kirchen-Institutionen besser zum Funktionieren zu bringen, sondern um uns an dem Projekt Jesu Christi zu beteiligen, das da heißt: Die Menschen sollen das Leben in Fülle haben.

Bischof Jacques Gaillot

Ins Neuland

Aufbruch ins Neuland
klingt so gar nicht nach Fastenzeit.

Heißt Fastenzeit nicht
Zeit der Umkehr?
Zeit der inneren Einkehr?
Zeit der Buße?

Aufbruch ins Neuland
kann genau das alles sein.
Umkehr: Die falschen Wege verlassen.
Einkehr: Das Neuland in mir entdecken.
Buße: Aufbruch in ein neues Miteinander.

Entdecke das Neuland in deinem Leben.

Judith Lurweg / Klaus Vellguth (Hg.)
Aufbruch ins Neuland
Verlag Herder

4

APRIL

Freitag

Hl. Isidor, Bischof, Kirchenlehrer
Hl. Hermann Joseph von Steinfeld

Ich habe in meinem Leben viele kluge Bücher gelesen. Aber ich habe in allen nichts gefunden, was mein Herz so still und froh gemacht hätte wie die vier Worte aus dem 23. Psalm: «Du bist bei mir.»

Immanuel Kant (1724–1804)

Ein Rabbi erzählt:

Wie man einen Menschen lieben soll, habe ich von einem Bauern gelernt. Der saß mit anderen Bauern in einer Schenke und trank. Lange schwieg er, wie die anderen alle. Als aber sein Herz von Wein bewegt war, sprach er seinen Nachbarn an: «Sag, liebst du mich oder liebst du mich nicht?» Jener antwortete: «Ich liebe dich sehr.» Aber er sprach wieder: «Du sagst, ich liebe dich, und weißt doch nicht, was mir fehlt. Liebtest du mich in Wahrheit, du würdest es wissen.» Der andere vermochte kein Wort zu erwidern. Und auch der Bauer, der gefragt hatte, schwieg wieder wie zuvor. Ich aber verstand: Das ist die Liebe zu den Menschen: ihr Bedürfen zu spüren und ihr Leid zu tragen.

Martin Buber

5

APRIL

Samstag

Hl. Vinzenz Ferrer, Priester
Hl. Maria Crescentia Höß

Fühle mit allem Leid der Welt, aber richte
deine Kräfte nicht dorthin, wo du machtlos
bist, sondern zum Nächsten, dem du helfen, den du lieben und erfreuen kannst.

Hermann Hesse (1877–1962)

Erbarme dich meiner!

Herr, du kennst mich,
ich bin weder ganz gut
noch ganz schlecht,
weder gottlos noch gerecht.
Bei mir folgt auf die Sünde die Buße
und auf die Vergebung wieder die Sünde.
Ich hoffe auf deine Verzeihung.
An einem einzigen Tag
ändere ich mich tausendmal,
wie ein Rad drehe ich mich
unzählige Male.
Mit meinem Weizen ist
Unkraut vermischt,
der gute Samen wächst unter Dornen.
Sei barmherzig mit meinem Wankelmut.
Geh nicht ins Gericht mit meiner
Unbeständigkeit.
Hilf du mir weiter –
erbarme dich meiner!

Nach Gotteslob 7,5

6

APRIL

Sonntag

5. Sonntag der Fastenzeit
Hl. Petrus Martyr

Möge die Hand Gottes
unter deinem Haupt
dir ein sanftes Ruhekissen sein.
Wenn du dich aber noch
mit jemandem versöhnen musst,
mögest du auf einem Stein schlafen.

Altirischer Segenswunsch

Immun sein

Jesus konnte immun machen gegen Anklagen wie bei der Frau im Johannesevangelium (Joh 8,1–11), die gesteinigt werden sollte. Nicht um sich arrogant für etwas Besseres zu halten und darum unberührbar zu werden gegenüber Kritik. Jesus konnte Menschen immun machen, damit sie nicht unter den Blicken der anderen klein werden mussten. Oder um sie mutig zu machen, den Mund aufzutun. Sie wurden immun gegen einfache Antworten, die keine Lösungen darstellen, sondern Stimmung machen. Jesus gab den Menschen Zeichen und Worte, die das Immunsystem stärken, die das Innere wachsen und stark werden lassen. Nicht gegen Erkältung, aber gegen Einsamkeit und Erniedrigung.

Sonja Kantus
in «Pastoralblätter»
Kreuz Verlag

7

APRIL

Montag

Hl. Johannes Baptist de la Salle

Die Liebe hat Hände, um zu helfen.
Sie hat Ohren, um die Bitten
und Rufe des Elenden zu hören.
Vor allem aber hat sie ein Herz,
das lieben und segnen kann.

Hl. Augustinus

Liebe, die verzeiht

Schuld anerkennen und gar um Verzeihung bitten kann letztlich nur, wer sich trotz Versagen geliebt und angenommen weiß. Das ist auch der tiefste Sinn von Lossprechung, den die Botschaft Jesu (und die Kirche im sogenannten Buß-Sakrament) anbietet: Der Mensch ist von Gott in Liebe bejaht. Und Gott bleibt treu und steht zu seinem Ja der Liebe, auch wenn der Mensch treulos wird. Das Schlimmste wäre, sich dieses Wort der verzeihenden Liebe nicht zusprechen zu lassen, sich nicht verzeihen zu lassen.

So verstanden ist die christliche Botschaft die menschlichste Kunde, die in den Herzen der Menschen und in unserem Alltag und im kirchlichen Leben in vielen kleinen Schritten «auferstehen» möchte.

Leo Karrer
Nebenbei bemerkt
Paulusverlag

8

APRIL

Dienstag

Hl. Amantius, Bischof
Hl. Walter, Abt

Jeder Mensch sollte sich immer wieder
seiner Kraftquellen vergewissern, um aus
ihnen zu schöpfen. Und sich darauf verlassen, dass dieser Gott auch weiterwirkt,
wenn einen im Alltag manchmal die Kraft
zu verlassen droht.

Jürgen Kaufmann

Umkehr

Wenn ihr nicht wisst,
ob euer Tun richtig ist,
dann fragt euch,
ob ihr dadurch
den Menschen näher kommt.

Ist das nicht der Fall,
dann wechselt schleunigst
die Richtung;
denn was euch den Menschen
nicht näher bringt,
entfernt euch von Gott.

Elie Wiesel

9

APRIL

Mittwoch

Hl. Waltraud, Äbtissin

Jesus lädt dich nie zum Rückzug auf dich selbst ein, sondern zur schlichten Umkehr des Herzens. Was ist Umkehr? Sie ist ein Schritt im Vertrauen, mit dem du deine Fehler auf ihn wirfst.

Frère Roger Schutz

Buße

Ungemütlich ist das Wort, staubig – und letztlich wohl ziemlich unklar ... Dabei verweist sein Wortstamm auf ein urmenschliches Anliegen: auf den Willen und die Fähigkeit, sich zu bessern.

Zur Würde des Menschseins gehört die Fähigkeit, sich selber kritisch zu betrachten, die Schuld einzugestehen und ihre Folge zu mindern – um es fortan besser zu machen und nicht etwa dem anderen die Schuld aufzuladen. Die Buße in ihrer alltäglichen wie liturgischen Form erscheint dabei wie ein Schnittpunkt, an dem sich Altes und Neues begegnet. Diese Begegnung erfasst auch den Himmel, wo nach einem kühnen Wort «mehr Freude herrschen wird über einen einzigen Sünder, der umkehrt, als über neunundneunzig Gerechte, die es nicht nötig haben, umzukehren» (Lk 15,7).

Christian Heidrich
in Zeitschrift «Christ in der Gegenwart»
Verlag Herder

10

Hl. Apollonius, Priester, Märtyrer

Die biblischen Heilungsgeschichten erzählen, wie Schuld und Krankheit miteinander in Beziehung stehen, wie ungelöste Gewissenskonflikte uns in jene Gespaltenheit von Körper und Seele treiben, die wir Krankheit nennen. Es wird uns überliefert, wie Jesus, der um diese Dinge wusste, dem Gelähmten zuerst Vergebung seiner Sünden und dann erst die Wiedergewinnung der Gesundheit verkündete.

Paul Tillich

Erbarme dich meiner

Jesus, du kommst, die Sünder zu retten.
Findest du welche?
Ich möchte wetten, du findest keine,
so ist das heute.
Es gibt einfach niemand,
der etwas bereute
und sich als Sünder betrachten wollte,
der Rettung bedürftig, der Gnade.
Sollte jedoch unter all diesen
braven und netten Leuten
wirklich ein Sünder sein,
retten lässt sich so ohne Weiteres keiner.
Was siehst du mich an,
bin ich etwa einer, ein Sünder?
O Herr, erbarme dich meiner!

Lothar Zenetti
Leben liegt in der Luft
Matthias Grünewald Verlag

11

APRIL

Freitag

Hl. Stanislaus, Bischof und Märtyrer

Wenn Leben misslingt,
dann bist du für mich da, Gott,
wie ein guter Hirte:
Ich komme vom Weg ab,
und du hebst mich aus Dornen
hoch auf die Schultern.

Ursula Bittner

Von der Erkenntniskraft

O Mensch, bedenke, was du warst, als du noch als Gerinnsel im Schoß deiner Mutter lagst. Du warst nämlich ohne Bewusstsein und ohnmächtig, als du ins Leben gerufen wurdest. Doch dann empfingst du Geist, Beweglichkeit und Gefühl, damit du dich lebhaft regst und in deiner Bewegung nutzbringenden Gewinn erkennst.

Du besitzt nämlich das Wissen um Gut und Böse, und die Fähigkeit zu handeln. Deshalb kannst du dich nicht entschuldigen, als hättest du damit nicht alle Talente in dir, um Gott in Wahrheit und Gerechtigkeit zu lieben, dir selbst aber (in der Begierde und im Ergötzen an der Ungerechtigkeit) zu widerstehen ...

Du wirst mir über die Erkenntnis des Guten und Bösen, mit der du begreifst, dass du ein Mensch bist, Rechenschaft ablegen. Du kannst dich nicht damit entschuldigen, dass du nicht weißt, wann du gut und böse handelst.

Hl. Hildegard von Bingen
Wisse die Wege / Scivias

12

APRIL

Samstag

Hl. Zeno, Bischof, Märtyrer
Hl. Julius I., Papst

Ein Mensch ruht dann
in der Vergebung der Sünde,
wenn der Gedanke an Gott
ihn nicht an die Sünde erinnert,
sondern daran,
dass sie vergeben ist.

Søren Kierkegaard (1813–1855)

Es liegt an uns

Herr, du gabst jedem von uns ein Herz.
Aber das Ausmaß unserer Liebe
müssen wir selbst bestimmen.

Du gabst uns Gefühle.
Doch wir selbst müssen entscheiden,
wie gütig, barmherzig, freundlich
oder wohlwollend wir sind.

Du gabst uns Mitmenschen zur Seite,
Und wir müssen uns festlegen,
wie wir ihnen begegnen wollen.

Du gabst uns deine Weisungen.
Es liegt an uns,
ob und wie sehr wir auf dich hören.

Clemens Nodewald
Sei nicht tot bevor du stirbst

13

APRIL

Sonntag

Palmsonntag
Hl. Martin I., Papst
Hl. Hermenegild, Märtyrer
Hl. Ida, Gräfin

Herr, lass mich dein Esel sein, auf dem du zu den Menschen kommst. Gib mir die Genügsamkeit und Eselsgeduld, die Kraft zum Tragen und auch die Sturheit, die ich brauche, um Träger deiner Liebe in einer Welt des Hasses zu sein. Lass mich dein Esel sein, Christus, dass ich dich zu anderen trage!

Dom Hélder Câmara

Palmsonntag

Jesus zieht hinauf nach Jerusalem, bejubelt von den Menschen. Ausgelassene Stimmung, Freude. Wer von den Jubelnden hätte gedacht, dass der ersehnte Held nur wenige Tage später gefangen genommen und gefoltert wird? Stimmungen können sehr schnell kippen ... Unser Wohlbefinden hängt von vielen Faktoren ab, die wir zum Teil nicht in der Hand haben. Das Gefühl, den Halt zu verlieren, droht zum freien Fall zu werden. Heute beginnt die Karwoche. Die ersten Stufen dieses Weges sind geschmückt vom Jubel des Volkes. Das Feld der Verbündeten wird sich aber rasch lichten – noch rascher verstummt der Lobgesang. Schon bald betet Jesus, zu Tode betrübt und von schlimmsten Ängsten ergriffen, alleine im Garten Getsemani. Jesus kennt den freien Fall der Angst. Gott hat diese Angst selber erlebt. Wir dürfen unsere Ängste mit einem teilen, der sie nicht nur versteht, sondern am eigenen Leib erfahren hat.

Felix Gmür, Bischof von Basel

14

APRIL

Montag

Hl. Tiburtius und Valerian, Märtyrer
Hl. Ludwina, Jungfrau
Sel. Petrus Gonzáles, Bekenner

Die Passionszeit kommt von Ostern her, und sie geht auf Ostern zu. Die Erfahrung des Leidens gehört zur Fülle des Lebens. Die Verletzlichkeit und Zerbrechlichkeit des Lebens ist auszuhalten mit der Hilfe Gottes. Weil Passion und Ostern zusammengehören, können sich Menschen im Leid bewegen, ohne sich darin zu verlieren.

Sabine Bäuerle

Rette die Welt

Mir schmerzen die Augen
   von dem, was ich sehe
Meine Ohren tun weh
   von dem, was ich höre
Mein Herz blutet
   von dem, was ich leide
Mein Mund verstummt
   vor dem, was geschieht

Gott
Rette die Welt
   und ich bin erlöst.

Anton Rotzetter
Gott, der mich atmen lässt
Verlag Herder

15

APRIL

Dienstag

Hll. Basilissa und Anastasia,
Märtyrerinnen

Geduld, Demut, Gehorsam und Liebe
schmücken die vier Enden des Kreuzes.
An der Spitze prangt die Liebe, zur Rechten der Gehorsam, zur Linken die Geduld
und ganz unten als Wurzel aller Tugenden
die Demut.

Hl. Bernhard von Clairvaux

Unser Gefährte

Wir sind keine Engel, wir haben einen Leib. Wir sollten uns auch nicht wünschen, Engel zu sein. Normalerweise müssen wir uns beim Denken an etwas halten. Manchmal aber geht unser Inneres aus sich selbst heraus und ist von Gott so erfüllt, dass wir, um uns zu sammeln, niemand nötig haben. Oft aber sind wir beschäftigt. Verfolgungen oder Leiden stürmen auf uns ein, wir fühlen uns innerlich trocken – finden keine Ruhe. Da ist Christus ein guter Freund für uns. Wir sehen ihn als Menschen, schwach, leidend, als unseren Gefährten. Haben wir uns daran gewöhnt, dann fällt es uns leicht, an ihn zu denken. Manchmal aber können wir weder das eine noch das andere. Dann sollen wir nicht nach Trost suchen, sondern einfach das Kreuz umfassen. Auch der Herr war oft allein im Leiden.
Lassen wir ihn nicht im Stich!

Hl. Theresa von Avila

16

APRIL

Mittwoch

Hl. Benedikt Josef Labre
Hl. Bernadette Soubirous

Frauen haben am Kreuz Jesu ausgeharrt,
die Männer sind davongelaufen.
Also, wer flieht, bekommt das Amt;
wer bleibt, bekommt das Ehrenamt.

Christiane Florin

Das Kreuz

In unserem Leid, in unserer Trauer
fällt ein ganz besonderes Licht
auf das Kreuz.
Jesus leidet mit uns. Das eint.
Seine Liebe gilt uns in dem Schmerz,
den er in seinem Innern empfindet.
Gottes Sohn gibt sein Leben
für uns dahin.
Es strömt in die Welt.
Ewiges Leben fließt
aus dem Herzen Gottes
in unser Leben und Sterben.
Wir erkennen im gekreuzigten Jesus
unseren Weg in die Auferstehung
des Lebens.

Wilhelma Kalpers

17

APRIL

Donnerstag

Gründonnerstag
Hl. Gerwin, Abt

Im Altarsakrament ist Christus leibhaft gegenwärtig, und durch das Abendmahl wird jeder, der es empfängt, in seinen Leib umgestaltet, so dass die in der Kirche vereinte Gemeinschaft der Gläubigen den Leib Christi darstellt.

Hl. Edith Stein

Sakrament der Fußwaschung

Ihr könnt von allen Sakramenten dispensiert werden ...; aber es gibt ein Sakrament, eine Gegenwart Christi, an der ihr immerwährend teilnehmen könnt: an dem demütigen Dienst für den Nächsten. – Es wird immer die Füße des Nächsten geben ... Der heilige Johannes wollte uns durch den Bericht von der Fußwaschung zu verstehen geben, dass es ein unbedingt notwendiges Sakrament gibt, und über dieses werdet ihr gerichtet werden, nicht über eure Kommunionen, nicht über eure Beichten, nicht über eure Taufe, sondern über eure Fußwaschung.

Louis Evely

18

APRIL

Freitag

Karfreitag

Es ist das Befreiende von Karfreitag und Ostern, dass die Gedanken weit über das persönliche Geschick hinaus gerissen werden zum letzten Sinn alles Lebens, Leidens und Geschehens überhaupt und dass man eine große Hoffnung fasst.

Dietrich Bonhoeffer

Karfreitag

Keines seiner Worte
glaubte ich, hätte er nicht
geschrien: Gott, warum
hast du mich verlassen?

Das ist mein Wort, das Wort
des untersten Menschen.

Und weil er selber
so weit unten war,
ein Mensch,
der «Warum» schreit
und schreit «Verlassen»,
deshalb könnte man
auch die anderen Worte,
die von weiter oben,
vielleicht
ihm glauben.

Rudolf Otto Wiemer

19

APRIL

Samstag

Karsamstag
Hl. Leo IX., Papst
Hl. Gerold, Einsiedler

In dieser Nacht vor Ostern,
in der alles schweigt,
bereitet sich der neue Tag vor.

Ein Tag des Jubels und der Freude.
Das Leben hat den Tod besiegt.
Der Tag hat die Nacht bezwungen.

Dieser Tag kann in all unsere Nächte
hineinleuchten, sie erhellen
und uns neue Hoffnung geben.

Quelle unbekannt

Das Geheimnis des Karsamstags

Das ist das Geheimnis des stillen Karsamstags, an dem wir mit den Augen des Glaubens auf einmal das Grab vom Licht der Liebe Gottes erhellt sehen: Es gibt für uns keine Einsamkeit mehr. Selbst der Tod lässt uns nicht in die Einsamkeit sinken, denn dort ist schon der Herr unser Gefährte geworden.

Die Osternacht bringt dann im Jubel des Halleluja zum Vorschein, was, verborgen hinter allen Feiern, Wirklichkeit ist: Durch Christi Lebens- und Todeseinsatz ist uns das Leben geschenkt. Der Tod hat über uns keine wirkliche Macht mehr. Christi Passion hat unsere Gräber geöffnet und uns das Leben Gottes neu geschenkt.

Bischof Joachim Wanke
Deine Auferstehung preisen wir
Verlag Herder

20

APRIL

Sonntag

Hochheiliges Osterfest
Hl. Adalar, Bischof
Hl. Agnes von Monte Pulciano

Wenn es so etwas wie
Zukunftsmusik gibt,
dann war sie damals –
dann ist sie am
Ostermorgen an der Zeit:
zur Begrüßung des neuen Menschen,
über den der Tod nicht mehr herrscht.

Eberhard Jüngel

Wir preisen dich

Wir preisen dich, Gott, unser Vater, für die Auferstehung. Ein erstes Mal hast du das neue Leben gezeigt, als du dein Volk aus der Sklaverei in Ägypten befreit hast, im wunderbaren Durchzug durch das Rote Meer. In seiner ganzen Fülle hast du uns die Auferstehung gezeigt im Sieg deines Sohnes über die Mächte des Todes.

Wir preisen dich für das Wasser: Es ist ein Zeichen für das fruchtbare Leben und erinnert uns an unsere Taufe. Denn du lässt uns wiedergeboren sein in dir zum ewigen Leben. Dieses Leben verbleibt jetzt noch verborgen in dir; aber wie in der frühlingshaften Natur offenbart es sich in der Vielfalt der österlichen Zeichen.

Wir preisen dich für deinen Sohn Jesus, den Erstgeborenen eines neuen Volkes, und für den Geist, der Leben schafft. Erneuere in uns die Früchte von Ostern.

In «L'ami du peuple»,
elsässische Kirchenzeitung

21

Ostermontag
Hl. Anselm, Bischof, Kirchenlehrer
Hl. Konrad von Parzham

Osterbotschaft – Auferstanden!
tönt's in allen Christenlanden,
weckt der Geister Hochgesang.
Tritt auch du aus deinen Falten
zu den höheren Gestalten,
Seele, Gott sei dein Gesang!

Johann Wolfgang von Goethe

Jeder ist auf dem Weg nach Emmaus

Im Grunde genommen ist jeder Mensch auf dem Weg nach Emmaus und hat die Hoffnung, dass sich jemand zugesellt, der ihm beisteht bei den Enttäuschungen und Begriffsstutzigkeiten. In der Rückschau auf das eigene Leben kann man sich an manche beseligenden Momente erinnern, in denen uns bei einem Gespräch das Herz aufging. Plötzlich hatte man bei der «Wanderung» eine neue Ebene erreicht und bekam neue Augen. Wie oft wird es Abend im Geist, und was für eine Gnade ist es, wenn jemand zu Gast geladen wird, der mit uns das Brot bricht und uns das Wort erschließt. Hatte Jesus seinen Freunden nicht verheißen, wenn sich zwei oder drei in seinem Namen zusammenfänden, dann wäre er mitten unter ihnen?

Otto Betz,
in Zeitschrift «Christ in der Gegenwart»
Verlag Herder

22

APRIL

Dienstag

Osterdienstag
Hll. Soter und Cajus, Päpste, Märtyrer

Ostern ist keine Feier eines vergangenen Ereignisses. Das Halleluja gilt nicht dem, was war. Ostern proklamiert einen Anfang, der schon über die fernste Zukunft entschieden hat. Auferstehung sagt: Der Anfang der Herrlichkeit hat schon begonnen. Und was so begonnen hat, das ist daran, sich zu vollenden!

Karl Rahner

Wenn ich ihn sehen will

Ich muss dem Grab den Rücken kehren,
wenn ich ihn sehen will.

Er ist nicht im Grab,
nicht im Dunkel, nicht im Tod.

Er war da,
jetzt aber ist er im Leben,
im Licht, im Garten ...

Und er kommt mir entgegen,
sieht mich an, spricht mich an.
Er holt mich in seine Nähe,
ins Licht, ins Leben.

Ich brauche das Grab
nicht zu vergessen, aber:
Ich muss dem Grab den Rücken kehren,
wenn ich Christus sehen will.

Marie-Luise Langwald
Frauen-ge-danken
Klens Verlag / Patris Verlag

23

APRIL

Mittwoch

Ostermittwoch
Hl. Georg, Soldat, Märtyrer
Hl. Adalbert, Bischof, Märtyrer

Es ist gleichgültig, was die Welt über religiöse Erfahrung denkt. Derjenige, der sie hat, besitzt den großen Schatz einer Sache, die ihm zu einer Quelle von Leben, Sinn und Schönheit wurde und die der Welt und der Menschheit einen neuen Glanz gegeben hat.

Carl Gustav Jung, Psychologe

Mitten im Alltag

Die Auferstehung Jesu ereignet sich mitten im Alltag, wenn anonyme Formen des Todes überwunden werden. Wenn nach Konflikten und Streit Anzeichen von Verständigung und Versöhnung auftauchen. Wenn in einer Atmosphäre des Neides und der Verachtung Wohlwollen spürbar wird. Wenn der Glaube nach einer Phase der Orientierungslosigkeit neu in den Herzen der Menschen Wurzeln schlägt. Wenn Menschen frei werden von Konsum- und Erfolgszwängen.

Auferstehung geschieht, wenn sich Menschen beim Namen angesprochen und angenommen wissen. Durchbruch des Lebens ereignet sich, wenn Menschen, die in die Enge getrieben und von Angst besetzt sind, Raum und Zeit finden, wenn sich Fremden eine Heimat auftut.

Erfahrungen der kleinen Auferstehung und der kleinen Freude im Alltag erschließen uns die Auferstehung Jesu.

Bischof Manfred Scheuer
in der Monatsschrift «Magnificat»
Verlag Butzon & Bercker

24

APRIL

Donnerstag

Osterdonnerstag
Hl. Egbert, Bischof
Hl. Fidelis von Sigmaringen

Es gibt auch eine Auferstehung des Herzens, und wenn die Auferstehung des Leibes dem «Jüngsten Tag» vorbehalten ist, so muss sich die des Herzens tagtäglich vollziehen. Sie ist es, auf die wir vor allem unser Augenmerk richten sollen.

Raniero Cantalamessa

Mahl mit dem Auferstandenen

Diese Mähler mit dem Auferstandenen müssen den Jüngern und Jüngerinnen tief im Gedächtnis geblieben sein. In seiner Predigt im Haus des Cornelius beruft sich Petrus gerade darauf: «Gott hat ihn erscheinen lassen, zwar nicht dem ganzen Volk, wohl aber uns, die wir nach seiner Auferstehung mit ihm gegessen und getrunken haben» (Apg 10,41).

Die Mähler mit dem Auferstandenen waren für die Jünger das große Osterereignis. Kein Wunder, dass sie daran festhielten, auch nachdem die Erscheinungen aufgehört hatten. Jesus blieb weiterhin in ihrer Mitte, wenn auch jetzt unsichtbar. Er blieb der Gastgeber; er schenkte ihnen weiterhin seine Gegenwart.

Herbert Haag
Auferstehen – frei werden
Paulusverlag

25

APRIL

Freitag

Osterfreitag
Hl. Markus, Evangelist
Hl. Erwin, Abt, Bischof

Wer das schmale Buch des Evangeliums
nicht mit der Entschlossenheit
eines Menschen ergreift,
der nur noch eine einzige Hoffnung hat,
wird es weder entziffern
noch seine Botschaft empfangen.

Madeleine Delbrêl (1904–1964)

Das Christentum: eine Bewegung

Das Christentum war von Beginn an als eine *Bewegung* gedacht. Die ersten Jünger wurden «Anhänger des Weges» genannt. Diese frühe Bezeichnung der christlichen Gemeinde weist namentlich auf die Dynamik hin, die dem neuen Glauben innewohnte.

Die christliche Gemeinde verstand sich als Gruppe von Jesus ausgesandter Menschen, die sich aufmachen, um die Welt durch die Kraft und die Botschaft des Evangeliums zu verändern. Wenn Kirche aufhört, eine Bewegung zu sein, beginnt sie, sich um sich selbst zu drehen, und verliert sowohl ihre Bestimmung als auch ihr Leben. Wo Stillstand ist, findet sich bald der Tod ein. Leben ist Bewegung, und Kirche muss Nachfolge sein.

Rainer Harter
Radical love. Jesus light gibt es nicht
Verlag Herder

26

APRIL

Samstag

Ostersamstag
Hl. Kletus,
Papst, Märtyrer

Jesus zeigt sich – am deutlichsten in der Emmaus-Geschichte und bei Maria von Magdala – im Weggehen. Er ruft ins Mitgehen. Auferstehung will eine aktive Freude, die Freude dessen, der selbst den Weg des Auferstandenen mitgeht. Das gilt auch heute: Nur im Mitgehen zeigt er sich.

Papst Benedikt XVI.

Weißt du?

Weißt du, was Jesus
aus deinem Leben machen kann?
Er öffnet dir die Augen,
und du erkennst, was keiner sieht.

Weißt du, was Jesus
aus deinem Leben machen kann?
Er öffnet dir die Ohren,
und du verstehst, was er dir sagt.

Weißt du, was Jesus
aus deinem Leben machen kann?
Er öffnet dir die Lippen,
und du sprichst aus, was keiner sagt.

Weißt du, was Jesus
aus deinem Leben machen kann?
Er öffnet dir die Hände,
und du verschenkst, was er dir gibt.

Weißt du, was Jesus
aus deinem Leben machen kann?
Er gibt dir die Zukunft,
und du stehst auf aus deinem Grab.

Lothar Zenetti
Leben liegt in der Luft
Topos Taschenbuch

27

---

2. Sonntag der Osterzeit
Barmherzigkeitssonntag
Hl. Petrus Kanisius
Hl. Zita

Wir haben einen Ton in das Leben einzu-
tragen, den sonst niemand einträgt. Wir
wissen es auch nicht besser als andere, aber
wir blicken anders als andere in die Welt.

Annette Kurschus,
Ratsvorsitzende der EKD

«Selig die Barmherzigen»

Die Barmherzigen werden selig gepriesen, denn sie werden Barmherzigkeit bei Gott finden. Die Liebe zum Nächsten und die zu Gott gehören zusammen: «Du sollst Gott deinen Herrn lieben ... und deinen Nächsten wie dich selbst.» Ebenso die Liebe, die Gott den Menschen schenkt, und jene die der Mensch seinem Nächsten geben soll: «Vergib uns unsere Schuld, wie auch wir vergeben unseren Schuldigern.» Die Liebe, von der Christus redet, ist gleichsam ein lebendiger Strom, der von Gott kommt, durch die Menschen geht und zu ihm zurückkehrt; eine heilige Lebensgestalt, die von Gott zum Menschen reicht, vom Menschen zu seinem Nächsten, vom Glaubenden zu Gott. Wer an einer Stelle den Zusammenhang unterbricht, zerbricht das Ganze. Wer ihn an einer Stelle rein verwirklicht, gibt dem Ganzen Raum.

Romano Guardini
Der Herr
Matthias Grünewald Verlag

28

APRIL

Montag

Hl. Peter Chanel, Märtyrer
Hl. Hugo, Abt
Hl. Ludwig Maria Grignion

Bruder bist du mir, mein Gott,
nicht Vater.
Ich schaue hinein, höre hinein,
in das frohe Märchen deines Lebens.
Was willst du, sag es, Gott,
für deine großzügigen Gaben?
Für die Schneekristalle
und die Seifenblasen,
für die Tiefe der Ewigkeit
und des Himmels?

Janusz Korczak (1942 im KZ ermordet)

Ein neuer Morgen

Wer den neuen Morgen freundlich begrüßen kann, den erwartet ein heiterer Tag, auch wenn es draußen regnet und stürmt. Die sprichwörtliche Sonne im Herzen beschenkt uns mit der Fähigkeit, den vor uns liegenden Tag als Geschenk anzunehmen, von dem wir noch gar nicht wissen, mit welchen wundervollen Erfahrungen, Wahrnehmungen und Begegnungen er uns überraschen will. Wer weiß, welche Freude uns heute vom Himmel fällt, welcher gute Mensch ein liebevolles Wort für uns findet oder uns einen von Herzen kommenden Gruß sendet ...

Das Paradies schenkt sich uns heute, hier und jetzt, da, wo wir die zahllosen Wunder des Lebens mit großen Augen so überrascht betrachten, als wäre die Welt in diesem Moment erst erschaffen worden.

Christa Spilling-Nöker
Kleines Buch der Lebensfreude
Verlag Herder

29

APRIL

Dienstag

Hl. Katharina von Siena, Ordensfrau,
Kirchenlehrerin

Ich habe die Hoffnung,
dass mich einer hält,
auch wenn ich keinen Halt mehr habe.
Ich halte die Hoffnung fest,
dass ich gehalten bin!

Quelle unbekannt

Licht über allem Licht

Du bist jenes Licht über allem Licht,
durch das du dem Auge des Verstandes
übernatürliches Licht in solcher Fülle
und Vollkommenheit schenkst,
dass du das Licht des Glaubens verklärst.
Im Glauben hat meine Seele Leben,
und in ihm empfange
und erkenne ich dich.
Im Lichte des Glaubens erwerbe ich
die Weisheit in der Weisheit des Wortes.
Im Licht des Glaubens bin ich stark,
beständig und ausdauernd.
Lass dieses Licht nicht abnehmen
auf meinem Wege.
Es zeigt mir den Weg,
ohne es ginge ich in Finsternis.
Darum bitte ich dich, o Herr,
erleuchte mich
mit dem Licht des heiligsten Glaubens.

Hl. Katharina von Siena (1347–1380)

30

APRIL

Mittwoch

Hl. Pius V., Papst
Hl. Quirin, Märtyrer
Sel. Pauline von Mallinckrodt

Der Test eines Predigers ist,
dass die Gemeinde weggeht
und dabei nicht sagt:
«Was für eine schöne Predigt!»,
sondern: «Ich werde etwas tun!»

Hl. Franz von Sales (1567–1622)

Hab keine Angst!

Du bist ein Kind Gottes. Wenn du dich klein machst, dient das der Welt nicht. Es hat nichts mit Erleuchtung zu tun, wenn du schrumpfst, damit andere um dich herum sich nicht verunsichert fühlen. Wir wurden geboren, um die Herrlichkeit Gottes zu verwirklichen, die in uns ist. Sie ist nicht nur in einigen von uns: Sie ist in jedem Menschen. Und wenn wir unser eigenes Licht erstrahlen lassen wollen, geben wir unbewusst anderen Menschen die Erlaubnis, dasselbe zu tun. Wenn wir uns von unserer eigenen Angst befreit haben, wird unsere Gegenwart ohne unser Zutun andere befreien.

Nelson Mandela

1

MAI

Donnerstag

Fest des hl. Josef des Arbeiters
Gebetstag für geistliche Berufe

Die menschliche Arbeit ist in das Geheimnis der Menschwerdung aufgenommen, so wie sie auch in besonderer Weise erlöst wurde. Dank seiner Werkbank, an welcher er sein Handwerk zusammen mit Jesus ausübte, brachte Josef die Arbeit in die Nähe des Geheimnisses der Erlösung.

Hl. Papst Johannes Paul II.

Morgensegen

Barmherziger und guter Gott,
segne diesen Morgen,
den du mir geschenkt hast,
dass es ein Tag des Heils werde,
ein Tag, der mir und
den Menschen um mich herum
Segen bringt und Früchte trägt,
die bleiben.

Segne mich und alles,
was ich heute in die Hand nehme,
was ich anpacke, berühre,
forme und gestalte.

Lass meine Arbeit
zum Segen werden für andere.
Segne mich, damit ich selbst
zu einer Quelle des Segens werden darf
für die Menschen,
denen ich heute begegnen werde.

Anselm Grün

2

MAI

Freitag

Hl. Athanasius, Bischof, Kirchenlehrer
Hl. Sigismund, König
Hl. Wiborada, Reklusin, Märtyrerin
Herz-Jesu-Freitag

Öffnen wir uns der Liebe Gottes. Gott verschließt uns niemals sein Herz. Seine treue Güte ist uns auch dann noch Schutz, wenn wir über unsere Fehler stolpern. Kehren wir ohne Angst zu Gott zurück, wenn wir uns von ihm entfernt haben! Vertrauen wir ihm! Er kommt immer wieder auf uns zu.

Frère Alois von Taizé

Ein bisschen Wärme

Eines Tages ging ich durch die Straßen Londons. Ich sah einen Mann, der zusammengekauert da saß, er schien einsam und verlassen. Als er mich bat, ich solle mich zu ihm niederbeugen, blieb ich stehen, nahm ihn bei der Hand, schüttelte sie und fragte ihn, wie es ihm gehe. Er blickte auf und sagte: «Nach langer Zeit spüre ich endlich wieder die Wärme einer menschlichen Hand, nach so langer Zeit ...» Seine Augen leuchteten auf, und er setzte sich aufrecht hin. Schon dieses bisschen Wärme einer menschlichen Hand brachte Freude in sein Leben. Du musst das einmal erleben. Du musst deine Augen weit öffnen und ebenso handeln.

Hl. Mutter Teresa
Für jeden Tag
Verlag Herder

3

MAI

Samstag

Hll. Philippus und Jakobus, Apostel
Hl. Alexander I., Papst
Mariensamstag

Maiandachten wollen unseren Blick hin-
wenden auf Maria, den Menschen, der
mehr als alle anderen hineingenommen ist
in das Vorbild in ihrem Glauben und in der
Bereitschaft zum Dienst für Gott und die
Menschen. Jede Begegnung mit ihr wird
zugleich zu einer Begegnung mit Christus.

Papst Paul VI.

Das Ave Maria

Wer das Ave Maria betet, betet kein Feiertagsgebet, sondern ein Gebet für das tägliche Leben.

Wer Maria grüßt, grüßt in ihr den begnadeten Menschen, aber nicht minder Gott und seine ganze Schöpfung.

Wer in dieser Gebetshaltung seinen Mitmenschen begegnet, wird ihnen erfahrbar machen: Auch du bist von Gott gegrüßt. Auch mit dir ist der Herr unterwegs. Auch du bist wie Maria begnadet.

Wer von dieser Grundstimmung getragen ist, bei dem mündet Leben in Gebet und Gebet in Leben.

Paul Martone

HERDER

www.herder.de

4

Sonntag

---

3. Sonntag der Osterzeit
Hl. Guido, Abt
Hl. Florian, Märtyrer

Gott befiehlt uns bloß,
die Netze auszuwerfen,
nicht aber, Fische zu fangen,
weil er es ist,
der sie ins Netz gehen lässt.

Hl. Vinzenz von Paul

Der Auferstandene ist da!

Nie erkennen die Jünger Jesus bei seinen Erscheinungen sofort. Sie halten ihn für den Gärtner (Maria von Magdala), einen Fremden (Emmausjünger) oder einen Geist. Aber sobald eine vertraute Geste ins Spiel kommt – wenn er das Brot bricht, die Jünger auffordert, noch einmal die Netze auszuwerfen, sie mit ihrem Namen anspricht –, wissen seine Freunde, dass er hier bei ihnen ist. Hier rühren Abwesenheit und Anwesenheit aneinander. Den früheren Jesus gibt es nicht mehr. Sie können nicht mehr genau wie früher mit ihm zusammen sein. Der neue Jesus, der auferstandene Herr, ist da, vertraut und nah, näher denn je.

Henri J. M. Nouwen

5

MAI

Montag

Hl. Gotthard (Godehard), Bischof
Hl. Silvanus, Märtyrer

Das Tor zur inneren Welt öffnet sich dem,
der die Mühe und Geduld aufbringt, selber
die erforderlichen Schritte auf dem Weg
nach innen zu tun. Es sind Schritte der
Rückkehr zum eigenen Herzen, Schritte
geduldigen Einübens innerer Aufmerksamkeit und des Sich-Öffnens. Sie sind
unerlässlich, um in das Geheimnis hinein-
zuwachsen.

Margrit Spichtig

Segne uns

Gott, segne uns
Mit dem Licht deiner Gegenwart,
Das unsere Fragen durchglüht
Und unseren Ängsten standhält.

Segne uns, damit wir ein Segen sind
Und mit zärtlichen Händen
Und einem hörenden Herzen
Mit offenen Augen
Und mutigen Schritten
dem Frieden den Weg bereiten.

Segne uns
Dass wir einander segnen
Und stärken
Und hoffen lehren
Wider alle Hoffnung
Weil du unserem Hoffen
Flügel schenkst.

Andrea Schwarz
Du Gott des Weges, segne uns
Verlag Herder

6

MAI

Dienstag

Hl. Antonia, Märtyrerin

Abgestorben,
aber nicht tot.

Aus der Todesstarre
wächst neues Leben.

Knospen springen auf,
fangen an zu blühen.

Auch wir leben auf
nach einem Winter.

Petrus Ceelen

Wir können uns wieder aufrichten

Ein ausgerissener Baum, selbst einer, der direkt über der Wurzel abgeschnitten wurde und dann wieder gepflanzt wurde – zum Beispiel die Weide –, treibt wieder aus und blüht von neuem; und ein Mensch, der umgehauen wurde, soll nicht wieder aufblühen?

Die abgeernteten Aussaaten ruhen, schlafen in den Scheunen und erwachen im Frühling zu neuem Leben; und der abgeerntete Mensch, der in die Scheunen des Todes geworfen wurde, soll nicht wieder zum Leben erwachen?

Eine Knospe am Weinstock, ein abgeschnittener und umgepropfter Zweig, sie erwachen wieder zum Leben und tragen Früchte; und der Mensch, für den alles erschaffen wurde, soll sich nicht wieder aufrichten können, wenn er gefallen ist?

Hl. Cyrill von Jerusalem (313–386)

7

MAI

Mittwoch

Sel. Notker von St. Gallen
Sel. Gisela, Königin

Ist es nicht an der Zeit, dass wir endlich
aufhören, über Gott zu streiten, und dass
wir uns stattdessen gemeinsam darum bemühen, die heutigen Formen des Götzen-
dienstes zu entlarven?

Erich Fromm (1900–1980)

Kehrt zurück!

In Zeiten einer spirituellen Krise folgt man am besten dem Rat des auferstandenen Herrn, den er seinen niedergeschlagenen Aposteln vor seiner Himmelfahrt gab: «Kehrt nach Galiläa zurück!» Kehrt zurück zu den frohen Tagen, die ihr in Gemeinschaft mit dem Herrn verbracht habt. Kehrt um – dann werdet ihr ihn wiederfinden. Und ihn wahrscheinlich neu entdecken, wie es auch die Apostel taten.

Ihr müsst nicht auf Krisenzeiten warten, um diese Übung zu machen. Wenn wir sie oft genug machten, könnten wir vielleicht Krisenzeiten überhaupt vermeiden.

Anthony de Mello
Meditieren mit Leib und Seele
Topos plus

8

MAI

Donnerstag

Hl. Desideratus, Bischof
Sel. Ulrika Nisch, Ordensfrau
Sel. Clara Fey, Ordensgründerin

Oft zeigt sich, dass der Mensch wird, was er glaubt. Wenn ich mir dauernd einsage, ich könne dies oder das nicht, dann werde ich in der Tat dazu unfähig. Wenn ich hingegen fest glaube, ich werde es können, dann bekomme ich sicher die Fähigkeit dazu, selbst wenn sie mir anfangs nicht eigen war.

Mahatma Gandhi (1869–1948)

Öffne uns!

Herr, öffne uns die Augen,
dass wir sehen,
was zu sehen ist.

Öffne uns die Ohren,
dass wir hören,
was zu hören ist.

Öffne uns die Hände,
dass wir ändern,
was zu ändern ist.

Öffne uns die Zukunft,
lass erscheinen in der Welt
dein Reich.

Aus dem Internet

9

MAI

Freitag

Hl. Beatus, Einsiedler
Sel. Theresia Gerhardinger

Wenn Jesus in unser Leben kommt,
bedeutet das immer eine Veränderung.
Denn Jesus offenbart uns,
dass wir auch ganz anders sein können,
und weckt in uns unser Bestes.

Bischof Jacques Gaillot

Der österliche Weg

Der auferstandene Herr mahnt uns, am neuen Exodus heute teilzunehmen, aus uns herauszugehen und unser Leben auf den Straßen der Wüste zu verlieren, die scheinbar zum Tode führen, aber das große Pascha des Herrn zu Wegen des Lebens machen.

Österliche Umkehr besteht immer darin, dass man sich vom Geist in die Wüste führen lässt, hin zum Ostergeheimnis und zur Teilnahme an der Gabe und der Vergebung des Herrn, die sein Geist auf alle herabkommen lässt, die an ihn glauben.

Geistliches Leben, Leben im Geist heißt immer, sich auf den österlichen Weg begeben, der stets Exodus ist, wie der des Herrn.

Peter-Hans Kolvenbach

10

Hl. Antonius, Bischof
Hll. Gordianus und Epimachus
Hl. Damian De Veuster

Gerade online wird der Satz «Ich bete für dich» oft in dem Sinne gebraucht, dass das Gebet dazu führen möge, dass der andere «sich bessert», und zwar in aller Regel nach meiner Façon. Das ist übergriffig als Kommunikationsakt und unverschämt Gott gegenüber, der zum Korrekturautomaten gemacht wird.

Wolfgang Sigler

Die Liebe nur ...

So soll es sein,
dass jeder Tag uns
wissender und stiller macht. –

Denn alles,
was uns aufgebracht
und stolz gemacht,
war leerer Schein.

Die Liebe nur,
die wir in jedes Werk gelegt,
und still gepflegt –
bringt Segen
in den Tag hinein.

Maria Nels

11

MAI

Sonntag

---

4. Sonntag der Osterzeit
Weltgebetstag für geistliche Berufe
Hl. Gangolf, Märtyrer
Hl. Mamertus, Bischof

Es kann keinen Frühling religiöser Beru-
fungen geben ohne einen Frühling in der
Kirche insgesamt. Geistliche Berufe sind
die Frucht eines erneuerten kirchlichen
Lebens. Je mehr die Vision der erneuerten
Kirche vor Augen steht, umso zuversicht-
licher werden auch junge Menschen in das
Boot der Kirche einsteigen und Verantwortung übernehmen.

Rainer Birkenmaier

Gebet um geistliche Berufungen

Herr Jesus,
berufe viele junge Menschen
zu deiner Mitarbeit.
Hilf ihnen, die Schwierigkeiten,
die sich der Jugend heute stellen,
zu überwinden.
Und wenn du jemanden berufst,
um ihn ganz deinem Dienst zu weihen,
möge diese Berufung
von der ersten Regung an
im Feuer deiner Liebe erglühen,
wachsen und andauern bis ans Ende.
Amen.

Hl. Papst Johannes Paul II.

12

Hll. Nereus, Achilleus, Domitilla und
Pankratius, Märtyrer
Sel. Imelda Lambertini

Ich bin deine Freude,
fürchte dich also nicht, froh zu sein.
Ich bin in deiner Not.
Ich gehe nicht weit weg von dir.
Was immer auch geschieht:
Glaube, dass ich da bin.

Karl Rahner

Abenteuer Gott

Gott ist eine Macht, die uns überrascht und verzaubert, ein Wesen, das Leben in Fülle ist. Gott ist reinstes Abenteuer.

Als Christen glauben wir, dass sich die menschliche Erfahrung mit Gott in heiligen Schriften niedergeschlagen hat. Obwohl so viele unserer Zeitgenossen Kirche und Gott langweilig finden, werden wir nicht eine einzige Zeile in der Bibel finden, die Gott als bequem und langweilig oder öde bezeichnet.

Warum? Weil die Autoren dieser Texte wussten, dass ihr Leben mit Gott eine abenteuerliche Reise war, auf der sie der Heilige Geist begleitete.

Ulrich L. Lehner
Gott ist unbequem
Verlag Herder

13

Gedenktag U.L. Frau in Fatima
Hl. Servatius, Bischof

Gott hat gewollt, dass die göttlichen Wahrheiten nicht durch den Verstand ins Herz,
sondern durch das Herz in den Verstand
eingehen. Denn die menschlichen Dinge
muss man kennen, um sie zu lieben, die
göttlichen muss man lieben, um sie zu kennen.

Blaise Pascal (1623–1662)

Sei gegrüßt

Sei gegrüßt, Herrin, heilige Königin,
heilige Gottesmutter Maria.
Du bist Jungfrau,
zur Kirche geworden und erwählt
vom Heiligsten Vater im Himmel,
die er geweiht hat mit seinem
heiligsten geliebten Sohn
und dem Heiligen Geiste, dem Tröster;
in der war und ist alle Fülle der Gnade
und jegliches Gute.

Sei gegrüßt, du sein Palast.
Sei gegrüßt, du sein Gezelt.
Sei gegrüßt, du sein Haus.
Sei gegrüßt, du sein Gewand.
Sei gegrüßt, du seine Magd.
Sei gegrüßt, du seine Mutter.

Hl. Franz von Assisi (1181–1226)

14

Hl. Bonifatius, Märtyrer
Hl. Christian, Märtyrer
Hl. Pachomius, Mönch

Die Nächstenliebe muss empfangen werden,
sie lässt sich nicht herbeidenken,
sie erfindet sich,
sie liest sich am Leben Christi ab.
Eine Liebe ohne Maß,
ohne unsere Maßstäbe.
Allein das Gebet
lässt uns unser eigenes Maß verlieren,
schenkt uns das Maß Gottes.

Madeleine Delbrêl

Ein freier Mensch

Ich will unter keinen Umständen ein Allerweltsmensch sein. Ich habe ein Recht darauf, aus dem Rahmen zu fallen – wenn ich es kann. Ich wünsche mir Chancen, nicht Sicherheiten. Ich will kein ausgehaltener Bürger sein, gedemütigt und abgestumpft, weil der Staat für mich sorgt. Ich will dem Risiko begegnen, mich nach etwas sehnen und es verwirklichen, Schiffbruch erleiden und Erfolg haben.

Ich lehne es ab, mir den eigenen Antrieb mit einem Trinkgeld abkaufen zu lassen. Lieber will ich den Schwierigkeiten des Lebens entgegentreten, als ein gesichertes Dasein führen; lieber die gespannte Erregung des eigenen Erfolgs, als die dumpfe Ruhe Utopiens. Ich will weder meine Freiheit gegen Wohltaten hergeben noch meine Menschenwürde gegen milde Gaben. Ich habe gelernt, für mich selbst zu denken und zu handeln, der Welt gerade ins Gesicht zu sehen und zu bekennen: Dies ist mein Werk. Das alles ist gemeint, wenn wir sagen: Ich bin ein freier Mensch.

Albert Schweitzer

15

Donnerstag

Hl. Sophie, Märtyrerin
Hl. Rupert von Bingen

Nicht immer musst du dicke alte Bücher wälzen, um dich vom Leben heiliger Menschen inspirieren zu lassen. Manchmal leben sie direkt vor deinen Augen und du weißt es nicht einmal.

Rudolf Gehring

Zweifel auf dem Weg des Glaubens

Wer von uns hat denn nicht schon Unsicherheit, Enttäuschung und auch Zweifel auf dem Weg des Glaubens erlebt? Alle, alle haben wir das erlebt – ich auch. Alle! Das gehört zum Weg des Glaubens, es ist Teil unseres Lebens. Es darf uns nicht überraschen, denn wir sind nun mal Menschen mit Schwachheiten und Grenzen. Wir alle sind schwach, wir alle haben Grenzen: Erschrecken wir also nicht! Das geht uns allen so. Und in solchen schwierigen Momenten brauchen wir Vertrauen zur Hilfe Gottes und auch den Mut und die Demut, andere um Hilfe zu bitten: Ich habe dieses und jenes Problem, hilf mir doch bitte. Wie oft haben wir das getan? Und so sind wir dann aus diesem Problem herausgekommen und haben Gott wieder getroffen.

Papst Franziskus

16

MAI

Freitag

Hl. Johannes Nepomuk, Märtyrer
Hl. Ubald, Bischof

Jeder Mensch höre auf sein Gewissen! Das ist möglich. Denn er besitzt eines. Diese Uhr kann man weder aus Versehen verlieren noch mutwillig zertrampeln. Diese Uhr mag leiser oder lauter ticken – sie geht stets richtig. Nur wir gehen manchmal verkehrt.

Erich Kästner

Ein neuer Tag

Ein neuer Tag liegt vor mir. Lass mich, mein Gott, mitten in der Tretmühle des Alltags die Möglichkeiten erkennen, die mir heute geschenkt sind. Du weißt, dass ich anfällig bin für die Entmutigung. Stärke in mir die Wahrnehmungskraft für das Gute, damit ich dem Sog des Negativen zu widerstehen vermag ... Gib mir ein gesundes Maß an Selbstliebe, die Freiheit, über mich zu lachen, und die Demut, die Grenzen, die du mir gesetzt hast, nicht gewaltsam niederreißen zu wollen. Gib mir die Aufmerksamkeit des Herzens, die anderer Menschen Bedürftigkeit wahrzunehmen versteht. Du weißt: Es fehlt mir allenthalben, aber dir darf ich mich lassen, so wie ich bin ... Nimm Besitz von meinen Gedanken, von meinem Fühlen und Wollen, dann wird dieser Tag fruchtbar sein.

Antje Sabine Naegeli
Die Nacht ist voller Sterne
Verlag Herder

17

MAI

Samstag

Hl. Paschalis Baylon

Mit einem Lächeln, einer guten Tat,
ein wenig Hilfe und Verzeihen
können Sie Freude schenken,
und diese Freude wird
zu Ihnen zurückkommen.

Papst Benedikt XVI.

Nur kleine Zeichen

Es sind die kleinen Gesten
und die kleinen Sachen,
die uns oft trösten
oder traurig machen.

Es sind die kleinen Freuden,
die uns Wärme schenken.
Es sind die kleinen Leiden,
die uns bitter kränken.

Es sind nur kleine Zeichen,
die wir täglich geben.
Doch stellen sie die Weichen
fürs Miteinander-Leben.

Gisela Baltes
in Zeitschrift «Glauben leben»
Verlag Butzon & Bercker

18

MAI

Sonntag

5. Sonntag der Osterzeit
Hl. Johannes I., Papst, Märtyrer
Hl. Burkard, Priester
Sel. Blandina Merten

Die Sonntage zwischen Ostern und Pfingsten zeigen die Frucht der Auferstehung Jesu: Auch die Jünger sind auferstanden. Die Lesungen aus der Apostelgeschichte führen es uns vor Augen: Aus der Furcht der Jünger ist Freimut geworden, aus ihrer Uneinigkeit Einmütigkeit, aus ihrer Zwiespältigkeit Hingabe an die Aufgabe, die vor ihnen liegt.

Gerhard Lohfink

«Ein neues Gebot gebe ich euch: Liebt einander!»

Jesus trägt seinen Jüngern nicht so sehr auf, Vergangenes zu bewahren, er weist sie vielmehr in die Zukunft. Sie sollen Neues aufbauen: eine Gemeinschaft der Liebe. Sie sollen zwar eine Erfahrung der Vergangenheit aufnehmen: lieben, wie er, ihr Meister, sie geliebt hat. Aber sie sollen aus dieser Erfahrung heraus selbst aktiv werden. Sie sollen im Geiste Jesu beginnen, ihre Mitmenschen zu lieben, selbstlos, frei von aller ich-haften Besorgnis um das eigene Heil, nur erfüllt von dem Bemühen, wie man dem anderen helfen, wie man andere spüren lassen kann, dass Gott sie liebt.
Es ist also die Liebe, in der Christus, äußerlich unsichtbar, seinen Jüngern wirksam nahe bleiben will. Es ist die Liebe, durch die er den vielen anderen, die ihn nicht selbst erleben konnten, nahegebracht werden will.

Ulrich Nölle / Heinz Geist
Der Atem Gottes
Echter-Verlag

19

MAI

Montag

Hl. Petrus Cölestin V., Papst
Hl. Bernarda Bütler, Ordensgründerin

Wenn du Christ bist,
kommt es nicht so sehr darauf an,
was du einmal warst,
als vielmehr darauf,
was du jetzt bist.

Corrie ten Boom

Von Zeit zu Zeit

Verlangsame von Zeit zu Zeit
deine Bewegungen.
Lebe in Zeitlupe,
suche die Stille auf.
Dann wächst die Chance,
dass du von Gottes Botschaft
berührt wirst.
Dann kann es sein,
dass du auf einem Spaziergang
ein Ohr bekommst für die leisen Töne,
ein Auge für die Farben und Formen.
Die Düfte der Pflanzen
erreichen deine Nase,
und du freust dich.
Nimm diese zärtlichen Grüße des
Schöpfers ganz persönlich.

In Zeitschrift «Zeichen der Liebe»

20

Hl. Bernhardin von Siena
Hl. Elfriede

Verantwortlich leben meint:
Der Mensch ist
aufgefordert zu antworten,
wenn er gefragt wird,
was er aus sich gemacht hat.

Paul Tillich

Freu dich ...

Freu dich am Frühling,
an den aufbrechenden Knospen
der Blumen und Bäume.

Freu dich am blanken Kiesel
auf dem Parkweg.

Freu dich am Besuch deiner Freunde,
die dir zeigen oder es auch sagen:
«Wir wollen dich, du bist uns wichtig.»

Freu dich an den Stunden,
in denen du allein bist.
Erinnere dich dann an die Freuden,
die du schon erhalten hast.
Und danke für sie.

Freude ist wie ein geschlossenes Tor;
es öffnet sich, wenn du innehältst,
wenn du nicht daran vorübergehst.

Veronica Simon

21

MAI

Mittwoch

Hl. Hermann Joseph, Priester
Hl. Eugen von Mazenod, Ordensgründer
Sel. Franz Jägerstätter

Wahre Liebe fragt nicht nach den Grenzen der Pflicht, sondern verzeiht, sooft sie Gelegenheit hat. Im engen Kreis der Familie bietet sich solche Gelegenheit an jedem Tage.

Sel. Franz Jägerstätter (1907–1943)

Für einen «radikalen» Glauben

Unter den Oberbegriffen Mystik und Spiritualität verbirgt sich heutzutage viel schlichte Esoterik. «Geh deinen Weg», «Liebe deinen Atem», «Finde deine Mitte», «Sei achtsam mit dir selbst» – wohlmeinende Appelle, die sich alle um das «Ich» drehen.

Ich möchte einen «radikalen» Glauben im buchstäblichen Sinn dagegensetzen: einen, der in die Wurzel geht, der nicht nur Zusagen vernimmt, sondern auch Ansagen. Der verniedlichte Gott sagt immer nur: Du bist okay. Der Gott der Bibel spricht eine andere Sprache.

Georg Schwikart
Leben. 100 Prozent
Verlag Neue Stadt

22

MAI

Donnerstag

Hl. Emil, Soldat, Märtyrer
Hl. Julia, Jungfrau, Märtyrerin
Hl. Rita von Cascia, Witwe

Ich möchte noch besser lernen, auf Jesus Christus, der ja mein Freund ist und mich begleiten will, wirklich zu hören. Dabei hilft mir die häufige Frage an ihn: «Wie würdest du an meiner Stelle in dieser Situation handeln?» Und ich erlebe immer wieder, dass sich dann oft überraschende Antworten und unvorhersehbare Lösungen ergeben.

Hans-Peter Röthlin

Er kommt bis zu uns

Die Unendlichkeit der Zeit und des Raumes trennen uns von Gott. Wie sollten wir ihn suchen gehen? Wie sollten wir zu ihm gelangen? Selbst wenn wir alle Zeiten hindurch wanderten, wir täten doch nichts anderes, als die Erde umkreisen. Selbst im Flugzeug könnten wir nichts anderes tun. Wir sind außerstande, uns senkrecht aufwärts zu heben. Wir können nicht einen Schritt gegen den Himmel hinauf tun. Gott durchquert das All und kommt bis zu uns.

Über die Unendlichkeit von Raum und Zeit hinweg kommt die unendlich viel unendlichere Liebe Gottes, uns zu ergreifen. Sie kommt zu ihrer Stunde. Wir haben die Macht, sie willig in uns zu empfangen oder sie abzuweisen. Verschließen wir ihr unsere Ohren, kommt sie wie ein Bettler wieder und wieder, doch ebenso wie ein Bettler bleibt sie eines Tages aus. Öffnen wir uns ihr in Willigkeit, dann legt Gott ein kleines Samenkorn in uns nieder und geht davon. Von diesem Augenblick an hat Gott nichts weiter zu tun, und auch wir nichts, als zu warten.

Simone Weil

23

Hl. Johann Baptist von Rossi, Priester
Hl. Desiderius, Bischof

Die Welt ist heute von mehr Göttern erfüllt
als sie je ein antiker Götterhimmel hatte,
und diese gegenwärtigen Götter haben si-
cherlich genauso viel reale Macht wie die
alten.

Jürgen Ebach

Zuständig für das Leben

Gott ist nicht zuständig für das Glück,
sondern er ist zuständig für das Leben.
Das aber ist mehr, unsagbar viel mehr.
Nein – Gott macht nicht
unbedingt glücklich –
weil er die Dunkelheiten meines Lebens
nicht einfach wegnimmt.
Aber er geht mit mir
durch die Dunkelheiten
meines Lebens hindurch.
Gott ist nicht zuständig für das Glück,
sondern er ist zuständig für das Leben.

Andrea Schwarz
Das Andrea Schwarz Lesebuch
Verlag Herder

24

MAI

Samstag

Hl. Vinzenz von Lérins
Hl. Magdalena Sophie Barat
Sel. Dagmar, Königin

Wir werden erst am Kleinen
reif für das Große.
Üben musst du dich,
willst du ein Meister werden.
Doch erwarte nicht,
dass der Herr dir Gnade eingießt
ohne deine Mitarbeit.

Johannes Tauler (um 1300–1361)

Wo ist Gott?

Der römische Kaiser sprach zu Rabban Gamliel: «Ich weiß, was euer Gott treibt und wo er weilt.»

Da seufzte Rabban Gamliel schwer auf. Der Kaiser fragte ihn: «Warum stöhnst du so?»

Der Rabbi antwortete: «Ein Sohn von mir ist übers Meer gefahren, ich habe Sehnsucht nach ihm und möchte, dass du ihn mir zeigst.»

Der Kaiser sprach: «Woher soll ich wissen, wo er ist?»

Der Rabbi erwiderte: «Was sich auf Erden zuträgt, weißt du nicht – und du meinst zu wissen, was im Himmel geschieht?»

Aus dem Talmud

25

MAI

Sonntag

---

6. Sonntag der Osterzeit
Hl. Urban, Papst
Hl. Beda der Ehrwürdige, Priester
Hl. Maria Magdalena von Pazzi

Friede ist immer ein Geschenk Gottes,
doch hängt er auch von uns ab.
Die Schlüssel zum Frieden
sind in unserer Reichweite.
Es liegt an uns, sie zu benutzen,
um alle Türen zu öffnen.

Hl. Papst Johannes Paul II.

Sehnsucht

Ich habe Sehnsucht, Herr
Sehnsucht nach Frieden,
Sehnsucht nach einer Welt,
in der die Menschen miteinander,
nicht gegeneinander leben.

Komm in diese friedlose Welt!
Heile uns von dem ständigen Ringen
nach eigenen Vorteilen.
Stärke uns in dem Bemühen,
die Sehnsüchte und Wünsche
unserer Mitmenschen zu sehen.

Bewahre die Welt im Großen vor Kriegen,
im Kleinen vor Zerstörung
und im Mitmenschlichen
vor Verletzung anderer Seelen.

Denn wir alle sind
Deine geliebten Kinder,
wir alle Berufene,
wir alle auserwählt,
Frieden in die Welt zu bringen,
Amen.

Klaus Emmerich

26

Hl. Philipp Neri,
Gründer der Oratorianer

Heiterer Sinn stärkt das Herz
und macht beharrlich
im guten Wandel;
deshalb sollte der Diener Gottes
immer wohlgemut sein.

Hl. Philipp Neri (1515–1595)

Dann und wann

Möge dann und wann
deine Seele aufleuchten
im Festkleid der Freude.

Möge dann und wann
deine Last leicht werden
und dein Schritt beschwingt
wie im Tanz.

Möge dann und wann
ein Lied aufsteigen
vom Grunde deines Herzens,
das Leben zu grüßen
wie die Amsel den Morgen.

Möge dann und wann
der Himmel
über deine Schwelle treten.

Antje Sabine Naegeli
Ich spanne die Flügel des Vertrauens aus
Verlag am Eschbach

27

MAI

Dienstag

Hl. Augustinus von Canterbury, Bischof

Auferstehung bedeutet: Befreit zu sein von der Angst um sich selbst. Weil dieser Glaube uns Sicherheit gibt für ein Leben nach dem Tod, will er uns die Angst nehmen, die wir mitten im Leben «vor» (im doppelten Sinn) dem Tod haben. Wer diese Konsequenz der Auferstehung, befreit zu sein von der Angst um sich selbst, nicht fürchtet, kommt im eigenen Leben neu an.

Christoph Stender

In Gott hineinwachsen

In meiner ganzen Person, mit Intellekt, Herz und Gemüt, Geist und Sinn bin ich angesprochen, mich dem Wachstum des Reiches Gottes zu überlassen. Das geht nicht ohne Kampf ab, nicht ohne Schmerz, nicht ohne Widerstand ...

Bis wir uns ganz der Führung des Heiligen Geistes überlassen können, dafür brauchen wir ein ganzes Leben. Jedoch werden wir immer wieder die Erfahrung machen: Was wir Gott überlassen, erweist sich für uns als Gewinn. Für das Hineinwachsen in das Reich Gottes, sein Wachsen in uns, braucht es Zeit.

Theresia Hauser
in Zeitschrift «Christ in der Gegenwart»
Verlag Herder

28

MAI

Mittwoch

Hl. Papst Paul VI.
Hl. Germanus von Paris, Bischof
Hl. Wilhelm von Aquitanien

Du darfst auf keinen Fall
deinen inneren Frieden verlieren,
auch dann nicht,
wenn die ganze Welt
aus den Fugen zu geraten scheint.

Hl. Franz von Sales

Dies ist der Trost

Herr, dies ist der Trost:
dass Du uns erlöstest mit Deinem Tod,
dass Du auferstanden bist
und alle Ketten sprengtest,
die uns gefesselt an uns selbst
und unser böses Sein –

Dass Du in Licht und Herrlichkeit
zum Vater gingst
und doch bei uns bleibst
bis ans Ende der Zeiten –

Dies ist der Trost.

Wie wär's möglich sonst,
dies Leben auszuhalten,
hier und jetzt?!

Elsi Schindler
Gebete aus dem Alltag
NZN Buchverlag

29

MAI

Donnerstag

Christi Himmelfahrt
Hl. Maximin, Bischof

Wahr ist es:
Einmal reißt es uns alle hinauf
aus Zerfall in die ewige Jugend,
aus Sterben ins Leben,
aus Siechtum in siegende Kraft,
aus Kleinheit in Glorie,
aus engen Zeiten in ewige Weiten.
So wird es sein, ja so,
wenn wir ewig daheim sind bei Christus.

Hl. Cyrill von Alexandrien († 444)

Himmelfahrt

Für C. G. Jung ist die Religion eine Schule, die uns auf die zweite Lebenshälfte hin erzieht. Christi Himmelfahrt ist innerhalb dieser Lebensschule das Fest, das uns über die Selbstbehauptung in der Welt hinausführt in einen Bereich, wo wir erst wahrhaft zum Menschen werden. Wir berühren nicht mehr den historischen Jesus, sondern den Christus im Geist. Aber ihn berühren wir wirklich, er ist in uns. Ja, er ist uns sogar näher gekommen als damals. Denn damals stand er neben und zwischen den Menschen. Aber jetzt ist er in uns. Solange ein Mensch neben uns lebt, sind wir fixiert auf das, was wir sehen. Aber sein eigentliches Geheimnis übersehen wir oft. Christus musste zum Vater gehen, damit wir nicht an seiner historischen Gestalt hängen bleiben. Wenn er geht, können wir alles verinnerlichen, was er gelebt hat. Christus kann nun in uns Gestalt annehmen. So geht es am Fest Christi Himmelfahrt darum, dass wir Christus nicht oben im Himmel suchen, sondern in uns.

Anselm Grün

30

Hl. Felix, Märtyrer
Hl. Jeanne d'Arc

Die Bibel wird nicht müde, zu wiederholen,
dass sich im Herzen des Menschen Weizen
und Unkraut finden, die Mächte des Bösen und
die Kräfte des Guten ... Welchen der beiden
Anteile wollen wir in uns überwiegen lassen?
Die Zuversicht in diesem Kampf besteht darin, sich nicht entmutigen zu lassen und nach
vorne zu schauen, überall Samen des Guten
auszusäen und der göttlichen Vorsehung das
Keimen und die Früchte zu überlassen.

Carlo Maria Martini

Wie mit dem Fallschirm

Mit dem Glauben ist es wie mit dem Fallschirm. Jeder möchte wohl, dass er sich vor dem Abspringen im Flugzeug vergewissern könnte, ob der Fallschirm sich öffnet. Das geht nicht. Man muss erst durch die Luke hindurch, alle Sicherheit hinter sich lassen und springen. Erst im freien Raum der Ungewissheit und des Wagnisses kann der Fallschirm sich entfalten. Dann trägt er sicher, bis man festen Boden unter den Füßen hat. Auch der Glaube kommt erst zur Entfaltung, wenn wir uns nicht mehr festhalten am sicheren Wissen, an der Gewöhnung, wenn man sich nicht mehr zurückziehen kann ins Unverbindliche, sich nicht mehr verlassen kann auf sich selbst. Der Absprung ins Ungewisse muss zuerst gewagt werden ... Es bleibt bei jedem Sprung die Spannung. Es kostet immer wieder Mut und Vertrauen. Aber es wächst auch die Freude am Springen.

Emmanuel Heufelder
Christus in euch
Kairos Verlag

31

Hl. Petronilla, Märtyrerin

Wir schauen den Himmel an, die vielen
Sterne, aber wenn am Morgen die Sonne aufgeht, kann man vor lauter Licht die
Sterne nicht mehr sehen. – So ist die Barmherzigkeit Gottes: ein großes Licht der Liebe, der Zärtlichkeit. Gott demütigt nicht.
Er fragt nicht nach: «Was hast du getan?»
Das ist die große Barmherzigkeit Jesu: uns
zu vergeben, indem er uns liebkost.

Papst Franziskus

Wie ein leichter Wind

Auferstandener Christus,
du hauchst über uns alle
wie einen leichten Wind
deinen Heiligen Geist,
und du sagst zu uns:
«Friede euch allen.»
Deinen Frieden annehmen,
sich von ihm durchdringen lassen
bis in die Steinwüsten unseres Herzens,
heißt sich darauf vorbereiten,
zu Trägern deiner Versöhnung zu werden,
dort, wo du uns hingestellt hast.
Doch du weißt,
wie hilflos wir manchmal sind.
Gib, dass wir in Stille
auf den Hauch deines Geistes warten
und so unter den Menschen
einen Hoffnungsstrahl
durchscheinen lassen.

Nach einem Gebet von
Frère Roger Schutz von Taizé

1

JUNI

Sonntag

7. Sonntag der Osterzeit
Hl. Justin, Märtyrer

In meinen nächtlichen Gesprächen mit dem Herrgott habe ich stets ein Bild vor mir: den gekreuzigten Jesus, der seine Arme weit ausbreitet, um alle zu empfangen. Das ist die Aufgabe der Kirche, damit sie das Gebet des Herrn verwirklichen kann: Alle sollen eins sein.

Hl. Papst Johannes XXIII.

«Alle sollen eins sein»
(Joh 17,21)

Wenn wir eins sind, ist Jesus unter uns. Darauf kommt es an. Es ist mehr wert als jeder andere Schatz, den unser Herz besitzen kann: mehr als Mutter, Vater, Geschwister und Kinder. Es zählt mehr als unser Haus, die Arbeit, unser Eigentum, mehr als die Kunstwerke einer großen Stadt wie Rom, mehr als unsere Geschäfte, mehr als die Natur um uns mit ihren Blumen und Wiesen, mit dem Meer und den Sternen; es zählt mehr als unsere Seele. Man muss Christus Raum geben, ihn in anderen Gliedern wachsen lassen, wie er Träger des Feuers werden. Alle vereinen und in allen den Einen leben lassen! Dann leben wir das Leben, das er uns gibt, Augenblick für Augenblick in der Liebe. Die Bruderliebe ist ein Grundgebot. Nichts, was wir tun, hat Wert, wenn es nicht von der Liebe zu den Brüdern und Schwestern getragen ist. Denn Gott ist Vater und hat immer und einzig die Kinder im Herzen.

Nach Chiara Lubich (1920–2008)

2

JUNI

Montag

Hl. Erasmus, Bischof
Hll. Marcellinus und Petrus, Märtyrer
Hl. Blandina, Märtyrerin

Das Leben selbst ist es,
das dem Menschen Fragen stellt.
Er hat nicht zu fragen,
er ist vielmehr der vom Leben her Befragte,
der dem Leben zu antworten –
das Leben zu ver-antworten hat.
Es kommt nie und nimmer darauf an,
was wir vom Leben zu erwarten haben,
vielmehr lediglich darauf:
was das Leben von uns erwartet.

Viktor Frankl

Dir sei Dank

Verleih uns, o Herr, dass die Ohren, die deinen Lobpreis gehört haben, verschlossen seien für die Stimme des Streits und des Unfriedens; dass die Augen, die deine große Liebe gesehen haben, auch deine selige Hoffnung schauen; dass die Zungen, die dein Lob gesungen haben, hinfort die Wahrheit bezeugen; dass die Füße, die in deinen Vorhöfen gestanden haben, hinfort gehen auf den Wegen des Lichts; und dass die Leiber, die an deinem lebendigen Leibe Anteil gehabt haben, in einem neuen Leben wandeln. Dir sei Dank für deine unaussprechliche Gabe!

Syro-malabarische Liturgie

3

JUNI

Dienstag

Hll. Karl Lwanga und seine Gefährten,
Märtyrer von Uganda

Danke, dass du mir gestattest, wie Jakob
mit dir zu ringen, wenn ich verwirrt, zornig
oder einfach nur ängstlich bin. Hilf mir, an
dir festzuhalten, den Segen zu suchen und
mich nicht von dir abzuwenden. Hilf mir,
um Vergebung zu bitten und selbst Vergebung zu gewähren. Lege mir die Menschen
aufs Herz, mit denen ich mich versöhnen
muss, und führe mich, wenn ich mich um
Wiedergutmachung bemühe.

Adam Hamilton

Gott der Lebenden

Ich wohne
im Land des Habens
im Land der Blindheit
im Land des Egoismus
im Land des Hasses
im Land der Unfreiheit
im Land des Todes

Auf dein Wort hin
will ich
den Aufbruch wagen
und in das Land ziehen
das du mir verheißen hast

Land des Lebens
will ich es nennen

Andrea Schwarz
Du Gott des Weges, segne uns
Verlag Herder

4

JUNI

Mittwoch

Hl. Klothilde, Königin
Hl. Maria Elisabeth Hesselblad

Gott wohnt dort, wo wir ihn einlassen; wo
eine Gemeinschaft ihn einlässt, und zwar,
indem sie an Jesus glaubt und ihm in Liebe
zum Mitmenschen nachfolgt.

Edward Schillebeeckx (1914–2009)

Sakrament Liebe

Die Liebe, die ich von meinem Partner erfahre, ist Hinweis auf die unsichtbare Liebe Gottes, die mich immer umgibt. Häufig gehen Ehen zugrunde, weil wir vom Partner zu viel erwarten. Wir erwarten von ihm absolute Liebe und Geborgenheit. Doch etwas Absolutes kann uns kein Mensch schenken.

Wenn ich aber weiß, dass die Liebe, die ich erfahre, mich auf Gottes unendliche Liebe verweist, dann kann ich die begrenzte Liebe meines Partners genießen. Ich überfordere ihn nicht mit meinen Übererwartungen, sondern kann dankbar annehmen, was er mir zu schenken vermag. Ich bin frei vom Druck, immer Liebe spüren zu müssen.

Anselm Grün
Ein ganzer Mensch sein
Verlag Herder

5

JUNI

Donnerstag

Hl. Bonifatius, Bischof und Märtyrer,
Apostel Deutschlands
Gebetstag für geistliche Berufe

Ein Gebet kann nicht
das Wasser zum trockenen Feld bringen,
nicht eine zerbrochene Brücke
instand setzen,
noch eine zerstörte Stadt wieder aufbauen;
aber ein Gebet kann
trockene Erde tränken,
ein gebrochenes Herz heilen
und einen geschwächten Willen
wieder stärken.

Abraham Jehoschua Heschel

Ich brauche Dich

Ich brauche dich, Herr.
als meinen Lehrer,
tagtäglich brauche ich dich.
Gib mir die Klarheit
des Gewissens,
die allein deinen Geist
spüren kann.
Meine Ohren sind taub,
ich kann deine Zeichen
nicht sehen.
Du allein kannst
mein Ohr schärfen
und meinen Blick klären
und mein Herz reinigen.
Lehre mich zu deinen Füßen liegen
und auf dein Wort hören.

Hl. John Henry Newman

6

JUNI

Freitag

Hl. Norbert, Bischof, Gründer
des Prämonstratenserordens
Hl. Klaudius, Abt
Herz-Jesu-Freitag

In den Prüfungen des Lebens
offenbarst du dein eigenes Herz:
wie stabil es ist,
wie barmherzig,
wie groß oder wie klein.

Papst Franziskus

Alles andere als «nett»

Die säkulare Welt erwartet von der Kirche keine Innovationen. Dazu gelten wir zu sehr als harmlos und antiquiert. Das schlimmste «Kompliment», das man uns machen kann, ist, dass wir «nette Menschen» sind. «Nett» aber ist ein Synonym für Belanglosigkeit.
Deshalb müssen wir uns wieder von der Masse abheben, anstatt in ihr zu verschwinden. Dies aber wird uns nur mit einer «unerhörten» Botschaft gelingen, die man uns abnimmt, weil wir sie mit unserem eigenen Leben verkörpern. Dabei geht es nicht etwa um politische Radikalität, sondern um eine radikale Liebe, die für andere da ist. Es geht um den Lebensstil, den Jesus von uns als seinen Jüngern erwartet und den er in der Bergpredigt beschrieben hat. Verbreiten wir diese Botschaft nicht, werden all diejenigen Recht bekommen, die heute schon von einem «nachchristlichen Zeitalter» sprechen.

Rainer Harter
Radical love
Verlag Herder

7

JUNI

Samstag

Hl. Robert, Abt
Mariensamstag

Maria,
Mutter der Zärtlichkeit und der Weisheit,
zeige uns deinen und Gottes Sohn!
Hilf uns auf unserem Weg der Bekehrung,
damit Jesus seine Herrlichkeit
über uns leuchten lasse
an allen Orten unseres persönlichen,
familiären und sozialen Lebens.

Papst Benedikt XVI.

Ich glaube an den Heiligen Geist

Ich glaube, dass er meine
Vorurteile abbauen kann.
Ich glaube, dass er meine
Gewohnheiten ändern kann.
Ich glaube, dass er mir
Phantasie und Liebe geben kann.
Ich glaube, dass er mir
Warnung vor dem Bösen geben kann.
Ich glaube, dass er mir
Mut für das Gute geben kann.
Ich glaube, dass er meine
Traurigkeit besiegen kann.
Ich glaube, dass er mir
Liebe zu Gottes Wort geben kann.
Ich glaube, dass er mir
Minderwertigkeitsgefühle nehmen kann.
Ich glaube, dass er mir
Kraft in meinem Leiden geben kann ...
Ich glaube, dass er
mein Wesen durchdringen kann.

Ich glaube an den Heiligen Geist.

Karl Rahner

Die heilenden Kräfte der Seele

8

JUNI

Sonntag

Hochheiliges Pfingstfest
Hl. Medard, Bischof
Sel. Maria von Droste zu Vischering

Pfingsten ist zum
Zeichen dafür geworden,
dass es möglich ist,
Grenzen zu überwinden
und sich über Grenzen hinweg
zu verständigen.

Michael Feiler

Komm, Heiliger Geist!

Komm, Heiliger Geist,
erfülle unsere Herzen
mit brennender Sehnsucht
nach der Wahrheit,
dem Weg und dem vollen Leben.

Entzünde in uns ein Feuer,
dass wir selber davon
zum Licht werden,
das leuchtet und wärmt und tröstet.

Schaffe uns neu,
dass wir Menschen der Liebe werden,
sichtbare Worte Gottes.
Dann werden wir
das Antlitz der Erde erneuern.

Gebet aus der Ostkirche

9

JUNI

Montag

Pfingstmontag
Hl. Ephräm, Kirchenlehrer
Hll. Primus und Felizian, Märtyrer
Hl. Kolumban, Glaubensbote

Es verlangt einen schmerzlichen Abschied
von den Illusionen, die wir von uns gemacht haben. Wir sind mit unseren Ideal-
bildern und unseren Illusionen oft so
zusammengewachsen, dass es wirklich eine
Last bedeutet, das Kreuz zu tragen, sich
in seiner Gegensätzlichkeit anzunehmen.
Aber nur so kann der Heilige Geist alles in
uns salben und verwandeln und heilen.

Anselm Grün

Wohin das führt

Pfingsten ist Ostern! Pfingsten ist kein eigenes, abgeschlossenes Ereignis, weit entfernt vom Osterfest: Nein, Pfingsten zeigt, was Ostern bedeutet.

Pfingsten zeigt, wohin es führt, wenn wir nicht nur hören, dass der Gekreuzigte auferweckt wurde, sondern wenn wir uns rufen lassen – aus dem Gewohnten, aus dem Normalen, aus dem Sicheren.

Pfingsten heißt sich bewegen lassen. Pfingsten heißt Ostern ins Heute übersetzen. Pfingsten heißt durchlässig werden für das Wehen des Geistes, der wie ein Sturm kam.

Pfingsten zeigt, wohin uns Ostern führen kann.

Dorothee Sandherr-Klemp
in «Magnificat»
Verlag Butzon & Bercker

10

Hl. Bardo, Bischof
Sel. Heinrich von Bozen

Wo der menschliche Zweifel
nicht ist,
da ist nicht die Antwort
des Heiligen Geistes.

*Hl. Hildegard von Bingen
(1098–1179)*

Keine Angst vor dem Geist!

Wir in der Kirche würden den Geist des Herrn leichter und machtvoller erfahren und entdecken können, wenn wir nicht Angst vor ihm hätten. Er ist zwar der Geist des Lebens, der Freiheit, der Zuversicht, der Hoffnung und der Freude ... Man sollte also meinen, der Mensch trage nach nichts mehr Verlangen als nach dem Heiligen Geist. Aber dieser Geist ist, um diese Gaben zu geben, der Geist, der immer wieder alle Grenzen sprengt, alles der Unbegreiflichkeit überantworten will, die wir Gott nennen, ist der Geist, der durch den Tod das Leben gibt. Kein Wunder, dass wir vor ihm Angst haben. Wir trauen ihm nur, soweit er schon übersetzt ist in Buchstabe, Gesetz, Tradition und erprobte Institution. Wir glauben nur in der Theorie, nicht aber in der Tat des Lebens, dass Gott die unendliche Unbegreiflichkeit ist, in die uns sein Geist hineinstürzen will.

Karl Rahner
Das große Kirchenjahr
Verlag Herder

11

JUNI

Mittwoch

Hl. Barnabas, Apostel

Wie mit den Lebenszeiten,
so ist es auch mit den Tagen:
Keiner ist uns genug,
keiner ist ganz schön,
jeder hat seine Unvollkommenheit.
Aber rechne sie zusammen,
so kommt eine Summe
Freude und Leben heraus.

Friedrich Hölderlin

Gebet eines Morgenmuffels

Lieber Gott,
bis jetzt geht's mir gut heute.

Ich habe noch nicht getratscht,
die Beherrschung verloren,
war noch nicht muffelig,
gehässig, egoistisch oder zügellos.

Ich habe noch nicht gejammert,
geklagt, geflucht
oder Schokolade gegessen,
und die Kreditkarte ...
habe ich auch noch nicht belastet.

Aber in etwa einer Minute
werde ich aus dem Bett klettern, und
dann brauche ich wirklich deine Hilfe ...

Aus dem Internet

12

Hl. Leo III., Papst
Sel. Hildegard Burjan

Erkenntnis Gottes
ohne Erkenntnis des eigenen Elends
führt zum Hochmut.
Erkenntnis des eigenen Elends
ohne Erkenntnis Gottes
führt zur Verzweiflung.
Erkenntnis Jesu Christi
gibt die rechte Mitte,
weil wir da sowohl Gott
wie unserem Elend begegnen.

Blaise Pascal (1623–1662)

Sich kümmern

Will ich wirklich lieben, muss ich mich um andere kümmern: aufmerksam, einfühlsam, erfinderisch. Ich muss mich kümmern zuerst um die Menschen in meiner Nähe, die meiner Sorge anvertraut sind, mit denen ich unter einem Dach wohne, mit denen ich jeden Tag zusammenarbeite, mit denen ich gemeinsam auf dem Weg des Lebens bin. Mich um andere Menschen kümmern, das reißt mich aus meiner Enge heraus ...

Sich um andere kümmern ist die Frucht von echter Liebe. Es kann schwerfallen und wehtun, aber es führt wunderbare Gaben mit sich. Es bringt Leben und Farbe in mein Dasein und manchmal, in glücklichen Augenblicken, ein Gefühl unermesslicher Dankbarkeit.

Phil Bosmans
Blumen des Glücks musst du selber pflanzen
Verlag Herder

13

Hl. Antonius von Padua
Priester und Kirchenlehrer

Alles, was in den Geboten Gottes
dir schwer scheint,
wird leicht und voll Wonne,
wenn du die Liebe hast.

Hl. Antonius von Padua
(1195–1231)

Bitte um die Gabe der Liebe

Gib mir die Gabe der Liebe, Gott,
lass mich dich sehen
im Gesicht deines Menschen,
deines beladenen, verschütteten,
verdunkelten Menschen.
Keiner, keine ist gering vor dir.

Gib mir die Gabe der Liebe, Gott,
leg dein Antlitz frei
im Gesicht des Geschundenen,
im Gesicht des Traurigen,
im Gesicht des Fremden.
Keiner, keine ist gering vor dir.

Gib mir die Gabe der Liebe, Gott,
gib mir Gewicht in deiner Welt,
eine Stimme und ein Herz,
damit ich nicht gewogen
und zu leicht befunden werde
und deine Liebe mich vergeblich sucht.
Und dann, Gott, bitte,
nimm mich für immer an dein Herz.

In der Monatsschrift «Te Deum»
Verlage Maria Laach / Kath. Bibelwerk

14

Hll. Valerius und Rufinus, Märtyrer

Gott sei mit dir,
wenn es Abend wird,
dass du dankbar
zurückschauen kannst
auf die Last und die Lust
des vergangenen Tages
und gewiss sein kannst,
dass nichts vergeblich war.

Christa Spilling-Nöker

Stärker als alles Finstere

Gott will erkannt werden, weil er die Liebe
ist. Er will gesucht und gefunden werden in
den vielgestaltigen Formen menschlicher
Sehnsucht und seiner Liebe; einer Liebe,
die im Letzten stärker ist als alles Frag-
würdige und Finstere, als alles Elend und
Abgründige unserer Geschichte. Ob nicht,
ähnlich wie die Ewigkeit über der Zeit auch
seine Herrlichkeit über allem Leid, allem
Elend, allem Tod gegenwärtig ist und immer schon und je neu «hinabsteigt» in die
Tränen und Fragen der Menschen?

Christoph Wrembek
Der entgrenzte Gott
Verlag Neue Stadt

15

JUNI

Sonntag

Hl. Vitus, Märtyrer
Hl. Lothar, Bischof
Hl. Bernhard von Aosta

Der Sonntag ist ein uralter Baum, in dessen Schatten wir uns jeden siebten Tag ausruhen dürfen. Dieser Baum kann nicht gegen andere Bäume eingetauscht werden. Es ist ein einzigartiger Baum, für dessen Rettung uns nichts zu schade und nichts zu teuer sein sollte. Denn wenn er gefällt wird, wächst die Wüste um uns herum in einem unheimlichen Ausmaß.

Christian Möller

Dreifaltigkeit ist Liebe

Das Handeln der drei göttlichen Personen – Vater, Sohn und Heiliger Geist – ist ein einziger Plan der Liebe, der die Menschheit und die Welt rettet, es ist ein Heilsplan für uns.

Gott liebt jeden von uns, auch wenn wir Fehler machen und uns von ihm abwenden. Gott, der Vater, liebt die Welt so sehr, dass er, um sie zu retten, das gibt, was er an Kostbarstem hat: seinen eingeborenen Sohn, der sein Leben für die Menschheit hingibt, aufersteht, zum Vater zurückkehrt und mit ihm zusammen den Heiligen Geist sendet.

Die Dreifaltigkeit ist also Liebe, ganz im Dienste der Welt, die sie retten und neu erschaffen will. Wenn wir heute an Gott Vater und den Sohn und den Heiligen Geist denken, denken wir an die Liebe Gottes! Und es wäre schön, wenn wir uns geliebt fühlten. «Gott liebt mich»: das ist das Gefühl heute.

Papst Franziskus

16

JUNI

Montag

Hl. Benno, Bischof
Hl. Luitgard, Ordensfrau
Sel. M. Theresia Scherer

Gleich wie die Sonne in einem stillen Wasser gut zu sehen ist und es kräftig erwärmt, kann sie in einem bewegten, rauschenden Wasser nicht deutlich gesehen werden. Darum, willst du erleuchtet werden durch das Evangelium, so gehe hin, wo du stille sein und das Bild tief ins Herz fassen kannst. Da wirst du finden Wunder über Wunder.

Martin Luther (1483–1546)

Ich glaube

Ich glaube an Gott,
der die Liebe ist
und der die Erde
für alle Menschen geschaffen hat.

Ich glaube an Jesus Christus,
der gekommen ist, uns zu heilen
und von jeder Unterdrückung zu befreien.

Ich glaube an den Geist Gottes,
der in allen und durch alle wirkt,
die die Wahrheit bezeugen.

Ich glaube an die Gemeinschaft
der Heiligen/Menschen,
die berufen ist,
im Dienst aller Menschen zu stehen.

Ich glaube an Gottes Verheißung,
die Macht der Sünde zu zerstören
und sein Reich
der Gerechtigkeit und des Friedens
für alle Menschen zu errichten.

Quelle unbekannt

17

Hl. Rainer, Einsiedler

Geht hinaus!,
hat Jesus gesagt
und nicht:
Setzt euch hin
und wartet,
ob einer kommt.

Alfred Delp SJ, Märtyrer

Das Leben gut finden

Die Güte des Menschen setzt voraus, dass wir das Leben gut finden können, Geburt und Tod, Tag und Nacht, Jugend und Alter, Mensch und Tier und Pflanzen.
Sie setzt voraus, dass wir es mit den Augen Gottes ansehen und sagen: Siehe, es ist gut. Dazu bedarf es gebildeter Augen und eines gebildeten Herzens. Man sieht nicht auf den ersten Blick, dass das Leben gut ist ...
Es gehört die Kraft des geduldigen Suchens dazu, die das Leben gut findet – oft nach langem Suchen. Wer gelernt hat, das Leben gut zu finden, der wird es auch gut behandeln.

Fulbert Steffensky

18

Hl. Gregor Barbarigo, Bischof
Hll. Markus und Marzellinus,
Märtyrer

Mich berührt es, wenn ich in alten Kirchen
bin. Je älter, desto besser. Mir gefällt der
Gedanke, dass da schon vor Hunderten von
Jahren Menschen gesessen und nach dem
Sinn des Lebens gefragt haben. Auch Menschen, die zu meiner Familie gehörten. Das
ist für mich Anlass genug zu sagen: Okay,
kannst du auch mal versuchen, da ist vielleicht was dran.

Anke Sevenich, Schauspielerin

Draußen vor den Türen

Draußen vor den Türen der Kirche
Stehen viele, zu viele.
Drinnen verteilen Priester
Das Brot des Lebens.

Viele der Hungernden
Kommen nicht
Über die Schwellen der Kirche.

Die einen beten an,
Die anderen schütteln den Kopf.
Es fehlt die gemeinsame Sprache.
Die einen stehen fassungslos
Vor den Türen der Kirche,
Die anderen vor den Türen der Herzen.

Martin Gutl
Loblied vor der Klagemauer
Styria Verlag

19

Donnerstag

Fronleichnam
Hl. Romuald, Abt
Hll. Gervasius und Protasius, Märtyrer
Sel. Rosa Flesch, Ordensgründerin

Im Mahl nimmt der Auferstandene als Anführer des Lebens gegen den Tod die Seinen in sein neues Leben hinein und teilt sich selbst ihnen mit. Darum ist die Eucharistie voller Erinnerung an das Kreuz und voller Hoffnung auf die neue Schöpfung.

Jürgen Moltmann

An Fronleichnam

Wenn wir heute durch unsere Straßen ziehen, geben wir ein Zeugnis dafür, dass wir unsere Wege mit Christus gehen. Dass wir keine Angst vor der Zukunft haben, dass wir uns begleitet und geführt wissen. So wichtig es derzeit ist, Vergangenheit zu bewältigen, so wichtig ist es, neue Wege in die Zukunft zu gehen, ohne Angst, aber mit großer Aufmerksamkeit für das, was unsere Welt braucht. Das eucharistische Brot ist Christus selbst, der uns nicht verlässt, wenn wir ihn in unsere Mitte holen. Diesen Christus schließen wir nicht in unsere Kirchen ein. Er gehört auf die Straßen, in den Alltag, ins Leben. Eigentlich sind wir Christen so etwas wie Monstranzen, Gefäße für Christus in unserer Welt. Gerade in unserer Zeit mit ihren Herausforderungen scheint es mir als das persönliche Zeugnis für eine Nahrung, die nur Gott schenken kann. Ein wichtiger Dienst an den Menschen.

Bischof Peter Kohlgraf

20

Freitag

Hl. Deodat, Bischof
Hl. Adalbert von Magdeburg

Der Gottesdienst will unsere Liebe läutern und korrigieren im Lichte der Liebe Christi und uns in Christus die Gnade und Vollmacht finden lassen, durch die wir zu einer versöhnten und versöhnenden Gemeinde werden. Alles, was diesem Ziel dient, ist christlicher Gottesdienst. Alles, was ihm nicht dient, ist nicht christlicher Gottesdienst, auch wenn er noch so «religiös» erscheint.

John A. T. Robinson

Unser tägliches Brot

Im Vaterunser bitten wir um das tägliche Brot. Damit meinen wir nicht nur das Brot, das unseren Körper nährt, sondern zum täglichen Brot gehört alles, was wir zu einem erfüllten Leben brauchen: Gesundheit, Arbeitsplatz, Wohnraum, Frieden in der Familie und mit den Mitmenschen, Freunde, die uns gern haben – die mit einem das Brot teilen.

Und dieses tägliche Brot führt weiter zum eucharistischen Brot. Denn das gemeinsame Brotbrechen war für Jesus ein wichtiges Anliegen, weshalb er das Abendmahl einsetzte.

Franziska Notter-Keller
in der Zeitschrift «Zeichen der Liebe»

21

JUNI

Samstag

Hl. Aloisius von Gonzaga,
Patron der Jugend
Hl. Alban, Priester, Märtyrer

Durch alle Zeiten
klingt die Fülle der Zeit.
Unser ganzes Leben
sollte der Ewigkeit Nachbar sein.
Immer sollte in uns Stille sein,
die nach der Ewigkeit hin
offen steht und horcht.

Romano Guardini

Die Liebe Christi

Die Liebe Christi wurde Brot und Wein –
der Reiche aus Liebe arm,
der Starke aus Liebe schwach,
der Schöpfer aus Liebe Geschöpf,
der Unsterbliche aus Liebe sterblich,
der Allmächtige aus Liebe ohnmächtig.

Christus – Wort der Liebe,
Christus – menschgewordene Liebe,
Christus – Mittler zwischen Gott
und Weltall,
Christus – Mittler zwischen uns und Gott,
Dich preisen wir.

Christus – Auferstandener, Verklärter.
Christus – unser Bruder, bei uns weilend,
Dich lieben wir.

Chrysostomos-Liturgie der Ostkirche

22

Sonntag

---

12. Sonntag im Jahreskreis
Hl. Paulinus von Nola, Bischof
Hll. John Fisher, Bischof,
und Thomas Morus, Märtyrer

Wenn uns etwas Böses angetan wird,
pflegen wir es in Stein zu meißeln;
wenn uns aber Gutes getan wird,
schreiben wir es in den Sand.

Hl. Thomas Morus (1478–1535)

«Für wen haltet ihr mich?» (Lk 9,20)

In einem Gebet von Roger Schutz heißt es: «Du, Christus, forderst mich unablässig heraus und fragst mich: Für wen hältst du mich?»

Wer ist Jesus für mich? Unmittelbar vor ihm kommen: Wer bist du für mich? Darf ich so fragen? – Ich höre seine Frage an mich: Wer bin ich für dich? Er will nicht Information; seine Frage ist Lebensfrage an mich! ...

Dass er auch mich fragt! Es liegt ihm an meiner Antwort. Er wartet auf sie!

Dass seine Frage nicht wie eine Prüfungsfrage an mich ist, sondern ... die Einladung zu einer gegenseitigen Freundschaftserklärung!

Dass es mir geschenkt ist, an ihn glauben zu können: «Du bist der Messias!»

Johannes Bours
Da fragte Jesus ihn
Verlag Herder

23

Hl. Edeltraud, Äbtissin
Sel. Peter Friedhofen

Wer geliebt wird und Liebe erwidern kann, ist der glücklichste Mensch auf der Welt. Wir Christen haben in Jesus Christus das unendliche Geschenk der Liebe erhalten, worauf es nur eine Antwort gibt: ebenso zu lieben, und zwar auch und gerade dann, wenn es weh tut.

Hl. Mutter Teresa von Kalkutta

Juni-Psalm

Herr
Es gibt Leute, die behaupten,
Der Sommer käme nicht von dir
Und begründen mit allerlei
Und vielerlei Tamtam
Und Wissenschaft und Hokuspokus
Dass keine Jahreszeit von dir geschaffen
Und dass ein Kindskopf jeder
Der es glaubt
Und dass doch keiner dich bewiesen hätte
Und dass du nur ein Hirngespinst
Ich aber hör nicht drauf
Und hülle mich in deine Wärme
Und saug mich voll mit Sonne
Und lass die klugen Rechner
Um die Wette laufen
Ich trink den Sommer wie den Wein
Die Tage kommen groß daher
Und abends kann man
Unter deinem Himmel sitzen
Und sich freuen, dass wir sind
Und unter deinen Augen
Leben.

Hanns Dieter Hüsch

24

JUNI

Dienstag

Geburt des hl. Johannes des Täufers

Gehen kann ich schon,
zumindest bis an meine Grenzen.
Aber wenn ich weiter will,
dann, Gott, brauche ich dich.
Für die Schritte ohne festen Boden
schenke mir Mut und Vertrauen.
Dann schaffe ich vielleicht den Weg
zum anderen, in die neue Zeit,
an meinen neuen Ort,
zu dir.

Quelle unbekannt

Entscheidung für das Licht

Im Johannesevangelium (1,6–8.19–28) soll Johannes der Täufer das Licht des Lebens ankündigen. «Ein Mensch trat auf, von Gott gesandt; sein Name war Johannes. Er kam als Zeuge, um Zeugnis abzulegen für das Licht, damit alle durch ihn zum Glauben kommen. Er war nicht selbst das Licht.» Jesus wird später von sich selbst sagen: «Ich bin das Licht der Welt. Wer mir nachfolgt, wird nicht in der Finsternis umhergehen, sondern wird das Licht des Lebens haben» (Joh 8,12).

Wie Jesus eine Entscheidung treffen musste, dass der Wille des Vaters geschehe, müssen auch wir eine Entscheidung für das Licht treffen. Oder eher viele kleine Entscheidungen, denn der Weg zur großen Erleuchtung führt wahrscheinlich über viele Begegnungen und Momente, in denen uns ein Licht aufgeht oder wir einem anderen Menschen den Tag erhellen.

Christina Herzog
in Zeitschrift «Christ in der Gegenwart»
Verlag Herder

25

JUNI

Mittwoch

Hl. Wilhelm, Abt
Sel. Dorothea von Montau

Gott ist ein Wirkwort:
Die Nennung seines Namens
will uns nicht informieren,
sondern erschüttern,
beglücken, bekehren.

Andreas Knapp

Gute Wünsche

Sanftmut den Männern.
Großmut den Frauen.
Liebe uns allen,
weil wir sie brauchen.

Flügel den Lahmen.
Lieder den Stummen.
Träume uns allen,
weil wir sie brauchen.

Ehrfurcht den Starken.
Mut den Gejagten.
Friede uns allen,
weil wir ihn brauchen.

Aus Südafrika

26

Donnerstag

Hll. Johannes und Paulus, Märtyrer
Hl. Anthelm, Bischof
Hl. Vigilius, Bischof

Wir müssen uns mit unserem himmlischen Vater identifizieren können, wir müssen daran glauben, dass der Heilige in uns lebt – und das heißt: Wir müssen unserer eigenen Seele trauen.

Richard Rohr

«Gut, dass es dich gibt!»

Jeder Mensch wartet auf Anerkennung. Er braucht diese wohlwollende Bestätigung durch seine Umwelt. Das Leben wird arm, ja finster, wenn es ohne Anerkennung, ohne Echo und Dank verläuft.

Viele Menschen meinen, sie müssten den Vorrat an gutgemeinten Worten für besondere Anlässe aufsparen. Warum diese Knauserigkeit?

Muss denn immer erst gefragt werden, ob es recht war, ob es geschmeckt hat, ob man mit der Leistung zufrieden war?

Ein Lob bringt Sonne ins Leben, mag es streckenweise noch so düster sein.

Reinhard Abeln
in der Zeitschrift «Hoffnung»

27

JUNI

Freitag

Herz-Jesu-Fest
Hl. Cyrill von Alexandria
Hl. Hemma von Gurk
Hl. Margrit Bays

Das Herz Jesu verehren
heißt nicht so sehr Gebete sprechen,
als sich seinen Tugenden
gleichförmig machen.

Hl. Margareta Maria Alacoque

Herz-Jesu-Fest

«Wer Durst hat, komme zu mir,
und es trinke, wer an mich glaubt.»
(Joh 7,37–38)

Immer ist der große Tag,
wenn wir kommen, um zu trinken
aus der Flut aus deiner linken
aufgerissenen Seite, Jesus!
Immer ist dann großer Tag.
Immer ist dein ewiger Tag,
wo du dastehst an den Stufen,
uns zu deinem Fest zu rufen.
Sieh, wir kommen,
weil dein Wein
allein
unsern Durst nach Leben,
Jesus,
stillen kann.

Silja Walter
Gesamtausgabe. Band 10
Paulusverlag

28

JUNI

Samstag

Unbeflecktes Herz Mariä
Hl. Irenäus von Lyon, Bischof und
Märtyrer

Herrlich sind
all die Geheimnisse um dich,
Mutter Jesu,
und höher,
als die Vernunft sie erfasst.

Freue dich, du Strahl
der geistigen Sonne,
Maria.

Hymnus der Ostkirche

Gruß an Maria

Ich grüße dich, Maria, Gnadenvolle,
der Herr ist mit dir.

Der Vater ist mit dir,
der seinen Sohn
zu auch deinem macht.

Der Sohn ist mit dir,
der in wunderbarem Geheimnis
sich birgt in deinem
mütterlichen Schoß.

Der Heilige Geist ist mit dir,
der dich heiligt mit dem Vater
und dem Sohn.

Wahrhaftig, Gott ist mit dir, Maria.

*Hl. Bernhard von Clairvaux
(um 1090–1153)*

29

Sonntag

---

13. Sonntag im Jahreskreis
Die hll. Apostel
Petrus und Paulus

Christsein ist etwas Umwälzendes. Es besteht darin, die kopernikanische Wende zu vollziehen und sich nicht mehr als den Mittelpunkt der Welt zu betrachten. Dann meine ich nicht mehr, die anderen müssten sich um mich drehen, sondern ich sehe mich als eines von vielen Geschöpfen, die sich gemeinsam um Gott als Mitte bewegen und von ihm gehalten sind. Worum dreht sich's bei uns?

Bischof Franz Kamphaus

Der heilige Petrus

Wer einen Glaubenshelden sucht, wird bei Petrus sicher nicht fündig. Aber wer einen Menschen sucht, der mit seinen Widersprüchen Jesus nachfolgt, der ist bei Petrus an der richtigen Adresse. Wir müssen uns so, wie wir sind, auf den Weg Jesu machen. Nicht wir bestimmen diesen Weg. Es gilt, bereit zu sein, von liebgewonnenen Traditionen Abschied zu nehmen, das eigene Ego zurückzunehmen. Schöne Worte werden auf diesem Weg schnell von der Wirklichkeit eingeholt. Entscheidend ist, dass wir es wirklich ernst meinen, wie Petrus.

Guido Groß
in liturg. Monatsschrift «Te Deum»
Verlage Maria Laach / Kath. Bibelwerk

30

JUNI

Montag

Die ersten hll. Märtyrer der Stadt Rom
Hl. Otto, Bischof

Man sollte stets
und in allen Lagen ruhig leben.
Macht uns ein Kummer zu schaffen,
komme er nun von außen oder von innen,
so gilt es, ihn gelassen anzunehmen.
Erreicht uns aber die Freude,
so wollen wir auch sie
ebenso gelassen annehmen.

Hl. Franz von Sales

Geliebte Erde

Ich liebe dich, Erde,
mit allem, was auf dir lebt.
Gott hat dich geschaffen.

Ich liebe dich, Erde,
denn Gott hat dich sehr schön gemacht
mit deinen Menschen.

Ich liebe dich, Erde,
Gott erhält dich noch immer in seiner Treue.
Trotz aller Zerstörung,
die wir angerichtet haben auf dir,
trotz Krieg, Gewalt
und rücksichtsloser Ausraubung
wird es noch immer Frühling und Sommer,
Herbst und Winter,
kommt immer ein neuer Tag
nach dem Dunkel der Nacht.

Ich liebe dich, Erde.
Darum will ich liebevoll leben lernen
und Verantwortung übernehmen
für Gottes Schöpfung.

Graffito an der ehem. Berliner Mauer

1

JULI

Dienstag

Hl. Theoderich, Abt

Hebe deinen Blick
von der Erde zum Himmel –
welch bewundernswürdige
Ordnung zeigt sich da!

Leo Tolstoi (1828–1910)

Lob der Schöpfung

Lobe Gott, meine Seele!
Mit Haut und Haaren
will ich dich loben, mein Gott.
Dein Licht leuchtet
wie Sterne in der Nacht
und die Sonne am Tag.
Den Himmel spannst du über uns aus
wie ein schützendes Zelt.
Wind, Wolken und Wasser
ordnest du neu,
Berge und Täler entstehen.
Die Erde lässt du grünen und blühen.
Du schaffst Weite und Raum.
Zeiten der Arbeit und Ruhe
wechseln sich ab.
Du nährst uns mit Brot und Wein,
stärkst Leib und Seele.
Du lässt deine Fülle für uns fließen.
Voller Staunen danken wir dir.

Christine Rudershausen,
nach Psalm 104

2

JULI

Mittwoch

Maria Heimsuchung

Maria macht sich auf den Weg zu ihrer Verwandten Elisabeth, sie schaut nicht zurück, sondern traut der Verheißung, dass beide Frauen in «guter Hoffnung» sind und der Zukunft ein neues Leben schenken werden. Sich bewegen, sich auf den Weg machen, aufeinander zugehen, darin liegt das Heil, das Gott schenken will.

Jean Pohlen

Magnifikat

Voll Freude über Gottes Heilshandeln jubelt Maria: «Meine Seele preist die Größe des Herrn ...» Im Magnifikat ist eines der wichtigsten Themen der christlichen Theologie ausgedrückt, nämlich, dass Gott auf der Seite der Armen und Verachteten ist, so wie es die beiden Frauen, Maria und Elisabeth, am eigenen Leib erfahren haben. Wegen seiner hohen Bedeutung ist es kein Zufall, dass dieser Lobpreis im Stundengebet der Kirche, in der Vesper, vorkommt und so jeden Tag gebetet wird. Im Magnifikat kommt zum Ausdruck, dass Gott das Leben will und mit denen ist, die trotz Schwierigkeiten auf ihn vertrauen, so wie Maria und Elisabeth.

Markus Schüppen

3

JULI

Donnerstag

Hl. Thomas, Apostel
Gebetstag für geistliche Berufe

Man wählt eine Berufung nicht selbst, man
empfängt sie, und man muss sich anstren-
gen, sie zu erkennen. Man muss der Stimme Gottes sein Ohr leihen, um die Zeichen
seines Willens zu erspähen. Und ist einmal
sein Wille erkannt, so muss man ihn tun,
wie immer er sei, koste es, was es wolle.

Hl. Charles de Foucauld (1858–1916)

Schmerzende Wunden

Christus zeigt uns seine Wunden, damit auch wir Mut haben mögen, unsere Verwundungen und Narben einzugestehen und sie nicht zu verhüllen. Er gibt uns Vertrauen und Mut zum Ablegen aller Masken, Schminken und Panzer. «Berühre meine Wunden – und sei nicht ungläubig, sondern gläubig!», sagt Jesus zu Thomas. Um mit dem Jünger «Mein Herr und mein Gott!» bekennen zu können, müssen wir mit Geduld und Zärtlichkeit die schmerzenden Wunden der heutigen Welt berühren. Wir dürfen sie nicht übersehen und ignorieren (vgl. Joh 20,27 f.).

Tomáš Halik
in: «Das Ewige im Fluss der Zeit»
Verlag Herder

4

JULI

Freitag

Hl. Ulrich, Bischof
Hl. Elisabeth von Portugal
Herz-Jesu-Freitag

Ich möchte, dass die Menschen über Jesus Christus nachdenken ... Der Glaube an Gott ist für mich wie ein treuer Begleiter, der dir oft genau dann Kraft schenkt, wenn du gar nicht mehr damit rechnest. Aber auch ein starker Rückhalt, der mir die nötige Lockerheit gibt, mit einem Lächeln durchs Leben zu gehen ... Mein Glaube ist meine Grundfeste, führt mich durchs Leben und ist mir unendlich wichtig.

Jürgen Klopp, Fußballtrainer

Heimzahlen?

Herr, in deinen Leidenstagen
haben dich deine Jünger verlassen.
Deine Antwort ist, uns zu versprechen:
«Ich bin bei euch alle Tage.»

Wer sind wir, dass wir einem Menschen
heimzahlen wollen, was uns kränkt?
Wer sind wir, dass wir uns schwer tun,
dem Nächsten zu verzeihen?
Wie halten wir deine Nähe aus,
du Erzähler des Vaters,
wenn Vergebung sich nicht
von selbst versteht?

Maria Otto
in: «Das Lächeln Gottes»
Verlag Herder

5

JULI

Samstag

Hl. Antonius Maria Zaccaria, Gründer
der Kongregation der Barnabiten
Mariensamstag

Geh, geh weiter,
setz einen Fuß vor den andern,
vom Zweifel geh weiter zum Glauben,
und kümmere dich nicht um das,
was unmöglich scheint.

Frère Roger Schutz (1915–2005)

Segne mir meinen Blick

Gott segne mir die Erde,
auf der ich jetzt stehe.
Gott segne mir den Weg,
auf den ich jetzt gehe.
Gott segne mir das Ziel,
für das ich jetzt lebe.
Du Immerdar und Immerdar,
segne mich auch,
wenn ich raste.

Segne mir das,
was mein Wille sucht,
segne mir das,
was meine Liebe braucht,
segne mir das,
worauf meine Hoffnung ruht.

Du – segne mir meinen Blick.

Aus Irland

6

JULI

Sonntag

---

14. Sonntag im Jahreskreis
Hl. Maria Goretti,
Jungfrau und Märtyrerin
Sel. Maria Theresia Ledochowska

Die zehn Gebote enthalten
kein Gebot zu arbeiten,
aber ein Gebot,
von der Arbeit zu ruhen.
Das ist die Umkehrung von dem,
was wir zu denken gewohnt sind.

Dietrich Bonhoeffer

So sollst du leben

Wer ist schon ein ganzer Christ? Fünf «Fünf-tel-Christen», die ahnen, dass *ein* Christ allein kein Christ ist, und die versuchen, gemein-sam in mühseliger Alltagswirklichkeit Jesus etwas mehr nachzufolgen – das ist auch schon etwas. Mit diesen «Geführten» zu-sammen bemühe ich mich um ein einfaches Leben. Ich habe gemerkt: Je weniger du mit dir herumschleppst, desto unverstellter ist dein Blick, desto beweglicher bist du.

Zum Schluss sag ich dir ein Wort von Frère Roger, das mir wichtig geworden ist: «Lebe das, was du vom Evangelium begriffen hast, und sei es auch noch so wenig.» Ich merke, dass ich das Evangelium erst begreife, wenn ich anfange, es zu leben.

Du hast früher sicher auch schon oft zu hö-ren bekommen: «Rede nur, wenn du gefragt wirst.» Das kann man sich auch als Christ merken, möglichst mit dem Zusatz: «Lebe so, dass du gefragt wirst.»

Bischof Franz Kamphaus
Briefe an junge Menschen
Verlag Herder

7

JULI

Montag

Hl. Edelburg, Äbtissin
Hl. Willibald, Bischof

Wir bitten dich, Gott, um deinen Segen. Schenke uns den Mut und die Entschlossenheit anzufangen, wenn unser Herz uns drängt, wenn unser Verstand uns rät, wenn unsere Überzeugungen es verlangen. Segne uns und behüte jeden unserer kleinen Schritte. Sei mit uns bei jedem neuen Anfang.

Julia Weber

Die Menschheitsfamilie

Die «Menschwerdung des Menschen» (Teilhard de Chardin) und das Werden der Menschheitsfamilie (Papst Benedikt XVI.) schreiten nicht von selbst voran; es bedarf unser aller Hilfe, Entschiedenheit und der Kenntnis in der eigenen Tradition ebenso wie der Toleranz und interessierten Gesprächsgemeinschaft gegenüber dem «Anderen» ...

An uns allen liegt es, Menschheitsfamilie zu werden – und das fängt bei der «einen Welt im eigenen Land» an – bei der Akzeptanz von Mitmenschen anderen Glaubens, anderer Hautfarbe, anderer «Welt-Anschauung». Aus unserem kleinen blauen Planeten die Heimstatt aller zu machen, die darauf geboren werden, das ist unsere Aufgabe, die uns Jesus aufgetragen hat.

Erwin Wespel
in der Monatsschrift «Te Deum»
Verlage Maria Laach / Kath. Bibelwerk

8

Hl. Kilian, Bischof, Märtyrer
Hl. Edgar, König

Gewiss will der Glaube nicht nur geglaubt,
sondern vor allem auch gelebt werden –
und das Gute getan. Aber das erste Wort
ist nicht: «Vollbringe!», sondern vielmehr:
«Es ist vollbracht!» Am Anfang steht nicht
das Gebot: «Liebe!», sondern die Zusage:
«Du bist geliebt!» Wir müssen nicht selbst
Christus sein und die Welt retten, sondern
wir selbst sollen ihn vielmehr in unserem
Leben Christus und Herr sein lassen.

Hans-Joachim Eckstein

Auf dass man die Christen erkenne

Herr, ich brauche deine Augen,
gib mir einen lebendigen Glauben.

Ich brauche dein Herz,
gib mir in allen Situationen
Liebe zum Nächsten.

Ich brauche deinen Atem,
gib mir deine Hoffnung
für mich selbst und deine Kirche,
auf dass sie Zeugnis ablege für die Welt,
auf dass man die Christen erkenne
an ihrem strahlenden, heiteren Blick,
an der Wärme ihres Herzens
und an diesem unüberwindlichen Glauben,
der sich aus den heimlichen,
unversiegbaren Quellen
ihrer fröhlichen Hoffnung nährt.

Kardinal Léon-Joseph Suenens

9

JULI

Mittwoch

Hll. Augustinus Zhao Rong
und Gefährten, Märtyrer

Gott gebe dir
für jeden Sturm einen Regenbogen,
für jede Träne ein Lachen,
für jede Sorge eine Aussicht,
und eine Hilfe in jeder Schwierigkeit,
für jedes Problem,
das das Leben schickt,
einen Freund, es zu teilen,
für jeden Seufzer ein schönes Lied
und eine Antwort auf jedes Gebet.

Irischer Segenswunsch

Mutig in neues Land

Es kann passieren, dass wir in der Mitte des Lebens einfach an uns selbst vorbeilaufen. Dann ignorieren wir, wo wir stehen, und machen einfach täglich weiter, und es folgt Trott auf Trott. Aber das Leben ändert sich, und um seinen Herausforderungen zu begegnen, ist eine innere Balance notwendig, eine Übereinstimmung von Innen und Außen, braucht es Gelassenheit und Ruhe, ohne die wir nicht die Kraft haben, unser Leben bewusst zu gestalten. Das kann von Mensch zu Mensch sehr verschieden aussehen, aber es bedarf eines Innehaltens. Immer wieder einmal ist sozusagen ein Stoppschild nötig, das signalisiert: Halt mal an und schau, wer du bist und wo du stehst. Und dann betritt mutig neues Land.

Margot Käßmann
In der Mitte des Lebens
Verlag Herder

10

Donnerstag

Hll. Knud und Erich, Könige, Märtyrer
Hl. Olaf, König
Hl. Alexander, Märtyrer

Was ich am schwersten geben kann,
muss ich als Erstes geben: vergeben.
Immer wieder aufs Neue vergeben.
Wenn ich aufhöre zu vergeben,
steht sofort eine Mauer da.
Und eine Mauer ist der Anfang
von einem Gefängnis.

Phil Bosmans

In der liebenden Begegnung

«Niemand hat Gott je geschaut,
aber wenn wir einander lieben,
bleibt Gott in uns,
und seine Liebe ist
in uns vollendet» (1 Joh 4,12). –

In der liebenden Begegnung
mit dem Bruder und der Schwester
leuchtet uns das Bild Christi auf,
geschieht Epiphanie:
im Lächeln des Kindes,
im Blick des geliebten Menschen,
im dankbaren Auge des Beschenkten,
im sorgendurchfurchten
Gesicht des Kranken –
in jeder liebenden Bewegung des Herzens,
in jedem Dank, jedem Du.

Rudolf Pesch

11

JULI

Freitag

Hl. Benedikt, Abt,
Gründer des Benediktinerordens,
Patron Europas

Seine Hoffnung
Gott anvertrauen.
Das ewige Leben
mit allem geistlichen Verlangen ersehnen.
Den unberechenbaren Tod
sich täglich vor Augen halten.

*Anweisungen in der Ordensregel
des hl. Benedikt*

Sich den Tod vor Augen halten

«Den unberechenbaren Tod sich täglich vor Augen halten» (RB 4,47) – das mutet die Benediktsregel denen zu, die das Leben lieben und gute Tage zu sehen wünschen (Prolog 15).

Wenn wir uns eingestehen, dass jeder Tag ein Ende hat, dass jedes Leben ein Ende hat, so heißt das, dass wir der Aufforderung nachkommen, die Gelegenheit beim Schopf zu packen und etwas aus diesem Tag, aus diesem Leben zu machen.

Wenn wir etwas aus diesem Tag gemacht haben, werden wir auch loslassen können.

David Steindl-Rast
Musik der Stille
Verlag Herder

12

Hl. Johannes Gualbert, Ordensstifter
Hl. Placidus, Märtyrer
Hll. Nabor und Felix, Märtyrer
Hl. Sigisbert, Mönch

Gott, stärke, was in mir wachsen will,
schütze, was mich lebendig macht,
behüte, was ich weitertrage,
bewahre, was ich freigebe
und freimütig teile,
und segne mich,
wenn ich aufbreche zu dir.

Heidi Rosenstock

Du trägst mich

In diesem gegenwärtigen Augenblick
lasse ich alle meine Pläne,
Sorgen und Ängste los.
Ich lege sie jetzt in deine Hände, Herr.
Ich lockere den Griff,
mit dem ich sie halte,
und lasse sie dir.
Für den Augenblick
überlasse ich sie dir.
Ich warte auf dich erwartungsvoll.
Du kommst auf mich zu,
und ich lasse mich von dir tragen.

Dag Hammarskjöld,
UNO-Generalsekretär

13

15. Sonntag im Jahreskreis
Hl. Heinrich II., Kaiser
Hl. Kunigunde, Kaiserin

Wir sind aufgerufen, den guten Samariter am
Straßenrand des Lebens zu spielen. Aber das
wird nur das Vorspiel sein. Eines Tages muss
die ganze Straße von Jericho so umgewandelt
werden, dass die Menschen auf ihrer Lebens-
reise nicht mehr geschlagen und beraubt werden. Echtes Mitleid bedeutet mehr, als einem
Bettler eine Münze hinzuwerfen. Es ist das Verständnis dafür, dass ein Haus, das Menschen
zu Bettlern macht, umgebaut werden muss.

Martin Luther King

Wem bin ich der Nächste?

Wem bin ich in meinem Alltag konkret der Nächste? Noch genauer: Wem werde ich durch mein Verhalten der Nächste? Der Nächste ist nicht zum vornherein ein Mensch, der mir nahesteht. Der Nächste ist der Mensch, dem ich näherkomme, den ich mir durch die Hilfe, die ich ihm gewähre, zu meinem Nächsten mache und so in meine Nähe hole. Je intensiver ich den andern in den Raum meiner Liebe hineinnehme, desto mehr wird er mein Nächster. Je stärker ich mit meiner liebenden Hilfe der Notsituation des andern begegne, je näher ich auf ihn zugehe, desto mehr mache ich mir den anderen zu meinem Nächsten.

Martin Luther King hat dazu gesagt: «Ich kann mir vorstellen, dass Priester und Levit sich gefragt haben: ‹Was wird aus mir, wenn ich jetzt stehenbleibe, um diesem Mann zu helfen?› Aber der barmherzige Samariter kehrt diese Frage um: ‹Was wird aus ihm, wenn ich nicht stehenbleibe, um ihm zu helfen?›»

Franz Bürgi

14

JULI

Montag

Hl. Kamillus von Lellis, Ordensstifter
Hl. Ulrich von Zell

Als der Papst einmal das Heilig-Geist-Spital in Rom besuchte, behielt der hl. Kamillus seinen Pflegekittel an. Man warf ihm Mangel an Ehrfurcht vor.
Der Heilige antwortete: «Wie? Wenn ich mit Christus selbst beschäftigt bin, kann ich mich für seinen Stellvertreter nicht eigens umziehen.»

Ein großes Ja

Ja
noch ein Ja
ein großes Ja zur Welt

Ja
noch ein Ja
ein liebes Ja zum Menschen

Ja
noch ein Ja
ein geduldiges Ja zu mir

Ja
zum Schmerz, zur Vergangenheit
zu meinem Erbe, zum Kreuz
zu dem, was ich nicht ändern kann
ein schmerzliches Ja

Ja
zur Freude
zum Spielen
zu allem, was lebt
ein leidenschaftliches Ja

Anton Rotzetter
Du Atem meines Lebens
Verlag Herder

15

JULI

Dienstag

Hl. Bonaventura, Kirchenlehrer
Hl. Wladimir

Wegen dieser drei Dinge hat Gott
die vernünftige Seele geschaffen:
Dass sie Ihn lobe,
dass sie Ihm diene,
dass sie an Ihm sich erfreue
und in Ihm ruhe;
und das geschieht durch die Liebe,
denn wer in der Liebe bleibt,
der bleibt in Gott,
und Gott bleibt in ihm.

Hl. Bonaventura (1221–1274)

Die Weisheit

Ich glaube, dass Weisheit wenig mit Wissen und wenig mit Handeln zu tun hat. Ich glaube tatsächlich, die Weisheit liegt vor dem Denken und vor dem Handeln. Und wir finden sie nicht am Ende, sondern am Anfang. So wie die Weisheit schon bei Gott war, als er die Tiefen des Meeres und die Höhe der Berge schuf ... Die Weisheit ist mitten in der Schöpfung, sie spielt und tanzt in ihr. Sie ordnet nicht. Sie analysiert nicht. Sie trifft keine Entscheidungen ... Die Weisheit ist da, und wenn sie in der Schöpfung ist, dann ist sie auch in uns. Sie kann uns verlorengehen, das schon. Aber sie geht uns dann eher so verloren, wie diese Socken in der Waschmaschine, die irgendwie immer einzeln auf der Wäscheleine landen. Wir wissen dann: Eigentlich kann der Socken jetzt doch gar nicht weg sein. Irgendwo muss er sein.

Sabrina Wilkenshof
Blog: Fromm und Freitag

16

Unsere Liebe Frau auf dem
Berge Karmel

Maria ist derjenige Mensch,
der wie kein anderer
ihren Sohn kennt,
Sie ist berufen,
Mutter der Menschen zu sein.

Hl. Thérèse von Lisieux (1873–1897)

Behüte sie alle

Behüte, Herr, die ich dir anbefehle,
die mir verbunden sind und mir verwandt.
Erhalte sie gesund an Leib und Seele
und führe sie mit deiner guten Hand.

Sie alle, die mir ihr Vertrauen schenken
und die mir so viel Gutes schon getan,
in Liebe will ich dankbar an sie denken.
O Herr, nimm dich in Güte ihrer an.

Um manchen Menschen
mache ich mir Sorgen
und möcht ihm helfen,
doch ich kann es nicht.
Ich wünsche nur, er wäre bei dir geborgen
und fände aus dem Dunkel in dein Licht.

Du ließest mir so viele schon begegnen,
so lang ich lebe, seit ich denken kann.
Ich bitte dich, du wollest alle segnen,
sei mir und ihnen immer zugetan.

Lothar Zenetti

17

JULI

Donnerstag

Die 16 seligen Karmeliterinnen
von Compiègne, Märtyrerinnen
Hl. Alexius

Ferien können zum Guckloch in den Himmel werden. Wer das Nichtstun lernt, lernt ein bisschen Reich Gottes zu leben. Wer Loslassen lernt, lernt zu empfangen. Wer das Leisten lassen kann, entdeckt eine neue Qualität seines Lebens. Wer seine Ferien genießt, schmeckt Himmel.

Xaver Pfister

Die Kunst zu reisen

Nach einem Wort Werner Bergengruens reisen wir nicht nur an andere Orte, sondern vor allem in andere Verfassungen der eigenen Seele. Die Tiefe der inneren Beglückung entscheidet über die Kunst zu reisen. Hebbels Wort: «Eine Reise ist ein Trunk aus dem Quell des Lebens» deutet an, wie der Urlaub, die Ferien vom Ich, die Pause zwischen der Arbeit genutzt werden soll. Sie erschließt uns neue Lebensquellen, aus denen man auch noch schöpft, wenn die Hektik des Alltags uns längst wieder fordert.

Jede Reise ist gleichnishaft auch ein Zeichen für unsere irdische Pilgerschaft. Wir sind Fahrende auf dem Wege, unterwegs zu einem Ziel. Alle Sehnsucht, die uns ergreift, die unerfüllbar bleibt, findet ihre Hingabe in jenem Zustand der Glückseligkeit, die in der Schau Gottes begründet ist.

Hermann Multhaupt
Zu Hause auf den Wegen der Welt
Taschenbuch Topos plus

18

Freitag

Hl. Friedrich, Bischof, Märtyrer
Hl. Arnold, Wohltäter
Hl. Arnulf, Bischof

Wer versucht, sein Wandern einmal unter dem Aspekt zu sehen, dass er auf Gott zugeht, kann erfahren, wie relativ für ihn alles wird, was er hier auf Erden tut. Wir sind auf dem Weg auf ein größeres Ziel, auf Gott hin. Im Gehen geht uns das eigentliche Ziel unseres Lebens auf. Wir sind auf dem Weg zu Gott.

Anselm Grün

Ferien-Gebet

Gott, Schöpfer der Welt,
in diesen Ferien- und Urlaubstagen
schenkst du uns Freude:
Freude an der Schönheit deiner Schöpfung;
Freude an gemeinsamen Zeiten
der Erholung und des Aufatmens ...

Wir bitten dich:
Allen, die unterwegs sind,
gewähre gute Erholung
und schütze sie vor Gefahren.
Lass sie das Ziel glücklich erreichen
und gesund, erholt und heil
wieder zurückkehren.
All jenen, denen es nicht möglich ist,
Urlaub zu machen,
schenke Zeiten der Ruhe und Entspannung.
Hilf uns allen,
dass wir in dieser Zeit auch Wege
zu dir finden und dir begegnen
und so gestärkt aus den Tagen
der Ferien und des Urlaubs
in den Alltag zurückkehren.

Aus dem Internet

19

JULI

Samstag

Hl. Bernulf, Bischof

Du musst nicht über die Meere reisen,
musst keine Wolken durchstoßen
und nicht die Alpen überqueren.
Der Weg, der dir gezeigt wird,
ist nicht weit.
Du musst deinem Gott
nur bis zu dir selbst entgegengehen.
Denn das Wort ist dir nahe:
Es ist in deinem Mund
und in deinem Herzen.

Hl. Bernhard von Clairvaux (1090–1153)

Ferien

Ferien sind zunächst eine rein weltliche Angelegenheit mit dem Zweck, einmal etwas tiefer Luft zu holen, Energien wieder zu gewinnen und für den bald folgenden Alltag gerüstet zu sein. Gleichwohl ist es sinnvoll, sich der religiösen Ursprünge zu erinnern. Denn alle Unterbrechungen, alle Feier- und Ferientage sagen uns, dass wir Menschen mehr sind als unsere Arbeitskraft, weit kostbarer als unsere Fähigkeit, «gute Noten zu schreiben» oder das Bruttosozialprodukt zu mehren ...
Ob Sabbat, Sonntag oder Ferien – an diesem Tag, in diesen Wochen dürfen wir sein. Denn wir leben nicht vom Brot allein.

Christian Heidrich
in Zeitschrift «Christ in der Gegenwart»
Verlag Herder

20

16. Sonntag im Jahreskreis
Hl. Margareta, Märtyrerin
Hl. Apollinaris, Bischof, Märtyrer

Wenn Bäume sprechen könnten,
würden sie dir danken.
Wenn der Regen singen könnte,
würde er für dich singen.
Wenn die Sonne rufen könnte,
würde sie dich preisen.
Alle diese Wunder der Natur brauchen dich,
und wir brauchen diese Wunder.
Und du, Gott, bist in all diesen Dingen.
Dafür danken wir dir.

Aus Papua Neuguinea

Maria und Marta (Lk 10,38–42)

Maria und Marta: nicht nur zwei Frauen in Israel, sondern auch zwei Selen in meiner Brust. Die eine möchte schaffen, arbeiten, dienen, beschäftigt sein. Die andere möchte ruhig sein, still, besinnlich, verweilend, betend. Die eine hat als Werkzeug Hände, Füße und Mund, die andere Augen und Ohren. Die eine möchte Gott dienen, die andere ihm lauschen. Oft liegen beide im Widerspruch. Es lebt zu viel Marta in mir ...

Eines nur ist not-wendig: Setz dich hin, werde ruhig, öffne die Ohren, um zu lauschen, schließe die Augen, ja, schließe sie, um zu sehen! Aber, wird mancher sagen, ich weiß ja nicht, wo die Füße Jesu sind, an denen Maria gesessen hat. Setz dich hin, mehr nicht! Setz dich einfach hin wie Maria. Seine Füße werden deinen Sitzplatz schon finden.

Heribert Arens
Gott, du bist so menschlich
Pfeiffer Verlag

21

Montag

Hl. Laurentius von Brindisi
Hl. Arbogast, Bischof
Hl. Praxedis, Jungfrau

Und wenn wir
die ganze Welt durchreisen,
um das Schöne zu finden:
Wir müssen es in uns tragen,
sonst finden wir es nicht.

Ralph Waldo Emerson

Es tut mir gut

Ich weiß, wie gut es mir tut,
wenn ich mir die absichtslose Zeit
vor und für Gott nehme.
Einfach da sitzen,
die Augen schließen, atmen.
Du und Ich.
Du in mir.
Ich in Dir.
Leere. Fülle.

Ich weiß, wie gut mir das tut.
Und mache es doch viel zu selten.
Ein Lebenselixier, das ich
zu oft unbeachtet lasse.
Heute habe ich mir
einen Schluck davon gegönnt!
Und bin anders in den Tag gegangen!

Regina Hagmann

22

Hl. Maria Magdalena

Das Leben des Menschen ist kein Auf-der-Stelle-Treten, kein Kreislauf, kein Vogelflug, sondern ein Weg auf Erden, begehbar – unbegehbar, zu einem Land der Ruhe und des Friedens, zu Schatten von Bäumen, zu Freiheit von Angst.

Huub Oosterhuis

Sommer

Sommer ist's; jubelnder, strahlender Sommer!
Auf die satten, grünen Wälder
strahlt das warme Licht der Sonne.
Wolken segeln am blauen Himmel,
und über alles triumphiert die Sonne.
Die Sonne bist Du!
Sie ist ein Bild Deiner Wärme,
Deines Lebens,
Deines Lichtes, Deiner Gegenwart.
Du, das Leben,
Du, der allumfassend Heilige,
Du, die letzte, tiefste Gegenwart.
Du, das große, unendliche Schenken
und die große, unendliche Liebe.
Du, heilige Quelle allen Seins!
Alles, was da leuchtet,
was wächst, was strahlt,
was sich hinhält in die Sonne,
was sich da bewegt
und segelt und schwimmt
und von den Bäumen zwitschert,
verherrlicht unbewusst Deinen Namen:
Dein Wesen.

Franz Stauber
Gebete aus der Tiefe

23

JULI

Mittwoch

Hl. Birgitta von Schweden
Hl. Apollinaris, Bischof, Märtyrer
Hl. Liborius, Bischof

Helfen, wie man kann;
sich nicht aufregen;
voller Verständnis sein;
still bleiben
und soweit möglich
bei solchen Gelegenheiten lächeln –
das heißt
den Nächsten lieben,
ohne Phrasen, praktisch.

Sel. Papst Johannes Paul I.

Winke Gottes an uns

Vielleicht sollten wir einmal das Experiment machen, einzelne Begebnisse des Tages als Winke Gottes an uns zu verstehen. Vielleicht sollten wir nicht nur das Ärgerliche und Unangenehme registrieren, sondern uns mühen, herauszufinden, wie Gott mich etwas von seiner Liebe spüren lässt. Sozusagen ein inneres Tagebuch des Guten zu führen, wäre eine schöne und heilende Aufgabe. Der Herr ist da – diese christliche Gewissheit sollte uns helfen, mit anderen Augen in die Welt zu schauen und gerade auch die «Heimsuchung» als Besuch verstehen lernen, als eine Weise, wie er zu uns kommen, uns nahe werden kann.

Papst Benedikt XVI.
Der Segen der Weihnacht
Verlag Herder

24

JULI

Donnerstag

Hl. Christophorus, Märtyrer
Hl. Christina, Märtyrerin
Hl. Charbel Makhlouf, Ordenspriester
Hl. Ursizinus, Einsiedler

Armselig ist mein Wissen,
erbärmlich mein Glaube,
großmäulig oft meine Liebe,
schwindsüchtig bleibt meine Hoffnung.
Aus solchen, wie ich es bin,
erschaffst Du Dir Deine Heiligen.
Deine Gnade macht Tote lebendig.

Manfred Becker-Huberti

Kein Schönwettergefühl!

Hoffnung ist kein Schönwettergefühl. Der jüdische Philosoph Walter Benjamin sagt: «Die Hoffnung ist uns um der Hoffnungslosen willen gegeben.» Heute gibt es viele Hoffnungslose. Sie haben die Hoffnung auf eine bessere Zukunft verloren. Oft genug haben sie die Hoffnung für sich selbst aufgegeben. Für Dante ist, wer die Hoffnung fahren lässt, schon in der Hölle.

Hoffnung eröffnet uns die Zukunft. Sie zeigt uns, dass Leben lebenswert ist. Sie treibt uns voran auf unserem Weg. Sie stärkt uns. Sie weitet das Herz.

Hoffnung gilt letztlich immer einer Person – ich hoffe für dich und für mich: Ich hoffe für mich, dass alles gut wird, und ich hoffe für dich, dass dein Leben gelingen mag – dass du innerlich weiter wächst und immer mehr der wirst, der du von Gott her bist.

Anselm Grün
Das kleine Buch vom guten Leben
Verlag Herder

25

Hl. Jakobus der Ältere, Apostel
Hl. Valentina, Jungfrau, Märtyrerin

Gott wirft uns in die Luft, um uns am Ende
überraschenderweise wieder aufzufangen. Es ist
wie in dem ausgelassenen Spiel, das Eltern mit
ihren Kindern spielen. Und die Botschaft lautet: Hab Vertrauen in den, der dich wirft, denn
er liebt dich und wird vollkommen unerwartet
auch der Fänger sein. Und wenn ich es Revue
passieren lasse, hat Gott mich auf dem Weg an-
dauernd in die Luft geworfen und wieder aufge-
fangen. Wir sind uns jeden Tag begegnet.

Hape Kerkeling auf dem Jakobsweg

Auf dem Jakobsweg

Die Knie schmerzen,
die Füße sind wund.

Lege du deine Hand
sanft auf unsere Stirn,
dass wir wieder Ruhe finden.

Kühle du die schmerzenden Knie
mit dem Tau deiner Liebe.
Heile du die Blasen an den Füßen
mit dem Balsam deines Erbarmens.
Damit wir morgen wieder
stark und fröhlich weitergehen,
weiter auf dem Pilgerweg
zum Grabe deines Apostels,
weiter auf dem Pilgerweg
unseres eigenen Lebens zu dir.

Elisabeth Alferink

26

Samstag

Hll. Joachim und Anna,
Eltern Mariens
Sel. Titus Brandsma, Märtyrer

Gute Religion lebt weniger von schnellen und klaren Antworten als davon, die innere Sehnsucht zu wecken und lebendig zu halten, die Sehnsucht nach dem ganz Anderen.

Stefan Bauberger

Lob des Tages

Loben wir doch einmal den Tag vor dem Abend. Sagen wir ihm: Sei gegrüßt, Bote Gottes, kleines Kind der Ewigkeit unseres Gottes. Sei gelobt, Stückchen Zeit, das kommt, um nicht anders unterzugehen, wenn es Abend ist, als in der Ewigkeit Gottes. Sei gelobt, Tag, an dem ich ein wenig abzahlen kann an den Schulden des Herzens und der Liebe, die ich bei anderen habe. Sei gerühmt, kleiner Garten der Zeit, in dem wir – mag kommen, was mag – Glaube und Liebe, die Frucht der Ewigkeit ernten können. Sei herzlich willkommen, du kleiner armer Tag, ich werde dich zu einem kleinen Kunstwerk machen, zu einem seligen, ernsten Spiel des Lebens, worin alles mitspielt: Gott, die Welt und mein Herz. Meint ihr nicht, dass man den Tag am Abend sicher wird loben dürfen, wenn man ihn so betend am Morgen vor Gott gelobt hat?

Karl Rahner
Von der Kraft, täglich neu zu beginnen
Matthias Grünewald Verlag

27

JULI

Sonntag

---

17. Sonntag im Jahreskreis
Hl. Pantaleon, Märtyrer
Hl. Bertold, Abt
Hl. Titus Brandsma

Der erste Teil des Vaterunsers ist das kühne liebende Du zu Gott, der sich uns als die Liebe geoffenbart hat. Es ist jubelnder Dank, dass wir den Allheiligen vertrauensvoll als unseren Vater, als unser Du anreden dürfen.

Bernhard Häring

«Dein Wille geschehe»

Das Vaterunser als Mitte der Bergpredigt zeigt uns, dass der zentrale Wille Gottes ist, dass wir Gott im Gebet als unseren Vater und unsere Mutter erfahren. Doch die Erfahrung Gottes verlangt nach einem Ausdruck in unserem Handeln. Wenn wir die Bergpredigt nur als Moralpredigt verstehen, überfordert sie uns und hinterlässt uns ein schlechtes Gewissen. Doch wenn wir die Bergpredigt als Antwort auf die Erfahrung Gottes im Gebet sehen, dann zeigt sie uns, wie menschliches Leben durch die Begegnung mit Gott gelingen kann. Gebet ohne Ausdruck im Handeln wäre narzisstisches Kreisen um sich selbst. Ethisches Handeln ohne spirituelle Erfahrung würde uns überanstrengen.

Anselm Grün
in «Sonntagsblatt.de»

28

JULI

Montag

Hll. Nazarius und Celsus, Märtyrer
Hl. Innozenz, Papst

Der Herr offenbart sich uns nicht auf
außergewöhnliche oder aufsehenerregende
Weise, sondern in der Alltäglichkeit unseres Lebens. Dort müssen wir den Herrn
finden; und dort offenbart er sich und lässt
unser Herz seine Liebe verspüren; und dort
– durch diesen Dialog mit ihm in der Alltäglichkeit des Lebens – verändert er unser
Herz.

Papst Franziskus

Überall bist du

Gott,
geheimnisvoll waltest du überall,
und überall bist du verborgen.
Du bist gegenwärtig in der Höhe,
aber die Höhe kann dich nicht fassen.

Du bist in der Tiefe,
aber sie umgreift dein Wesen nicht.

Du bist ganz nur Wunder,
wo immer wir dich suchen.

Nah bist du und ferne.
Wer gelangt zu dir?
Der forschende Geist,
der sinnende, kann es nicht.

Dir naht nur der Glaube,
nur die Liebe, nur das Gebet.

Ephräm der Syrer (306-373)

29

Dienstag

Hl. Martha von Betanien
Hl. Ladislaus, König

Je größer uns das Universum als Schöpfung innerhalb von Zeit und Raum erscheint, je tiefer unser Blick in die unauslotbaren Tiefen seines Geheimnisses vordringt, vom Atom bis zu den Gestirnen in unendlicher Zeitenferne, desto größer ist auch unser Staunen über die Größe Gottes. Und desto bewegender erscheint uns die Botschaft Christi von einem Vater im Himmel, der auf uns, die Menschen, zugeht.

Kardinal Franz König (1905–2004)

Von Gottes Schöpfung
leben lernen

Von der Sonne lernen zu wärmen,
von den Wolken lernen, leicht zu schweben,
vom Wind lernen, Anstöße zu geben,
von den Vögeln lernen. Höhe zu gewinnen,
von den Bäumen lernen, standhaft zu sein.
Von den Blumen das Leuchten lernen,
von den Steinen das Bleiben lernen,
von den Büschen im Frühling
Erneuerung lernen,
von den Blättern im Herbst
das Fallenlassen lernen,
vom Sturm die Leidenschaft lernen.
Vom Regen lernen, sich zu verströmen,
von der Erde lernen, mütterlich zu sein,
vom Mond lernen, sich zu verändern,
von den Sternen lernen, einer von
vielen zu sein,
von den Jahreszeiten lernen,
dass das Leben immer
von Neuem beginnt.

Ute Lütendorf
in der Zeitschrift «Zeichen der Liebe»

30

Mittwoch

Hl. Petrus Chrysologus,
Bischof und Kirchenlehrer
Hl. Ingeborg

Wenn ich verzweifelt bin,
sag ich mir immer wieder,
dass in der Geschichte
der Weg der Liebe und Wahrheit
immer gesiegt hat.

Mahatma Gandhi

Ein kraftvoller Mensch

Gerade weil wir auf Christus setzen und uns ihm verdanken, wissen wir uns ermutigt, unsere Möglichkeiten zur Entfaltung zu bringen und unser eigenes sterbliches Leben in Freiheit zu verwirklichen. Wer geduckte, verkrümmte und verängstigte Menschen kleinhalten will, ist bei Jesus völlig fehl am Platze. Selbstlos kann nur jemand sein, der ein Selbst hat, das er geben kann. Johannes ist alles andere als ein Schwächling. Gerade weil er ein so kraftvoller und starker Mensch ist, kann er seine Jünger abgeben: Geht über den Jordan zu Jesus! Er ist der Messias.

Franz Kamphaus

31

JULI

Donnerstag

Hl. Ignatius von Loyola,
Gründer der Gesellschaft Jesu
Hl. Germanus von Auxerre, Bischof
Gebetstag für geistliche Berufe

Gott hält es umgekehrt mit uns als Menschen dieser Welt: Menschen achten in unseren Handlungen gerade auf das, was mangelhaft ist – das fassen sie auf und kreiden es an. Gott aber schaut auf das Gute, was in unserem Tun ist; gegen unsere Unvollkommenheiten übt er zarte Nachsicht.

Hl. Ignatius von Loyola

Wie Zugvögel

Gott ist die Heimat aller Menschen. Er ist unsere einzige Sehnsucht. Gott ist im Innersten aller Kreaturen verborgen und ruft uns. Das ist die geheimnisvolle Ausstrahlung, die von allen Wesen ausgeht. Wir hören seinen Ruf in der Tiefe unseres Wesens wie die Lerche, die früh von ihrer Gefährtin geweckt wird, oder wie Julia, die Romeo unter ihrem Balkon pfeifen hört.

Obwohl wir Gott nie gesehen haben, sind wir wie Zugvögel, die an einem fremden Ort geboren doch eine geheimnisvolle Unruhe empfinden, wenn der Winter naht, einen Ruf des Blutes, eine Sehnsucht nach der frühlingshaften Heimat, die sie nie gesehen haben und zu der sie aufbrechen, ohne zu wissen wohin. Sie haben den Ruf des Gelobten Landes vernommen, die Stimme des Geliebten, der ruft: «Auf, meine Freundin! Du, meine Schöne, komm! Vorüber ist die Winterzeit, der Regen ist vorbei» (Hld 2,10).

Ernesto Cardenal
Im Garten der Zeit wächst die Blume des
Trostes
Verlag Herder

1

AUGUST

Freitag

Hl. Alfons von Liguori, Bischof
Kirchenlehrer, Ordensstifter
Sel. Petrus Faber
Herz-Jesu-Freitag

Liebe ist eine Kunst, die erlernt werden will.
Sie wächst in der Erfahrung des Gebens, in
jeder selbstlosen Tat. Jede Erfahrung von
Liebe gibt uns einen neuen Einblick, was
Liebe in Gott bedeutet. Die menschliche
Liebe ist das «Hilfsinstrument» zur Erfor-
schung des Geheimnisses der Liebe, das
Gott selbst ist.

Basil Hume

Das Herz meint das Ganze

Die deutsche Sprache kennt eine Reihe von Redewendungen, die vom Herzen als Mitte des menschlichen Wesens sprechen. Was «vom Herzen kommt», ist ehrlich gemeint. Wer «etwas auf dem Herzen hat», braucht Hilfe. Was «von Herzen geht», trifft mich im Innersten. «Ein Herz für die Armen und Bedrängten haben» deutet auf tätige Nächstenliebe.

Das Herz steht also für den ganzen Menschen, es meint die Mitte einer Person, die Mitte unserer menschlichen Existenz. Es bezeichnet jenen Raum, in dem wir in radikaler Verantwortung vor Gott und gegenüber dem Mitmenschen stehen. Aus dieser Mitte unseres Mensch- und Christseins heraus ergibt sich, unser Leben und unser Tun zu gestalten im Wissen, dass die Mitte unseres eigenen Herzens nicht in uns selbst, sondern in Gott liegt. Und «Gottes Herz heißt Herz Jesu Christi» (Karl Rahner), oder anders gesagt: Gott hat ein Herz für den Menschen. Jesus ist dieses Herz.

Maria Luise Thurmair

2

AUGUST

Samstag

Unsere Liebe Frau von den Engeln
(Portiunkula)
Hl. Eusebius von Vercelli, Bischof
Mariensamstag

Eines der großen Worte, die uns von Maria
überliefert sind, ist die Anweisung «Was
er (Jesus) euch sagt, das tut» (Joh 2,5).
Wir können sicher nie Christus in seiner
Fülle fassen, aber wir können durch die
Meditation seiner Liebe, durch das Hören
auf sein Wort und durch den Empfang seiner eucharistischen Gabe seinen Willen für
uns erkennen.

Philipp Meyer

Gebet am Abend

Gott, meine Gedanken und Gefühle
machen mich zu dem Menschen,
der ich bin.
So bin ich jetzt vor dir und bitte dich:
Nimm mich an,
so wie ich bin.
Nimm mich an mit
meinen Vorsätzen und Hoffnungen.
Nimm mich an mit
meinen Befürchtungen.
Da, wo ich nicht weiterweiß,
sortiere meine Gedanken und Gefühle.
Da, wo ich sicher bin,
lass mich anderen eine Hilfe sein.
Lass mich dazu beitragen,
dass der morgige Tag gelingt.

Patrik C. Höring
Die eigene Mitte finden
Bonifatius Verlag

3

Sonntag

---

18. Sonntag im Jahreskreis
Hl. Lydia
Sel. Benno von Einsiedeln

Näher als ich mir nahe bin
bist Du
Du in mir

Lock mich in mich hinein
Sammle mich in meiner Tiefe
Lass mich nicht fortgehen von mir
    damit ich Dich finde in mir
      und mich in Dir

Anton Rotzetter

Der reiche Bauer (Lk 12,16–21)

Der sonst tüchtige landwirtschaftliche Unternehmer begeht zwei Grundfehler, die für ihn schlimme Folgen haben. Erstens verdrängt er in seinem ganzen Denken, Planen und Handeln die Möglichkeit des Sterbens. Darum herrscht Gott ihn an: «Du Tor! Du Narr!» Zweitens schaltet er Gott als den Herrn über Leben und Tod aus. Er hat nur sein Ich vor Augen, sein Vermögen, sein Geld, ohne an Gott und die Mitmenschen zu denken.

Jesus legt uns durch diese abschreckende Gestalt nahe, weiser zu sein, diese Fehler nicht zu begehen, uns vorzunehmen, vor Gott reich zu werden, Gutes zu tun, Schätze für den Himmel zu sammeln, die der Tod nicht rauben kann.

Werden wir unserer Vergänglichkeit bewusst; nützen wir die Stunde, solange es Tag ist!

Arnold Helbling

4

AUGUST

Montag

Hl. Johannes Maria Vianney,
Pfarrer von Ars

Das ist Glaube,
wenn man mit Gott spricht,
wie man mit einem
Menschen sprechen würde.

Johannes Baptist Maria Vianney,
hl. Pfarrer von Ars (1786–1859)

Gib uns, was gut ist

Gib uns, Herr,
ein bisschen Sonne,
ein bisschen Arbeit
– und viel Freude dabei.

Gib uns, Herr,
die Chance, unser Bestes zu tun –
mutig, weise und aus freien Stücken.

Gib uns, Herr,
was für uns gut ist,
aber auch für andere,
bis alle Menschen lernen,
wie Schwestern und Brüder
zusammenzuleben.

Adalbert Ludwig Balling
in: «An der Sonnenseite Gottes»
Missionsverlag Mariannhill

5

AUGUST

Dienstag

Weihetag der Basilika Santa Maria
Maggiore in Rom
Hl. Oswald, König

Ein Leuchtturm ist das Gebet für den Ir-
renden und den Träumer auf der Suche
nach Träumen; Öffnung ist es für die Seele
auf der Suche nach Schweigen oder Ver-
zückung. Das Gebet ist etwas, dessen der
Mensch am meisten bedarf, um sich zu
verwirklichen oder um über sich hinaus zu
gelangen.

Elie Wiesel (1928–2016)

Die Sehnsucht in uns

Im Grunde unseres Herzens sehnen wir uns nach Gott. Der Heilige Geist, der «mit Seufzen, das wir nicht in Worte fassen können» (Röm 8,26), für uns eintritt, facht die Sehnsucht an, die in uns ist, von der wir aber oft genug im Getriebe des Alltags abgeschnitten sind. Beten heißt dann: dass wir uns mit allem, was in uns ist, nach dem Gott der Liebe sehnen, der allein unsere Sehnsucht zu erfüllen vermag. «Willst du das Beten nicht unterbrechen, so unterbrich die Sehnsucht nicht», hat Augustinus gesagt. Indem wir im Gebet mit der Sehnsucht unseres Herzens in Berührung sind, spüren wir, dass wir nicht nur Menschen dieser Erde sind, sondern zugleich Menschen des Himmels. Menschen, die jetzt schon in Gott sind.

Anselm Grün
Heilsame Worte
Verlag Herder

6

AUGUST

Mittwoch

Verklärung des Herrn
Hll. Felicissimus und Agapitus,
Diakone, Märtyrer

Ja, das sollte man immer bedenken, wenn
man es mit anderen Menschen zu tun hat,
dass Gott ihretwegen Mensch geworden
ist. Und man fühlt sich selbst zu gut, zu
manchen von ihnen herabzusteigen!

Sophie Scholl (1921–1943),
Widerstandskämpferin

Jesu Verklärung

Du aber, Herr,
gehst hinab vom Berg der Verklärung,
ins Tal zu den Menschen,
wo das Kreuz dich erwartet.
Du hast dich nicht geschont,
du hast dich verbraucht:
ein Weizenkorn, das
in die Erde geht und stirbt.
Jesus, Bruder der Welt,
wir ahnen es ja:
dass es keine Geborgenheit mehr
gibt bei dir,
keine Verwurzelung in dir,
keine Versenkung in dich,
es sei denn dort, wo du bist:
bei deinen geringsten
Brüdern und Schwestern
mitten in der Welt.

Theo Brüggemann
Gebete zur Bergpredigt
Pfeiffer-Verlag

7

AUGUST

Donnerstag

Hl. Afra, Märtyrerin
Hl. Kajetan, Ordensgründer
Hl. Juliana von Lüttich

Die Geschöpfe sind gleichsam
eine Spur der Fußstapfen Gottes,
an der man seine Größe, Macht
und Weisheit sehen kann.

Hl. Johannes vom Kreuz (1542–1591)

Komm, setz dich!

Weiße Sommerwolken ziehen übers Land. Das satte Sommergrün von Wald und Wiese erzählt von Lebensfülle. Mitten drin lädt eine Bank zum Rasten ein: «Komm, setz dich! Nimm Platz! Lehne dich an. Mach es dir eine Weile gemütlich. Stelle deinen Rucksack ins Gras. Ruhe dich aus ...»

Gedanken von Gelassenheit und Freude steigen auf. Wer sich setzt, bei dem kann sich so manches setzen, ins rechte Licht rücken, zur Ruhe kommen, bedacht werden. Wie ganz von selbst findet die Seele den Weg zu Danksagung und Lobpreis, zu Gott, dem Schöpfer.

Bänke sind eine wunderbare Einrichtung. Wer ihre Einladung annimmt, kann sich zur Ruhe setzen, um seine Seele nachkommen zu lassen. Bänke sind ernst zu nehmen, weil sie ein Stück bedächtigen, bedachten Lebens ermöglichen, erst recht die Kirchenbänke in Kapellen, Kirchen und Domen.

Ursula Bittner
in der Monatsschrift «Magnificat»
Verlag Butzon & Bercker

8

AUGUST

Freitag

Hl. Dominikus,
Gründer des Dominikanerordens
Hl. Cyriakus, Märtyrer

Ein Mann, der seine Leidenschaften beherrscht, ist Herr der Welt. Wir müssen sie entweder beherrschen oder von ihnen beherrscht werden. Es ist besser, der Hammer als der Amboss zu sein.

Hl. Dominikus (1170–1221)

Verklärte Vergangenheit

Im alten Ägypten wurde die Vergangenheit als das vor uns Liegende gesehen, weil wir sie ja kennen und sehen. Die Zukunft hingegen lag hinter uns, weil wir sie nicht kennen. Die katholische Kirche, so scheint mir, ist noch immer ägyptisch angehaucht. Doch das funktioniert nicht mehr. Gott öffnet die Zukunft. Die Offenbarung ist ein Erinnern im Jetzt, um ins Morgen zu gehen. Wir lesen die Geschichten der Vergangenheit einzig und allein, um in die Zukunft zu gehen, nicht um in der Vergangenheit zu bleiben ...

Wenn wir von der großen Tradition der Kirche sprechen, wird zu oft eine bestimmte Epoche verklärt, und zwar so, wie sie nie gewesen ist. Die Messe war früher viel schöner, sagen manche. Doch welche Form meinen sie? Meist wird eine Vergangenheit imaginiert und zu einer Tradition stilisiert. Daran ist die ägyptische Zivilisation letztlich gescheitert. Sie hatte nicht mehr die Kraft, sich zu verändern.

Kardinal Jean-Claude Hollerich
Was auf dem Spiel steht
Verlag Herder

9

AUGUST

Samstag

Hl. Romanus, Märtyrer
Hl. Edith Stein, Karmeliterin,
Märtyrerin

Wer hinter allem Gott sieht, der wird die
Dinge des Alltags und alles, was gesell-
schaftlich als bedeutend gilt, nicht wichtiger nehmen, als es ist. Und umgekehrt:
Wer nur seinen engen Horizont gelten lässt,
läuft in Gefahr, ungerecht und unmensch-
lich zu werden. Wer offen ist für den Geist
Gottes, kann in schwierigen Situationen
Stärke erfahren – auch gegen den Druck
der Mehrheit.

Jürgen Kaufmann

Wo der Geist lebt

Der mystische Strom,
der durch alle Jahrhunderte geht,
ist kein verirrter Seitenarm,
der sich vom Gebetsleben der Kirche
abgesondert hat –
er ist ihr innerstes Leben.
Wenn er die überlieferten
Formen durchbricht,
so geschieht es,
weil in ihm der Geist lebt,
der weht, wo er will:
der alle überlieferten Formen
geschaffen hat und
immer neue schaffen muss.

Hl. Edith Stein (1891–1942)

10

19. Sonntag im Jahreskreis
Hl. Laurentius, Diakon, Märtyrer
Hl. Asteria, Märtyrerin

Mache deine Wohnräume zu einem Ort,
an dem andere immer willkommen sind,
zu einem Haus des Friedens
und gegenseitigen Verzeihens.

Frère Roger Schutz

Ich glaube!

Du bist es, der mein Wesen geschaffen, der mich im Schoße meiner Mutter gewoben; Du bist es, der mich so kunstvoll geformt hat: jede Zelle, jede Faser meines Seins.

Ich glaube, dass Du mir begegnest in der Geschichte meines Lebens, in jedem Lachen und jedem Weinen. Ich traue diesem Weg, von Ewigkeit mir zugedacht.

Ich glaube an Deinen Tod für mich und an die Auferstehung. Ich halte fest an der Hoffnung auf ewiges Leben in Fülle.

Ich glaube daran, dass Du mich viel mehr liebst, als ich mir denken kann; dass Deine Liebe stärker ist als jeder Abgrund.

Du bist es, der mich wunderbar gebildet, der mich so staunenswert erschuf. Deshalb wird mir die Nacht so leuchtend wie der Tag!

Agustin Alvarez
in: «Abba, lieber Vater!»
Paulusverlag

11

AUGUST

Montag

Hl. Klara, Ordensgründerin
Hl. Susanna, Märtyrerin
Hl. Philomena, Märtyrerin

Geh hin in Sicherheit,
denn du hast ein gutes Reisegeleit!
Geh hin, denn der dich geschaffen,
er hat dich geheiligt.
Stets hat er dich behütet
wie eine Mutter ihr Kind,
und mit zärtlicher Liebe
hat er dich geliebt.
Herr, ich preise dich,
weil du mich erschaffen hast.

Sterbegebet der hl. Klara von Assisi

Erfahrungen Gottes

Schaust du einen Baum oder eine Blume an, so schaust du schon Gott an.

Entdeckst du mit dem Teleskop eine Galaxie, so ist es eine Berührung deiner Kleinheit mit der Größe Gottes; und siehst du das Licht flimmern in einer blühenden Wiese, so streifst du den Mantel der Ewigkeit.

Wenn mich etwas oder jemand entzückt, vernehme ich den Lockruf Gottes, und wenn ich verzehrt bin von Unersättlichkeit, die ein Geschöpf in mir anstiftet, so gewahre ich, dass Gott allein das Absolute ist.

Nein, es ist kein Rätsel mehr, Gott in der Erfahrung erkennen zu wollen, weil alles Erkennen ein Ihn-Erfahren ist.

Carlo Carretto
Ich habe gesucht und gefunden
Verlag Herder

12

AUGUST

Dienstag

Hl. Anizet, Papst, Märtyrer
Hl. Johanna Franziska von Chantal
Sel. Karl Leisner, Märtyrer

Man kann sich auf den Standpunkt zurückziehen, Religion sei eine private Angelegenheit, die aus der öffentlichen Debatte herausgehalten werden solle ... Aber diese Haltung ist zu einfach. Religionen regeln nicht nur das Verhältnis des Einzelnen zu Gott, sondern auch das der Menschen zueinander. Der Glaube ist nie nur privat, er prägt die Werte des Zusammenlebens.

Michael J. Sandel

Aufschauen

Herr,
aus der Qual meiner Ängste
ließest du mich aufschauen;
und dann sah ich
Blumenwiesen im Sonnenlicht,
Bäume und Tiere,
einen sonnenglänzenden See,
weiße Segelschiffe sanft
im Winde schaukeln,
in der Ferne
hohe Berge mit schneebedeckten Gipfeln,
und ich sah Menschen
mit mir auf dem Weg!
Da wurde mein Herz weit,
ich spürte in allem deine liebevolle Nähe;
und meine Angst
wandelte sich in Frieden und Freude!

Elisabeth Michaela Much

13

AUGUST

Mittwoch

Hll. Pontianus, Papst, und Hippolytus,
Märtyrer
Hl. Kassian, Märtyrer
Hl. Maximus Confessor

Wenn ich bete, dann halte ich mich mit
meiner ganzen Existenz der göttlichen
Wirklichkeit hin. Ich erwarte zugleich alles
und nichts. Ich möchte auch in Krisen, in
Krankheit und Sterben offen bleiben für das,
was geschieht. Ich möchte vertrauen und
lieben können, ohne dass ich weiß, wie es
ausgeht und wohin es führt. Dies ist mein
Gebet, mein tiefstes und letztes Gebet.

Rüdiger Maschwitz

Ein Segen

Deine Zeit ist endlich. Möge sie sich weiten mit Momenten von Ewigkeit. Deine Hände können ohnmächtig im Schoß liegen. Mögen sie auch immer wieder Gutes tun. Deine Ohren hören viele schreckliche Nachrichten. Mögen sie auch frohes Lachen wahrnehmen. Deine Lippen können zusammengepresst sein. Mögen sie sich auch öffnen zum Flüstern mit Gott. Deine Energie ist begrenzt. Möge sie immer wieder aufleben in geselliger Güte. Deine Hoffnung ist nie nur Deine alleine. Mögest Du sie aufspüren in Verbundenheit. Deine Augen können heiße Tränen weinen. Mögen sie Dich auch die Schönheit dieser Welt sehen lassen. Dein Herz ist manchmal hart und kalt. Möge es sich auch öffnen für treue Zuneigung. Dein Kopf kann sich anfühlen wie ein Käfig. Möge er auch ein Spielraum der Kreativität sein. Deine Nase kann manche Leute nicht riechen. Möge sie auch den Duft der Freiheit atmen.

Christina Brudereck / Ben Seipel
Goldzwanziger
2Flügel Verlag

14

AUGUST

Donnerstag

Hl. Maximilian Kolbe, Märtyrer
Hl. Werenfried
Sel. Eberhard, Abt von Einsiedeln

Niemand auf der ganzen Welt
vermag die Wahrheit zu verändern.
Wir können nur eines:
sie suchen, sie finden und ihr dienen.

Hl. Maximilian Kolbe

Menschen wie Bergseen

Die Kirche braucht Menschen, die wie Bergseen sind: tief, durchsichtig, erfüllt mit Frieden. Der hektische, gehetzte Mensch muss in der Kirche Menschen finden, von denen die Ruhe und der Friede Gottes ausströmen. In der Begegnung mit solchen Menschen muss auch den anderen aufgehen, was ihnen eigentlich fehlt: der innerste Friede, die Erfüllung im Inneren, die Souveränität über das eigene Leben, der klare Blick, der wirkliche Glaube, Gott selber.

Die Kirche wird künftig eine unersetzliche Aufgabe haben in dieser gejagten, turbulenten, rastlosen, überreizten und nervösen Zeit. Aber es wird eine starke Kirche sein müssen, erfüllt vom Frieden Gottes, von der Nähe Gottes. Stark geworden vom schweigenden Gebet.

Kardinal Franz König (1905–2004)

Alte und neue Weihnachtsgeschichten aus der Schweiz

In festlicher
Stille der Krippen
Schein in die Stille
Weihnachtsgeschichten
aus der Schweiz
mit Zeichnungen
und Vignetten
rund etwa 1/127 Seiten

In dieser Anthologie sind 164 mehr oder weniger bekannte Geschichten versammelt, von bekannten und weniger bekannten Autoren, die alle etwas gemeinsam haben: Sie handeln auf die eine oder andere Weise von Weihnachten oder dem Weihnachtsfest in der Schweiz.

In jeder Buchhandlung!

Pano

www.panoverlag.ch

15

AUGUST

Freitag

Mariä Aufnahme in den Himmel
Hl. Tarsicius, Märtyrer

Das Dogma von der Aufnahme Mariens in
den Himmel sagt etwas über die Würde des
Menschen aus. Wir werden mit unserem
Leib, d. h. mit unseren Wunden, mit unseren Schnsüchten, mit unseren Erfahrungen
und mit unserem Fühlen, im Tod zu Gott
kommen. Alles wird hineingerettet in Gott.
Es ist ein Dogma der Hoffnung.

Anselm Grün

Maria, aufgenommen ...

Maria, aufgenommen
in den Himmel.
Er, den sie aufnahm,
er nimmt sie auf.
Der Himmel ist Gott.

Maria, aufgenommen
in die Liebe.
Wirft deren Feuer
ins Herz der Kirche.
Das Feuer ist Gott.

Maria, aufgenommen
zur Rechten des Kyrios.
Er, dessen Magd sie ist,
schenkt ihr die Krone.
Die Krone ist Gott.

Silja Walter
Gesamtausgabe. Band 8
Paulusverlag

16

Hl. Stephan, König von Ungarn
Hl. Rochus
Hl. Theodor, Bischof

Durch die Seele lebt der Mensch
und durch den Leib sieht und hört er.
Aber erst durch den Glauben,
die Liebe und die Weisheit
wird er mit der Gottheit vereint
und nach ihrem Bilde gestaltet.

Hl. Ephräm der Syrer (306–373)

Dein Werk in mir

Herr,
sprich dein ewiges Wort in mich
und lass es mich hören.

Herr,
strahle dein Licht in mich
und lass es mich schauen.

Herr,
drücke dein Bild in mich
und lass es mich bewahren.

Herr,
wirke dein Werk in mir
und lass es mich stets
von Neuem empfangen.

Kloster Rheinau,
14. Jahrhundert

17

AUGUST

Sonntag

20. Sonntag im Jahreskreis
Hl. Hyazinth, Priester

Christus macht sich selbst zum Feuerbrand, mit welchem Er diese kalte Welt entzündet. Er muss sich selber verzehren, muss sich taufen lassen mit der Todestaufe. Durch dieses Opfer entzündet Er ein Feuer, das in vielen weiterbrennt – nicht ohne dass diese in schärfsten Gegensatz geraten zu ihrer bisherigen Umgebung. Wo aber Menschen vom Liebesgeist Christi ergriffen sind, da werden sie zusammengeschmolzen zu neuer, unlöslicher Gemeinschaft.

Aus dem Internet

Wir haben es in der Hand

Mutter Teresa meint: Keiner darf so aus der Kirche herausgehen, wie er hineingegangen ist. Es ändert sich ja etwas. Wandlung – sagen wir. Brot und Wein wandeln sich in Leib und Blut Christi. Er wird uns in die Hand gegeben. Und dann haben wir es in der Hand, dass wir uns durch ihn in seinem Sinne wandeln lassen und dass durch uns die Welt gewandelt wird, etwas wenigstens, soweit es an uns liegt. Gegner können miteinander reden; geballte Fäuste können sich öffnen zum Friedensgruß; Schwerter können zu Pflugscharen umgewandelt werden.

Bischof Franz Kamphaus
Briefe an junge Menschen
Verlag Herder

18

AUGUST

Montag

Hl. Rainald von Ravenna
Hl. Helena, Kaiserin

Die Fähigkeit, das Reich Gottes wahrzunehmen, beruht auf dem Gespür, Außergewöhnliches in gewöhnlichen Dingen zu sehen. Deshalb sagt Jesus: «Selig sind die, deren Augen sehen, was ihr seht» (Lk 10,23). Es ist die Fähigkeit, in einem keimenden Spross den Wald zu sehen oder das Geheimnis des Himmels und des Ozeans in einem Tropfen Morgentau.

Leo Kleden

Nimm dich an!

Nimm die Härte von Deiner Stirn. Sag: «Ich weiß nicht», auch wenn das schwer auszuhalten ist. Denk trotzdem weiter. Weich sein heißt nicht, schwach sein. Erinnere dich, was deine Großmutter dir beigebracht hat oder der Religionslehrer, vielleicht hast du es auch in einem dieser Lebensratgeber gelesen: Liebe deinen Nächsten, und wenn du nicht lieben kannst, dann begegne wenigstens jedem Menschen mit Respekt ...

Lach der Enttäuschung ins Gesicht. Vielleicht heitert sie das auf. Sie hat es auch nicht leicht. Sei nachsichtig. Mit dir und mit den anderen. Hör nicht auf, daran zu glauben, dass jeder sein Bestes versucht. Gib die Suche nach der Wahrheit nicht auf. Glaub nicht jeder Schlagzeile, die Welt lässt sich nicht in schwarz und weiß aufteilen. Lerne mit dem Zwiespalt zu leben. Nimm dich an. Gott tut es auch.

Susanne Niemeyer
Schau hin
Verlag Herder

19

AUGUST

Dienstag

Hl. Johannes Eudes, Ordensgründer
Hl. Sebaldus, Einsiedler

Jeden Morgen
soll die Schale unseres Lebens
hingehalten werden,
um aufzunehmen, zu tragen
und zurückzugeben.

Dag Hammarskjöld

Berühre mich

O Herr, berühre meine Augen,
damit ich die Schmerzen und Nöte
meiner Mitmenschen sehe,
und hilf, dass ich nicht blind werde
für Deine Welt und alle, die darin leben.

Berühre meine Ohren,
damit ich höre,
was um mich herum vorgeht,
und nicht taub werde
für die Worte meiner Mitmenschen.

Berühre mein Herz,
dass es meinem Nächsten
immer warm entgegenschlägt,
und niemals unter Schmerz oder Leid
hart und unzugänglich wird.

Herr, berühre und erfülle mich
und mein ganzes Leben
mit Deiner Liebe und Gnade,
lass mich davon freudig
weitergeben an alle Menschen.
Und lass mich stets Dein Lob singen.

Aus dem Internet

20

AUGUST

Mittwoch

Hl. Bernhard von Clairvaux, Abt,
Kirchenlehrer
Hl. Maria de Mattias

Wer in diesem Leben
heilig werden will,
muss sein wie eine Lilie unter Dornen,
die nicht aufhört, Lilie zu sein,
auch wenn sie von den
Dornen gestochen wird.

Hl. Bernhard von Clairvaux (1091–1153)

Die Liebe praktizieren!

Wenn jemand denkt, dass die jetzigen Stürme vorübergehen und alles wieder so sein wird, wie es vorher war, der täuscht sich. Wir leben in einer post-faktischen Zeit! Der Pharisäer fragt, damit er seine Gleichgültigkeit rechtfertigen kann: Wer ist mein Nächster? Es muss doch irgendeine Grenze geben, ich kann doch nicht alle als meine Nächsten betrachten! Jesus kehrt diese Fragen um: Frage nicht, wer dein Nächster ist, aber mach du dich für jeden zum Nächsten, der dich braucht. Frage nicht, was wahr ist, sondern praktiziere die Wahrheit in der Liebe! Schaue nicht in den Himmel, wie die Jünger nach der Himmelfahrt Christi, sondern schaue dich um und suche Christus in denen, die verwundet sind. Er ist bei uns alle Tage bis zum Ende der Welt. Er ist hier jedoch oft «inkognito», und ihm zu glauben und zu vertrauen bedeutet, ihn ununterbrochen wieder zu suchen.

Tomáš Halík
in Zeitschrift «Herder Korrespondenz»
Verlag Herder

21

Hl. Pius X., Papst

Gott ist nicht auf unser Gebet angewiesen. Es ist ein Geheimnis, dass es ihm so viel bedeutet. Er versteht alle Sprachen der Menschen. Still in seiner Nähe zu verweilen ist bereits ein Gebet: Deine Lippen bleiben geschlossen, aber dein Herz spricht zu ihm. Durch den Heiligen Geist betet Christus in dir, mehr als du es dir vorstellen kannst.

Frère Roger Schutz

Freunde

Wähle deine Freunde
nach ihrer seelischen Qualität aus,
auch wenn sie
deine eigenen Hoffnungen
und dein Bestreben nicht teilen.
Bleibe nicht allein.
Du brauchst eine größere,
menschliche Familie,
um dein Herz öffnen
und dich befreien zu können.
Betrachte sie als
Brüder und Schwestern,
mit denen du ein Geheimnis teilst.

Tibetische Weisheit

22

AUGUST

Freitag

Fest Maria Königin

Maria, nenne ich Dich Himmel, so thronst Du noch höher. Verkündige ich Dich als Mutter der Völker, so bist Du mehr als das. Grüße ich Dich als Abbild und Abglanz Gottes, so sage ich zu wenig. Nenne ich Dich Königin der höchsten Weisheit: Das alles bist Du.

Hl. Augustinus

Horchen lernen

Unser sorgenerfülltes, voll gestopftes Leben ist gewöhnlich von so viel innerem und äußerem Lärm umgeben, dass es sehr schwierig ist, unseren Gott wirklich zu hören, wenn er zu uns spricht. Gott spricht ständig zu uns. Aber wir hören selten auf ihn. Wenn wir allmählich horchen lernen, wird unser Leben ein Leben des Gehorsams. Geistliche Disziplin ist notwendig, damit nach und nach aus unserem mit geräuschvollen Sorgen angefüllten Leben ein Leben wird, in dem es einen inneren Freiraum gibt, wo wir auf unseren Gott hören und uns seiner Führung anvertrauen können. Darin besteht das Eigentliche des Gebets: ganz Ohr für Gott sein.

Henri J.M. Nouwen
Dem vertrauen, der mich hält
Verlag Herder

23

Hl. Rosa von Lima, Mystikerin
Hl. Philipp Benitius

Wir werden erst am Kleinen
reif fürs Große.
Üben musst du dich,
willst du ein Meister werden.
Doch erwarte nicht,
dass der Herr dir Gnade eingießt
ohne deine Mitarbeit.

Johannes Tauler (14. Jh.)

Weißt du, wo der Himmel ist?

Sie sagen, er ist über dir,
über den Wolken,
unerreichbar fern.
Sie wollen dir einreden:
Den Himmel erreichst du nie.

Glaub ihnen nicht,
hol ihn dir herunter
aus den Wolken der Träume –
schaff Raum für den Himmel
in deinem Leben,
für die Nähe Gottes unter uns.

Vertrau der Botschaft:
Ich bin bei euch alle Tage
bis ans Ende der Welt.

Anne Enderwitz

24

21. Sonntag im Jahreskreis
Hl. Bartholomäus, Apostel

Wir brauchen Licht
um denken zu können

Wir brauchen Luft
um atmen zu können

Wir brauchen ein Fenster
zum Himmel

Dorothee Sölle

Die «enge Tür» (Lk 13,24)

Nicht jeder, der sagt: «Herr, Herr», geht in das Himmelreich ein. Der wahrhaft genügend «praktizierende Katholik» muss nicht nur in der Kirche praktizieren, sondern auch im Leben. Denn hinter der «reinen Weste» kann eine Gesinnung stecken, die weder Gott noch wahre Liebe kennt. Kirchlichkeit ist noch kein wahres Christentum. Wir sollten Ausschau halten nach den «christlichen Heiden», das heißt nach Menschen, die Gott nahe sind, ohne dass sie es wissen, denen aber das Licht verdeckt ist durch den Schatten, den wir werfen. Vom Aufgang und Niedergang ziehen Menschen ins Gottesreich auf Straßen, die in keiner amtlichen Karte verzeichnet sind.

Karl Rahner
Glaube, der die Erde liebt
Verlag Herder

25

Hl. Ludwig, König von Frankreich
Hl. Josef von Calasanza, Priester,
Ordensgründer

Wenn der Baum geboren wird,
ist er nicht sofort groß.
Wenn er groß ist,
blüht er nicht sofort.
Wenn er blüht,
bringt er nicht sofort Früchte hervor.
Wenn er Früchte hervorbringt,
sind sie nicht sofort reif.
Wenn sie reif sind,
werden sie nicht sofort gegessen.

Sel. Ägidius von Assisi (etwa 1190–1262)

Segel im Wind

Sich auf Gott einzulassen, ist ein Wagnis, weil er immer wieder für Überraschungen gut ist und Pläne umwirft. Was diese Tage mit sich bringen, weiß ich jetzt noch nicht. Vielleicht etwas Klarheit in die große, unbekannte Chiffre «Gott» oder vielleicht eine Ahnung davon, was mein Leben mit Gott zu tun hat. Der erste Schritt liegt darin, die Segel in den Wind zu stellen und mich darauf vorzubereiten, dass Wind wehen wird – in welche Richtung auch immer. Mich auch in unbekannte Gewässer zu wagen und mich zu öffnen für die Überraschungen, die auf mich warten. Gott ist für Überraschungen gut – heißen wir ihn in unserer Mitte willkommen.

Dag Heinrichowski
Gott mitten im Leben entdecken
Patmos Verlag

26

AUGUST

Dienstag

Hl. Zepherinus, Papst, Märtyrer
Sel. Johannes Paul I., Papst

All das, was wir uns vornehmen müssen,
wird nicht in den ersten Tagen vollendet
werden, ja vielleicht nicht einmal zu unseren Lebzeiten. Doch lasst uns beginnen.

John F. Kennedy

Mache unsere Herzen groß

Gott, mache unsere Herzen groß,
damit sie groß genug sind,
die Größe deiner Liebe anzunehmen.

Und mache unsere Herzen weit,
dass sie all diejenigen im Blick haben,
die mit uns zusammen
an Jesus Christus auf Erden glauben.

Mache unsere Herzen weit,
damit sie denen begegnen können,
die dich nicht kennen.

Ja, öffne unsere Herzen,
damit sie auch die wahrnehmen,
die in unseren Augen
nicht liebenswert sind,
die wir nicht einmal berühren möchten.

Ja, öffne unsere Herzen.

Gebet aus Afrika

27

Hl. Monika
Hl. Gebhard, Bischof

Gib mir, o Gott,
Verstand, der dich erkennt,
Eifer, der dich sucht,
Weisheit, die dich findet,
einen Wandel, der dir gefällt,
Beharrlichkeit, die dich glaubend erwartet,
Vertrauen, das dich am Ende umfängt.

Hl. Thomas von Aquin

Immer weiter gehen

Der Mensch bleibt, soll sein Leben gelingen, auf einem zielgerichteten Weg auf das Gute, auf das Glück hin. Er muss immer weiter gehen, gehen, gehen ...
Dabei ist für jeden der Weg, den zu gehen er eingeladen ist, keineswegs von vornherein klar. Gerade weil es der unendliche Gott ist, der sich dem Menschen in endlichen und das heißt auch undeutlichen und mehrdeutigen Anregungen, Verweisen und Spuren erschließt, ist nicht ohne Weiteres ersichtlich, wie der Lebensweg eines Menschen, auch wenn dieser bewusst und entschieden auf Gott hin gegangen wird, verlaufen soll ... Was Weg oder Umweg oder gar Abweg ist, stellt sich meist erst im Gehen heraus.

Gisbert Greshake
Gehen. Wege, Umwege, Kreuzwege
Patmos Verlag

28

AUGUST

Donnerstag

Hl. Augustinus, Bischof, Kirchenlehrer
Hl. Elmar, Bischof

Liebe und tu, was du willst!
Schweigst du, so schweig aus Liebe;
wirst du laut, tu es in Liebe;
weist du zurecht, weise zurecht in Liebe;
übst du Nachsicht, tu es in Liebe.
Lass die Wurzel der Liebe
in deinem Inneren verbleiben:
Aus dieser Wurzel
kann nur Gutes aufwachsen.

Hl. Augustinus (354–430)

Spuren

Mit jedem Schritt, den du tust,
und in jeder Begegnung,
die dir geschenkt wird,
hinterlässt du Spuren.

Ich wünsche dir,
dass du Spuren der Freude
hinterlässt und des Glücks,
Spuren der Hoffnung
und der Liebe,
Spuren der Gerechtigkeit
und des Friedens,
und da wo du anderen
weh getan hast,
Vergebung erfährst.

Christa Spilling-Nöker

29

Enthauptung des
hl. Johannes des Täufers
Hl. Sabina, Märtyrerin

Man sollte alle Tage
ein kleines Lied hören,
ein gutes Gedicht lesen,
ein treffliches Gemälde sehen,
und wenn es möglich zu machen wäre,
ein paar vernünftige Worte sprechen!

Johann Wolfgang von Goethe

Sehnsucht nach Gott

Meine Seele sehnt sich nach Gott immerdar ... Lange schon lebe ich auf Erden, und vieles habe ich gesehen. Oft ergötzte mich Musik, aber dann dachte ich: Wenn schon diese Musik so süß ist, wie wird erst der himmlische Gesang die Seele erquicken ... Die Seele liebt die irdische Schönheit, den Himmel und die Sonne, das Meer und die Flüsse, Wiesen und Wälder. All dies erfreut die Seele. Ich sah auch irdischen Herrscherglanz und schätzte das. Wenn aber die Seele den Herrn erkannt hat, sieht sie diesen ganzen Herrscherglanz als nichtig an. Dann sehnt sie sich unaufhörlich nach Gott.

Starez Siluan vom Berg Athos
Mystische Schriften
Benziger Verlag

30

Hl. Felix, Märtyrer
Hll. Amedeus und Guarinus, Bischöfe
Hl. Heribert, Bischof

Die Fenster der Seele sind zahllos,
so sagt man.
Und mit den Augen der Seele
wird das Paradies erblickt.
Wenn euer Paradies also Mängel hat,
dann macht mehr Fenster auf.

*Henry Miller (1891–1980),
amerikanischer Schriftsteller*

Wie sieht das Paradies aus?

Das Paradies sieht nicht aus. Es ist kein Garten, es ist Beziehung, Liebe.
Es ist Leben. Leben kann nicht aussehen, es vollzieht sich, es lebt.
Ich glaube an den Auferstandenen, der gesagt hat: «Ich bin das Leben. Wer an mich glaubt, wird leben, auch wenn er stirbt» (Joh 11,25).
Wer aber sagt, es sei das Leben ohne Tod, der ist demnach für mich das Paradies.
Also kein Garten, sondern Beziehung, ewiges Leben.
Das Paradies sieht für mich aus, wie Gott aussieht.

Silja Walter OSB
in «NZZ-Folio»

31

AUGUST

Sonntag

22. Sonntag im Jahreskreis
Hl. Raimund Nonnatus
Hl. Paulinus, Bischof

Wenn wir Gott in Christus sehen, dann sehen wir Gott auch in den Armen, in den Verlassenen, weil er dann seine Liebe in uns entzündet und durch die Liebe hindurch wir in denen, die der Liebe bedürfen, wiederum den lebendigen Gott sehen.

Papst Benedikt XVI.

Die Eingeladenen

«Wenn du ein Essen gibst, dann lade Arme, Krüppel, Lahme und Blinde ein ...» (Lk 14,13).
Gott ist nicht «an und für sich» zu haben, jenseits der Wolken, sondern immer nur in seiner Verbundenheit mit der Welt, dem Menschen, der Not der Armen und Kleinen. Er ist nicht «absolut», losgelöst von der irdischen Geschichte, sondern immer nur in seinen Beziehungen zu uns erfahrbar. Er ist zwar etwas anderes als die Welt, er ist von ihr zu unterscheiden. Aber man darf ihn nicht von ihr trennen. Der Aussätzige, der Bettler, die Opfer der Geschichte, die Unterdrückten und die Sklaven, der Wurm in der Straße, das weggeworfene Brot, der kaputt-gemachte Wald – das alles sind Sakramente, Zeichen, die auf die Geschichte Gottes mit uns hinweisen und die diesen Gott hier und jetzt gegenwärtig setzen.

Anton Rotzetter
Wo auf Erden der Himmel beginnt
Verlag Herder

1

SEPTEMBER

Montag

Hl. Ägidius, Abt
Hl. Verena, Jungfrau

Wer von uns hat den Mut, sich einem Gott auszusetzen, der fortwährend die Vorstellungen übersteigt, die wir uns von ihm gemacht haben, und uns dadurch zwingt, auch unsere Sichtweisen auf die Welt und auf uns selbst immer wieder neu zu bewerten?

Tomáš Halík

Am Abend

Herr, du hast deinen Namen
in meine Hand geschrieben
und meinen Namen in deine Hand.
So lass mich in dieser Hand spüren,
dass ich in dir bin und du in mir.
In dir darf ich ruhen.
Und du wirst bei mir und in mir sein,
wenn ich schlafe.

Lass dein Licht
in meinem Herzen leuchten,
wenn ich mich nun
der Dunkelheit der Nacht anvertraue.
Und halte deine schützende Hand
über meine Familie und über alle,
die mir lieb sind.

Anselm Grün
Heilsame Worte
Verlag Herder

2

SEPTEMBER

Dienstag

Hl. Justus, Bischof
Sel. Apollinaris Morel, Märtyrer

Wie viele kleine Lichter muss Gott uns
ausblasen, bis uns das eine Licht aufgeht:
die Freude an Gott, meinem Heiland und
Retter. Die Freude, dass er herabgekom-
men ist zu mir, dass er Mensch geworden
ist, nicht bloß ein Mensch wie ich, sondern
ein Mensch für mich, mein Heiland.

Theo Brüggemann

Die entscheidende Pointe

Das ist die entscheidende Pointe, auf die es in der Rede von der Menschwerdung Gottes ankommt: Gott zeigt den Menschen sein innerstes Geheimnis nicht in ästhetischen Naturerlebnissen, nicht in einem heiligen Buch und nicht in einer gesetzlichen Ordnung, deren Befolgung Wohlergehen und Sicherheit verheißt. Wer Gott für den Menschen ist, das offenbart er in der Geburt, im Leben und in der Botschaft eines Menschen, des Jesus von Nazaret. Seine Geburt im Stall zeigt uns den einzigen Ort, an dem Gott sich von jedem Menschen, ob er nun gläubig ist oder zweifelt, ob er getauft oder ungetauft, fromm oder atheistisch ist, sicher finden lässt: in der Not der Anderen (vgl. Mt 25,31ff) ... Wirklich verstanden haben wir das Kommen Gottes, wenn wir uns von der Liebe Gottes dazu provozieren lassen, zu Menschen des Friedens zu werden.

Eberhard Schockenhoff
Frieden auf Erden?
Verlag Herder

3

SEPTEMBER

Mittwoch

Hl. Gregor der Große, Papst,
Kirchenlehrer

Gott nimmt uns an,
weil er uns liebt,
und nicht wegen irgendeines Wortes,
das wir sagen,
oder irgendeiner Handlung,
die wir vollbringen.

Paul Tillich

Wenn du alles getan hast ...

Wenn du alles getan hast,
was man von dir erwartet hat;
wenn du sehr viel mehr getan hast,
als man je von dir
hätte fordern können –
dann lege den Schlüssel
unter die Matte und geh.
Schau nicht zurück.
Geh in Frieden.
Lasse los.
Verscheuche allen Groll
aus deinem Herzen.
Erwarte keine Dankeshymnen.
Von niemandem.
Und vergiss nicht:
Einer weiß Bescheid!

Hl. Franz von Sales

4

SEPTEMBER

Donnerstag

Hl. Rosalia von Palermo, Einsiedlerin
Hl. Jeanne-Antide Thouret,
Ordensgründerin
Gebetstag für geistliche Berufe

Ein wenig möchte wir verzagen werden,
wenn wir das Menschliche, Allzumensch-
liche an uns selbst, vor allem an unserer
lieben Mutter, der Kirche, so nackt und
nüchtern sehen. Aber wir richten unser
Auge auf Gott und sein Reich und die heilige Sendung und die göttlich große Aufgabe, die er uns übertragen hat.

Sel. Karl Leisner (1915–1945)

Das Evangelium verkünden

Noch wissen wir, Herr Gott,
wie Jesus von Nazareth gesprochen hat
über diese Erde, über dich
und über alles Menschliche.
Etwas von seinen Worten
und von seiner Stimme ist uns
bewahrt geblieben,
genug, dass es uns ahnen lässt,
wer du seist.

Wir bitten dich,
lass uns sprechen aus seinem Geist,
einfach und verständlich.
Wir bitten dich für alle, die bestellt sind,
das Evangelium zu verkünden
und das Gebet zu leiten:
Dass sie dich und sich nicht aufdrängen
und deinen Namen nicht missbrauchen.
Wir bitten dich für alle, die hinausgehen,
den Glauben auszusäen.

Aus der Zeitschrift «Paulus-Ruf»

5

SEPTEMBER

Freitag

Hl. Mutter Teresa von Kalkutta
Hl. Laurentius Justiniani
Sel. Maria Theresia von Wüllenweber
Herz-Jesu-Freitag

Das Leben ist Liebe,
und die Frucht dieser Liebe ist Frieden.
Das ist die einzige Lösung
für alle Probleme der Welt.

Hl. Mutter Teresa

Wen Gott schickt

Allein die Tatsache, dass Gott euch einen bestimmten Menschen über den Weg schickt, ist ein Zeichen, dass Gott etwas für ihn tun möchte. Es ist kein Zufall, sondern eine Fügung Gottes. Wir müssen uns im Gewissen verpflichtet wissen, für diesen Menschen da zu sein.

Wenn sich jemand nach Gott sehnt, hat er ein Recht darauf, den Weg kennenzulernen, um zu ihm zu gelangen.

Schaut auf das Kreuz, und ihr werdet verstehen, wie viel jeder Einzelne für Jesus bedeutet.

Hl. Mutter Teresa von Kalkutta

6

SEPTEMBER

Samstag

Hl. Magnus, Abt
Mariensamstag

Das Klare suchen,
das Wahre tun,
die Liebe leben.
Das wird uns gesund machen.

Alfred Delp

Die leisen Mächte

In der Stille
geschehen die großen Dinge.
Nicht in Lärm und Aufwand
der äußeren Ereignisse,
sondern in der Klarheit
des inneren Sehens,
in der leisen Bewegung
des Entscheidens,
im verborgenen Opfern
und Überwinden:
wenn das Herz
durch die Liebe berührt,
die Freiheit des Geistes
zur Tat gerufen
und sein Schoß
zum Werke befruchtet wird.
Die leisen Mächte
sind die eigentlich starken.

Romano Guardini

7

SEPTEMBER

Sonntag

23. Sonntag im Jahreskreis
Hl. Regina, Märtyrerin

Mögest du immer Arbeit haben,
für deine Hände etwas zu tun,
aber möge der Sonntag
der Ankerplatz für deine Seele sein.

Volksweisheit

Nie zu groß!

Unsere Gottesrede und unser Gottesdienst sind ein Ringen, ein Suchen, ein Erfahrungen-Austauschen, ein Stammeln. Es ist ein staunendes Herantasten ... Die Bibel spricht in tausend Bildern, um sich dem unaussprechlichen Geheimnis zu nähern. Sich ein Bild machen: das darf nie und nimmer passieren. Denn dieser Gott ist so ganz anders. Da ist nie alles klar. Jede Gottsuche ist immer neu: staunen, anbeten, fragen, erschüttert sein. Denken wir nur mal an die Menschwerdung: Er, dieser Gott, hat unter uns sein Zelt aufgeschlagen (vgl. Joh 1,14)! Wenn wir uns an die Menschwerdung, den Tod und die Auferstehung Jesu gewöhnen, haben wir noch nichts verstanden. Alle diese Geheimnisse sprengen unseren Horizont. Von Gott kann man nicht zu groß denken, nur zu klein.

Martin Werlen
Raus aus dem Schneckenhaus!
Verlag Herder

8

SEPTEMBER

Montag

Mariä Geburt
Hl. Hadrian, Märtyrer

Ich werde langsam im Sprechen,
indem ich das Hören für mich nutze;
ruhig, um die Auffassungen,
Gefühle und Willen derjenigen,
die sprechen,
zu verspüren und kennenzulernen,
um besser zu antworten
oder zu schweigen.

Hl. Ignatius von Loyola

Freude am Dasein

Die Bedeutung Marias in der Geschichte des Heils ist einmalig. Ihr Fest der Geburt weist aber auch darauf hin, dass der Mensch Sinn und Bedeutung seines Lebens nicht erst nach und nach selber erschaffen muss. Von Geburt an kommt ihm ein Platz im Plan des Schöpfers zu, den kein anderer für ihn einnehmen kann. Seine Lebensaufgabe besteht nicht darin, «jemand» zu werden, sondern – wie Maria – Ja zu sagen zu dem, was er – von Gott her – schon ist.

Die liturgischen Gebets- und Gesangstexte tragen am Fest Mariä Geburt – im Unterschied zu anderen Marienfesten – den Charakter der Unbeschwertheit, ja des Spielerischen. «Sie sind eine Einladung, sich selbst nicht so tragisch zu nehmen und so frei zu werden, einfach einmal da zu sein, und in solcher Freiheit staunend in der Schöpfung den Abglanz der Liebe des Schöpfers zu erkennen» (Gerhard Voss).

Josef-Anton Willa
Liturgisches Institut Freiburg Schweiz

9

SEPTEMBER

Dienstag

Hl. Petrus Claver
Hl. Gorgonius, Märtyrer
Sel. Euthymia Üffing, Ordensfrau

Der vermeintliche Zwang, immer gleich selber Stellung beziehen zu müssen, statt zunächst einmal zu hören und zu warten, was uns vom Fremden her geschenkt oder genommen wird, ist zumeist der Tod des Verständnisses, das Abwürgen der echten Frage, die verfehlte Chance, lernend zu wachsen.

Bischof Franz Kamphaus

Zur Ruhe kommen

Zur Ruhe kommen möchte ich,
Herr, du mein Gott,
denn ich bin unruhig wie einer,
der auf der Flucht ist.
Gehetzt bin ich wie ein Tier,
dem eine Meute Hunde nachjagt.
Meine Gedanken wirbeln umher
wie ein Haufen dürrer Blätter,
den der Sturm auseinanderpeitscht ...

Sei mir Zuflucht!
Was mich umtreibt, nimm in deine Hände,
denn du, Gott, bist es,
der die Dinge meines Lebens ordnet.
Ich bin nicht preisgegeben
blinder Schicksalsmacht.
Du birgst mich und lässt mich
bei dir zu Hause sein.
Du begleitest meinen Weg auf dieser Erde.
Ich möchte, Herr, dass manchmal
mich dein Atem streift,
damit ich spüre: Du bist da.

Antje Sabine Naegeli
Die Nacht ist voller Sterne
Verlag Herder

10

SEPTEMBER

Mittwoch

Hl. Nikolaus von Tolentino, Priester
Hl. Maurus, Abt

Ein Ziel gib mir, mein Gott,
für das sich zu kämpfen lohnt.
Einen Sinn gib mir, mein Gott,
für den zu leben sich lohnt.
Eine Verheißung gib mir, mein Gott,
für die zu sterben sich lohnt.

Anton Rotzetter

Sich der Freude öffnen

«Der Mensch ist geboren für die Freude», sagt der französische Philosoph Blaise Pascal. Deshalb jagt der Mensch unermüdlich der Freude nach.

Wie oft und gern verirrt sich aber der Mensch in Scheinfreuden. Diese entfernen ihn von der wahren Freude, die über dunkle Zeiten tragen kann. «Wir sind sogar physisch darauf angewiesen, Freude zu haben, denn die Freude schenkt uns Kraft», sagt Mutter Teresa.

Tiefste Freude kann nicht der Mensch dem Menschen schenken, sondern nur Gott. Gott ist die nie versiegende Quelle der Freude, die lächeln lässt, selbst unter Tränen. «Innerlich froh ist letztlich der, der sich von Gott ergreifen lässt» (Reinhard Abeln).

Karl Meier

11

SEPTEMBER

Donnerstag

Hll. Felix und Regula, Märtyrer
Hl. Maternus, Bischof

Hundert kleine Freuden sind tausendmal
mehr wert als eine große, wie ein sanft
herabrauschender Regen tiefer ins Erdreich
dringt als ein Wolkenbruch.

Wilhelm von Keppler

Dir singe ich

Herr der Welt,
Dir singe ich mein Lied.
Alles, was blüht, blüht für Dich.
Die Welt ist gesegnet und voll Freude.
Dir singe ich mein Lied.
Es glänzt der Tau,
es jubeln die Vögel,
sie zwitschern und tönen überall.
Sie singen Dir zur Ehre,
Dir, dem Erschaffer des Weltalls,
Dir, dem Herrn der Welt.

Herr, lass mich singen
mein Lied Dir zur Ehre,
Du, Grund des Weltalls.
Meine Seele soll Dich loben im Himmel,
damit Du sie freundlich empfängst,
wenn sie kommt,
Du, durch den wir leben.

Alter mexikanischer Hymnus

12

SEPTEMBER

Freitag

Mariä Namen
Hl. Guido

Maria, ich nenne dich Schwester
Ich sehe in deinem Gesicht
Die Würde und Hoffnung der Frauen
Wir trauen gemeinsam dem Licht
Wir singen gemeinsam
Das Lied der Befreiung
Wir tragen es in die Welt.

Dorothee Sölle

Entdecke deine Freude

Wir suchen alle nach Freude und suchen sie oft in Aktivitäten, die uns Spaß und Annehmlichkeiten versprechen – und uns doch nicht zu uns selber bringen. Unzerstörbare und dauerhafte Freude zeigt sich gerade in äußeren Widrigkeiten. Auch in deinem Herzen ist die Freude schon da. Du bist oft nur davon abgeschnitten. Komm in Berührung mit deiner Freude. Lass dich von ihr beseelen. Dann wird dein Leben nicht mehr bestimmt von Anerkennung und Zuwendung, von Erfolg oder Misserfolg, sondern von der inneren Freude, die in dir ist und dir nicht genommen werden kann, weil sie aus einer tieferen Quelle kommt.

Anselm Grün
Buch der Lebenskunst
Verlag Herder

13

Hl. Johannes Chrysostomus, Bischof,
Kirchenlehrer
Hl. Notburga, Jungfrau

Ehre nicht Christus hier mit seidenen Ge-
wändern, während du dich draußen auf
der Straße nicht um ihn kümmerst, wo er
vor Kälte und Blöße zugrunde geht. Gott
braucht keine goldenen Kelche, sondern
goldene Menschen.

Hl. Johannes Chrysostomus (349–407)

Da ist Gott!

Wo die bruchstückhafte Erfahrung
von Liebe, Schönheit, Freude
als Verheißung von
Liebe, Schönheit, Freude schlechthin
erlebt und angenommen wird,
wo der bittere, enttäuschende
und zerrinnende Alltag
heiter gelassen durchgestanden wird
bis zum angenommenen Ende
aus einer Kraft,
deren letzte Quelle
von uns nicht noch einmal
gefasst und so uns untertan
gemacht werden kann,
da ist Gott und seine befreiende Gnade.

Karl Rahner

14

SEPTEMBER

Sonntag

24. Sonntag im Jahreskreis
Fest Kreuzerhöhung

Mach nun auch mich geduldig
unter dem Kreuze,
von dem du willst,
dass ich es tragen soll.
Denn wir müssen das Kreuz tragen,
ehe es uns trägt.

Paul Claudel

Das Kreuz

Das Kreuz ist nicht aus der Welt zu schaffen. Das Kreuz besteht aus einem waagrechten und einem senkrechten Balken. Wer das Christentum nur waagrecht, nur horizontal sieht, nur als soziale, revolutionäre Botschaft, als Aufruf zur Änderung der Welt, der sieht nur *eine* Seite, nur *einen* Balken. Ebenso wie derjenige, der nur den vertikalen, den senkrechten Balken sieht, das heißt: die Verbindung des Einzelnen zu Gott. Wir haben vielleicht seit langer Zeit nur den senkrechten Balken gesehen. Viele wollen heute nur den waagrechten sehen. Beide aber und nur beide zusammen ergeben das Kreuz, an dem am Karfreitag der Erlöser gehangen ist und an dem für uns für alle Zeit die Erlösung hängt.

Kardinal Franz König

15

SEPTEMBER

Montag

Gedächtnis der Schmerzen Mariens
Hl. Roland, Einsiedler

Du bist eine von uns, Maria,
du bist eine von uns auf unserem Weg.
Du gehst mit uns auf unseren Straßen
den steinigen Weg
in der Spur deines Sohnes.

Samuel Schraufstetter

Zum Loslassen reif werden

Schmerzlich entbehre ich,
was du mir genommen hast, Gott.
Aber ich stehe nicht mehr gegen dich auf.
Immer noch weine ich, aber ich spüre,
es wird ruhiger in mir.
Eine stille Dankbarkeit
beginnt zu wachsen
auf dem Grunde der Tränen.
Es wird nie mehr sein,
aber dass es war, dieses Schönste,
kann niemand mir rauben.
Mag ich auch verwundet bleiben,
so glaube ich doch,
dass ich eines Tages
über die Klage hinauswachsen werde.
Ich werde zurückschauen und danken,
dass ich beschenkt war in einem Maß,
das meine Worte nicht
auszusagen vermögen.

Sabine Naegeli
Die Nacht ist voller Sterne
Verlag Herder

16

SEPTEMBER

Dienstag

Hl. Kornelius, Papst, Märtyrer
Hl. Edith, Jungfrau

Wenn du einmal recht mutlos
und niedergeschlagen bist,
dann denke an Jonas.
Er kam sogar aus dem
Bauch des Walfisches heraus.

Hl. Franz von Sales

Erhobenen Hauptes

Wer das Haupt erheben darf, gewinnt eigene Würde neu. Gott will uns nicht in Angst und Schrecken versetzen. Gott will uns vielmehr unsere Würde geben. Wir sind Gottes Geschöpfe, Gottes Ebenbild. Wir können unser Haupt erheben. Nicht überheblich, aber stolz im positiven Sinne.

Du bist etwas wert, weil Gott dich geschaffen hat. Ob du behindert bist oder gesund, viel Geld verdienst oder auf Sozialhilfe angewiesen bist, ob alt oder jung, ob erfolgreich oder ständig vom Scheitern bedroht: Erhebe dein Haupt!

Margot Käßmann
Wenn die Dunkelheit leuchtet
Kreuz Verlag

17

SEPTEMBER

Mittwoch

Hl. Robert Bellarmin
Hl. Hildegard von Bingen

Wer Gottes Erbarmen nicht sucht, findet
es nicht, wie auch der Quell nicht zu den
Menschen fließt, die ihn nur kennen und
nicht zu ihm kommen wollen. Sie müssen
vielmehr zu ihm hintreten, wenn sie sein
Wasser schöpfen wollen.

Hl. Hildegard von Bingen

Wie wunderbar!

Wie wunderbar ist doch
das Wissen im Herzen der Gottheit,
das urewig jedes Geschöpf hat erschaut!
Gott, da er blickte
ins Antlitz des Menschen,
den er gebildet,
sah er sein Werk insgesamt
in dieser Menschengestalt.
Wie wunderbar ist dieser Hauch,
der also den Menschen erweckte.

Von der Tiefe bis hoch zu den Sternen
überflutet die Liebe das all,
sie ist liebend, zugetan allem,
da dem König, dem höchsten,
sie den Friedenskuss gab.

Hl. Hildegard von Bingen (1098–1179)

18

SEPTEMBER

Donnerstag

Hl. Josef von Copertino, Priester
Hl. Lambert, Bischof, Märtyrer

Der Meister konnte sehr kritisch sein, wenn er glaubte, dass Kritik angebracht war. Doch zum Erstaunen aller nahm ihm niemand seine Rügen übel. Als er einmal darauf angesprochen wurde, sagte er: «Es hängt davon ab, wie man es macht. Menschliche Wesen sind Blüten: offen und empfänglich für sanft fallenden Tau, verschlossen für kräftigen Regen.»

Anthony de Mello

Er steht vor der Tür

Gott als Gott zu erkennen, daran scheint alles gelegen, und eben daran, dass Menschen nicht die rechte «Gotteserkenntnis» haben, scheint alles zu scheitern. Ja, wenn man denn wüsste, dass es Gott «höchstselbst» ist, der da vor der Tür von Haus und Herz steht und um Einlass bittet ...

Jeder Mensch tut gut daran, sich zeit seines Lebens zu fragen, in der Gestalt welches Menschen beziehungsweise welcher Menschen ihm Gott beziehungsweise der Sohn Gottes, der «Menschensohn», begegnen will. Grundsätzlich kann das die Gestalt eines jeden Menschen sein, da ja jeder Mensch «Ebenbild Gottes» (Gen 1,27) ist. Doch gerade in der Gestalt des Menschen, der «fremd und obdachlos» ist, will Gott als Gott erkannt und als Gast unter uns zugegen sein.

Bernhard Sill
Vom Glück der Freundschaft
EOS-Verlag

19

SEPTEMBER

Freitag

Hl. Januarius, Bischof, Märtyrer
Hl. Lambert von Freising, Bischof

Viele Blumen öffnen sich der Sonne,
aber nur eine folgt ihr ständig.
Sei du die Sonnenblume,
nicht nur offen,
um Gottes Segen zu empfangen,
sondern beharrlich im Blick auf Ihn.

Jean Paul

Geschaffen als Gottes Abbild

Der Glaube lehrt uns, dass wir Geschöpfe Gottes sind, geschaffen als sein Abbild und ihm ähnlich, mit einer unantastbaren Würde ausgestattet und zum ewigen Leben berufen. Wo immer der Mensch herabgewürdigt wird, verliert auch unsere Umwelt an Wert; sie verliert ihren letzten Sinn und verfehlt ihr Ziel. Was daraus hervorgeht, ist eine Kultur nicht des Lebens, sondern des Todes. Wie könnte man so etwas als «Fortschritt» betrachten? Es ist ein Schritt zurück, eine Form der Regression, die letztlich die Quellen des Lebens selbst für den einzelnen Menschen und für die Gesellschaft austrocknen lässt.

Papst Benedikt XVI.

20

Hl. Eustachius und Familie, Märtyrer
Hl. Kandida, Jungfrau, Märtyrerin
Hll. Märtyrer von Korea

Lasst euch die Hoffnung nicht nehmen!
Lasst nicht zu, dass die Hoffnung geraubt
wird! Jene, die Jesus uns schenkt, ... um
allen zu sagen, dass Jesus am Kreuz die
Mauer der Feindschaft, die Menschen und
Völker voneinander trennt, niedergerissen
und Versöhnung und Frieden gestiftet hat.

Papst Franziskus
zu Jugendlichen auf dem Petersplatz

Nähre dein Herz mit Frieden!

Frieden wird möglich,
wenn Menschen mit sich selbst
in Frieden leben.
Frieden wohnt in der Zufriedenheit.
Frieden beginnt, wo Habsucht,
Hass und Gier aufhören.
Nähre dein Herz mit Frieden,
das heißt: Staunen und Ehrfurcht haben
vor allem, was verletzlich ist,
was empfindlich und schwach
in mir und anderen ist.
Es gibt keinen Frieden in der Welt,
wenn es keinen Frieden
in deinem und meinem Herzen gibt.

Phil Bosmans
In dir liegt das Glück
Verlag Herder

21

SEPTEMBER

Sonntag

25. Sonntag im Jahreskreis
Eidgenössischer Bettag
Hl. Matthäus, Apostel und Evangelist
Weltgebetstag für den Frieden

Der Freund des Gespräches
aber ist der Freund des Friedens,
der nur auf dem Gespräch
der Menschen miteinander ruhen kann.

Bundespräsident Richard von Weizsäcker

Gott dienen – oder dem Geld

Ein Südseehäuptling erzählt seinem Volk von einer Europareise:

«Sprich einem Europäer vom Gott der Liebe – er verzieht sein Gesicht und lächelt. Lächelt über die Einfalt deines Denkens. Reich ihm aber ein blankes, rundes Stück Metall oder ein großes, schweres Papier – alsogleich leuchten seine Augen, und viel Speichel tritt auf seine Lippen. Geld ist seine Liebe, Geld ist seine Gottheit. es gibt viele Weiße, deren Augen sind blind geworden vom Zählen des Geldes. Es gibt viele, die haben ihre Freude hingegeben um Geld, ihr Lachen, ihre Ehre, ihr Gewissen, ihr Glück, ja Frau und Kind. Fast alle geben ihre Gesundheit dafür. Es ist dir aber auch in den Ländern der Weißen nicht möglich, auch nur einmal von Sonnenaufgang bis Sonnenuntergang ohne Geld zu sein. Du musst zahlen für alles.»

Willi Hoffsümmer
Kurzgeschichten 3
Matthias Grünewald Verlag

22

SEPTEMBER

Montag

Hll. Mauritius und Gefährten, Märtyrer
Hl. Emmeram, Bischof

Auch das ist ein schöner Sinn von Kirche:
Dass es da welche gibt, die beten. Die weinen. Tote bei Ihrem Namen nennen. Neugeborene segnen. Dass da welche sind, die hoffen. Und aushalten ... Dass es da Menschen gibt, die auf Gott warten.

Christina Brudereck

Was hoffen heißt

Hoffen heißt, nicht aufhören,
in der Verzweiflung zu leben
und doch im Dunkeln zu singen.

Hoffen heißt wissen,
dass es Liebe gibt,
heißt vertrauen auf das Morgen,
heißt in den Schlaf zu fallen
und wachwerden,
wenn die Sonne wieder aufgeht.
Heißt bei dem Sturm auf See
Land entdecken.
Heißt in den Augen des anderen
lesen, dass er uns verstanden hat.

Solange es noch Hoffnung gibt,
so lange gibt es Beten
und so lange wird dich Gott
in seinen Händen halten.

Henri J. M. Nouwen
Mit offenen Händen
Verlag Herder

23

SEPTEMBER

Dienstag

Hl. Linus, Papst
Hl. Thekla, Märtyrerin
Hl. Pater Pio

Jesus, ich vertraue meine Vergangenheit
Deiner Barmherzigkeit an,
meine Gegenwart Deiner Liebe
und meine Zukunft Deiner Vorsehung.

Hl. Pater Pio

Was am Ende zählt

Wenn wir zurückblicken und uns fragen, was wir im Leben erreicht haben und wofür unser Herzblut gegeben ist, sehen wir dann eine Auflistung unserer Besitztümer und unserer Titel? Oder gibt es dort vielleicht einen Hungernden, einen Obdachlosen, einen Kranken, einen spirituell Verlorenen oder einen Einsamen, der sagen kann, dass sein Leben um vieles ärmer gewesen wäre, wenn wir nicht gelebt hätten?

Dass wir erfolgreich sein können, steht außer Zweifel. Die Frage ist jedoch: erfolgreich worin? Am Ende wird nicht zählen, was wir tun. Was zählt, ist, wie wir die Dinge tun, die zu tun sind.

Joan Chittister
Hoffnung leuchtet wie ein Stern
Verlag Herder

24

SEPTEMBER

Mittwoch

Hl. Gerhard, Bischof, Märtyrer
Hll. Rupert und Virgil, Bischöfe

Wenn unsere Gebete nicht erhört werden, wenn unsere Erwartungen und Träume nicht wahr werden, sollten wir alle daran denken, dass wahre Größe nicht darin besteht, nie zu fallen, sondern darin, nach jedem Sturz wieder aufzustehen.

Nelson Mandela

Gott ganz in mir

Gott umgibt mich.
Gott in meinem Sprechen,
Gott in meinem Denken,
Gott in meinem Schlafen,
Gott in meinem Wachen,
Gott in meinem Blicken,
Gott in meinem Hoffen,
Gott in meinem Leben,
Gott auf meinen Lippen,
Gott in meiner Seele,
Gott in meinem Herzen,
Gott in meiner Mäßigung,
Gott in meinem Schlummer,
Gott in meiner unsterblichen Seele,
Gott in meiner Ewigkeit.

Keltisches Abendgebet

25

SEPTEMBER

Donnerstag

Hl. Nikolaus von Flüe, Einsiedler,
Landespatron der Schweiz
Hl. Firmin, Bischof, Märtyrer

Nikolaus von Flüe mahnt uns
zum Frieden im eigenen Land
und zum Frieden in der Welt,
er ermahnt uns aber vor allem
zum Frieden im eigenen Herzen.

Hl. Papst Johannes Paul II.

«Frid ist allwegen in Gott ...»

Gehorsam ist die größte Ehre, die es im Himmel und auf der Erde gibt. Darum sollt Ihr darauf achten, dass Ihr aufeinander hört, dabei sei Euch die Weisheit das Allerliebste, denn mit ihr verläuft alles zum Besten. Friede ist immer in Gott, denn Gott ist der Friede. Friede kann nicht vernichtet werden, Unfriede aber wird zerstört. Darum sollt Ihr darauf bedacht sein, dass Ihr immer den Frieden im Auge behaltet, Witwen und Waisen in Schutz nehmt, wie Ihr es bisher getan habt. Und wenn jemand auf Erden erfolgreich ist, dann soll er dafür Gott gegenüber dankbar sein. So vermehrt er auch das Seine im Himmel. Die offensichtlichen Sünden soll man meiden und immer einstehen für die Gerechtigkeit.

Hl. Nikolaus von Flüe,
Brief an den Rat von Bern (1482)

26

SEPTEMBER

Freitag

Hll. Kosmas und Damian, Märtyrer

Wir brauchen nicht so fortzuleben,
wie wir gestern gelebt haben.
Macht euch nur von dieser
Anschauung los,
und tausend Möglichkeiten laden uns
zu neuem Leben ein.

Christian Morgenstern

Was ist Erfolg?

Viel zu lachen,
die Liebe von Kindern zu gewinnen,
den Verrat falscher Freunde zu ertragen,
die Welt zu einem ein klein wenig
besseren Ort zu machen,
als sie es war,
bevor wir in sie hineingeboren wurden,
die gesellschaftlichen Verhältnisse
in irgendeiner Beziehung verbessern
oder einem Menschen helfen,
gesünder zu werden,
zu wissen, dass ein Leben leichter atmet,
seit du lebst:
Das ist Erfolg!

Ralph Waldo Emerson

27

Hl. Vinzenz von Paul, Priester,
Ordensgründer

Das Brot, das du einem Dürftigen reichst,
vermag sein Leben nur einen Tag zu fris-
ten. Die Art aber, wie du es reichst, kann
ihm zum ewigen Heil gereichen.

Hl. Vinzenz von Paul (1581–1660)

Mitten auf dem Marktplatz

Ein kontemplativer Weg muss nicht in die Weltabgewandtheit führen, sondern ganz im Gegenteil: Er kann zu einem spirituellen Übungsweg werden, der uns mitten auf den Marktplatz des Lebens führt, zu einem Weg, der uns dazu auffordert, im Trubel der Welt präsent zu sein und das zu tun, was die jeweilige Situation von uns erfordert. Ein kontemplatives Leben ist getragen von der Zuversicht, mit dem Göttlichen verbunden zu sein. Jede Handlung, wenn sie in Achtsamkeit und Bewusstheit ausgeführt wird, wird so zur spirituellen Übung.

Christa Spannbauer
40 Tage Achtsamkeit
Verlag Herder

28

SEPTEMBER

Sonntag

26. Sonntag im Jahreskreis
Hl. Wenzel, Herzog von Böhmen,
Märtyrer
Hl. Lioba, Äbtissin

Wie viele Güter der Mensch in dieser Welt
auch anhäufen mag – in einem Punkt können wir absolut sicher sein: Sie werden
nicht mit uns im Sarg liegen ... Das ist es,
was der Geizige nicht versteht. Er hätte eine
Quelle des Segens für viele sein können –
aber stattdessen ist er in die Sackgasse der
Freudlosigkeit gerutscht.

Papst Franziskus

Der arme Lazarus (Lk 16,19–31)

Das heutige Evangelium verurteilt nicht den Reichtum grundsätzlich, sondern es verurteilt die daraus erwachsende Haltung des Menschen. Reichtum kann zur großen Gefahr werden, er kann – schneller als wir es merken – auch uns Christen zur Gefahr werden, dass wir den Bruder/die Schwester vor unserer Tür nicht mehr sehen.
Das Gleichnis vom reichen Mann und dem armen Lazarus führt uns drastisch vor Augen, wie schnell auch der gläubige Mensch sich verschließen kann. Der prophetische Ruf eines Amos oder der Ruf des Herrn im Evangelium ergeht auch heute an uns. Wir können nicht warten auf einen Lazarus, der vom Jenseits uns zur Umkehr ruft. Wer sich dem prophetischen Wort, wer sich der Botschaft des Herrn verschließt, der wird sich auch eine Stimme aus dem Jenseits verschließen. Es muss unser fester Glaube werden, dass Christus auf der Seite der Armen steht und dass er uns auch heute in diesem Menschen begegnet.

Josef Kampleitner

29

SEPTEMBER

Montag

Hll. Michael, Gabriel, Raphael,
Erzengel

Wenn du darauf vertraust, dass ein Engel
auch deinen persönlichen Weg begleitet,
wirst du entdecken, wozu du fähig bist. Du
wirst deine Einmaligkeit spüren und den
göttlichen Glanz deiner Seele.

Anselm Grün

Manchmal

Manchmal
stellt sich mir
mitten am Tag
ein Engel in den Weg,
an dem kein Vorbeikommen ist.
Unsichtbar
durchkreuzt er
all meine Pläne
und zwingt mich,
eine andere Richtung
einzuschlagen.
Erst sehr viel später
vermag ich zu sagen:
Gott sei Dank.

Christa Spilling-Nöker
Komm, mein Engel, komm
Verlag am Eschbach

30

SEPTEMBER

Dienstag

Hl. Hieronymus, Kirchenlehrer
Hll. Urs, Viktor und Gefährten,
Märtyrer

Wer Engel sucht
in dieses Lebens Gründen,
der findet nie,
was ihm genügt.
Wer Menschen sucht,
der wird den Engel finden,
der sich an seine Seele schmiegt.

Christoph August Tiedge
(1752–1841)

Engel

Engel stehen für gelingendes Leben, für Liebe und Zärtlichkeit, die nicht die Brüchigkeit menschlicher Liebe aufweist. Engel öffnen den Himmel über den Menschen. Gott ist für viele Menschen eher fern und unverständlich. Engel sind ein konkreter Widerschein Gottes in unserer Welt. Durch die Engel kommt der Mensch in Berührung mit seiner Seele und mit ihren kreativen und heilenden Kräften.

Engel sind Boten Gottes. Gott schickt sie uns, um uns eine Botschaft zu verkünden, uns zu schützen, uns in konkreten Situationen zu helfen oder uns in Haltungen einzuführen, die wir brauchen, damit unser Leben gelingt.

Anselm Grün
Einfach nur leben
Weltbild Verlag

1

OKTOBER

Mittwoch

Hl. Theresia von Lisieux
Hl. Remigius, Bischof

Glorreicher Schützer meiner Seele, der du in dem schönen Himmel strahlst wie eine milde und reine Flamme, nahe dem Thron des Ewigen! Du steigst für mich zur Erde nieder und erleuchtest mich mit deinem Glanz. Schöner Engel, du wirst mein Bruder, mein Freund, mein Tröster!

Hl. Theresia von Lisieux(1873–1897)

Nicht zu fassen

Ich kann es nicht fassen, Gott,
dass dir an mir liegt!
Du bist inwendiger in mir als ich selbst,
sagen die Mystiker.
Vielleicht bist du deswegen so verborgen?

Dir reicht es nicht, allein zu sein.
Du willst uns als deine Kinder,
als Brüder und Schwestern deines Sohnes,
erfüllt mit deinem Geist.
Dennoch verbrennen wir nicht
in deiner Nähe.

Lass uns etwas erahnen von deinem Leben,
von deiner Liebe,
von deiner Barmherzigkeit,
damit wir etwas davon weitergeben können
an die Menschen, die uns brauchen,
von denen wir leben.

Unsere Welt schreit aus vielen Wunden
nach einem solchen Gott,
nach solchen Menschen.

Ferdinand Kerstiens
Große Hoffnungen – Erste Schritte
Edition Exodus

2

OKTOBER

Donnerstag

Heilige Schutzengel
Hl. Leodegar, Bischof, Märtyrer
Gebetstag für geistliche Berufe

An den Schutzengel glauben kann heißen,
nicht nur an bestimmten Punkten des Le-
bensweges, sondern stets des Beistandes
Gottes sicher zu sein.

Erich Läufer

Mein Schutzengel

Da nimmt mich einer an die Hand und führt mich über Abgründe hinweg; da hält mich einer, bevor ich in die Tiefe stürze; da birgt mich einer unter seinen Flügeln. Mitten in meiner Gebrochenheit ist einer da, der sich ganz persönlich um mich kümmert, mir nachgeht, mich trägt und hält. Man könnte auch «Schutzengel» dazu sagen.

Ja, ich glaube daran, dass Gottes Liebe ganz persönlich mich und dich meint. Ich glaube daran, dass seine Kraft und seine Macht in mein Leben hineinreichen und dass dies seinen Ausdruck in meinem Schutzengel findet. Auch mein Schutzengel wird mir nicht die Grenzen, die Tiefen und die Abgründe meines Lebens nehmen können – aber er nimmt mich an die Hand, er geht mit mir, er bewahrt mich und behütet mich. Vom Flügel des Engels sanft berührt, wächst der Mut zum Leben.

Andrea Schwarz
Unterwegs mit einem Engel
Verlag Herder

3

OKTOBER

Freitag

Hl. Ewald, Märtyrer
Herz-Jesu-Freitag

Je glühender der Eifer,
je stürmischer der Geist,
je überbordender die Liebe wird,
desto notwendiger wird
ein wachsamer Verstand,
der den Eifer zügelt,
den Geist mäßigt
und die Liebe
in geordnete Bahnen lenkt.

Hl. Bernhard von Clairvaux (1091–1153)

Du darfst dich freuen

Wie man das macht, jemand zu sein, der sich freut, das scheint eine schwere Kunst geworden zu sein. Aber warum schwere Kunst? Es braucht manchmal nur ein wenig: genau hinschauen, genau hinhören und die Kleinigkeiten in Begegnungen und Widerfahrnissen dieses Tages auszuwickeln. Denn so ist es oft: Gott hat uns etwas eingewickelt in dem, was uns begegnet. Wir sollen daran erkennen: Dieser ganze Tag kann uns davon etwas hergeben von der Nähe und Güte Gottes, die uns sagt: Du darfst dich freuen, Mensch, du bist zur Freude befreit.

Johannes Kuhn

4

OKTOBER

Samstag

Hl. Franz von Assisi,
Ordensgründer
Mariensamstag

Alle Geschöpfe der Erde fühlen wie wir,
alle Geschöpfe streben nach Glück wie wir.
Alle Geschöpfe der Erde
lieben, leiden und sterben wie wir,
also sind sie uns gleichgestellte Werke
des allmächtigen Schöpfers
– unsere Geschwister.

Hl. Franz von Assisi (1182–1226)

Hymnus

Allmächtiger, heiligster,
erhabenster und höchster Gott.

Du alles Gut,
höchstes Gut,
ganzes Gut,
der Du allein
der Gute bist.

Dir wollen wir erweisen
alles Lob,
alle Herrlichkeit,
allen Dank,
alle Ehre,
allen Preis
und alles Gute.
Es geschehe!
Es geschehe!

Amen.

Hl. Franz von Assisi

5

OKTOBER

Sonntag

27. Sonntag im Jahreskreis
Erntedankfest
Hl. Maria Faustyna Kowalska
Hl. Anna Schäffer

Die Natur reicht uns die Hand der Freundschaft, sie lädt uns ein, damit wir uns an ihrer Schönheit erfreuen; doch wir fürchten ihre Stille und fliehen in die Städte, wo wir uns zusammendrängen wie eine Herde Lämmer beim Anblick des Wolfes.

Khalil Gibran

Für das Essen dankbar sein

Wenn ich irgendwo esse, halte ich kurz inne, um für das zu danken, was ich genießen darf. Dieses kurze Innehalten gibt mir ein Gespür dafür, dass ich achtsam essen will und nicht einfach in mich hineinschlingen möchte. Und es vermittelt mir: Es sind ja viele Menschen daran beteiligt, dass diese Früchte, dieses Gemüse, dieses Fleisch auf unseren Tisch kommen. Sie haben mitgeholfen, dass die Früchte der Erde gedeihen können. Sie haben sie geerntet und sie aufbereitet, so dass wir sie heute essen dürfen. Wenn wir diese Achtsamkeit üben, dann verbindet uns das Essen mit all den Menschen, die auf der weiten Welt für uns arbeiten und wirken.

Anselm Grün
50 Rituale für das Leben
Verlag Herder

6

OKTOBER

Montag

Hl. Bruno, Ordensgründer
Hl. Renatus

Am Abend, Gott,
komme ich zu Dir,
um für alles zu danken.
Mein Denken und Tun
war von Dir begleitet.
Meine Sorge und Schuld
war von Dir umfangen.
Begleite und umfange mich
durch die Nacht hindurch,
bis der Morgen anbricht.

Stefan Jürgens

Lebenswege

Lebenswege verlaufen nie ohne
Sackgassen, Umwege, Einbahnstraßen,
Umleitungen, Verbotsschilder,
Karambolagen und Verletzungen.
Ich muss stets auf meinen Weg achten,
damit ich nicht
die falsche Richtung einschlage
und irgendwo ankomme,
wohin ich gar nicht wollte.

Guter Gott,
lass mich die richtigen Wegweiser
erkennen,
damit ich mein Ziel,
wenn auch nicht unbeschadet,
so aber doch sicher erreiche.

Bruno Griemens
Online to he@ven
Verlag Butzon & Bercker

7

OKTOBER

Dienstag

U. L. Frau vom Rosenkranz
Hl. Justin, Märtyrer

Der Rosenkranz ist in seiner Wiederholung
eine Form christlicher Meditation. Es geht
darum, Christus zu betrachten. Die Wiederholung schenkt Ruhe, innere Stille, wie
eine liebgewordene Melodie, die mich begleitet.

Bischof Peter Kohlgraf

Der Rosenkranz

Der Rosenkranz ist schon deshalb kein Geplapper, weil er eine Wiederholung von Gebeten ist, die uns Jesus gelehrt hat und die uns die Heilige Schrift in den Mund legt: das Vaterunser und das «Gegrüßet seist du, Maria».

Der Rosenkranz ist ein meditatives Gebet, und die einzelnen Geheimnisse nehmen uns mit auf den Heilsweg Jesu, angefangen von der Verkündigung bis hin zur Himmelfahrt, ja noch weiter: Bis hinein in den Himmel, denn was Gott an Maria tut, das hat er uns allen verheißen.

Ludwig Gschwind
Perlen für Maria
Paulinus Verlag

BESTELLSCHEIN

Paulus-kalender 2026

___ Ex. Buchausgabe
ca. Fr. 20.50 / € 14.00 (D)
€ 14.40 (A)

___ Ex. Wandkalender
ca. Fr. 24.50 / € 16.00 (D)
€ 16.00 (A)

Erhältlich in Ihrer Buchhandlung

Name: _____

Vorname: _____

Straße: _____

PLZ, Ort: _____

E-Mail: _____

Datum/Unterschrift: _____

Verlag Herder, Hermann-Herder-Strasse 4, D–79104 Freiburg,
Tel. +49 761 2717 300 • Fax +49 761 2717 360
kundenservice@herder.de • www.herder.de

Paulus EINSIEDELN
SCHWEIZ

8

OKTOBER

Mittwoch

Hl. Demetrius, Märtyrer

Worauf es ankommt, ist zu wissen, wie man den Herzen Flügel wachsen lassen und helfen kann, sich leicht und behände zu erheben. Gebet und Bitte, die aus dem Inneren der Seele kommen, erleichtern das Herz und beflügeln es wie einen Vogel.

Dom Helder Câmara

Gottes Ebenbild

Die menschliche Liebe hat nur darum einen Sinn, weil das Antlitz des Menschen eine Nachbildung des Antlitzes Gottes ist. Wir lieben Gott im Antlitz unseres Nächsten ...

Nicht nur dem Menschen, sondern allen schönen Dingen ist dieses göttliche Antlitz aufgedruckt. Sogar die Tiere sind das Ebenbild Gottes, weil sie ein Ebenbild des Menschen sind. (Und darum liebt der Mensch auch die Tiere.) ...

Gott ist im Innersten alles Seins, und Er ist auch in uns. Um Ihn zu finden, brauchen wir nicht weit zu laufen und auch nicht aus uns selbst herauszugehen. Es genügt, uns selbst zu finden. Wir müssen auf den Grund unseres eigenen Ichs steigen, um unsere wirkliche Identität zu finden, die Gott ist.

Ernesto Cardenal
Das Gesetz der Liebe
Kiefel / Gütersloher Verlagshaus

9

OKTOBER

Donnerstag

Hl. Dionysius, Bischof, Märtyrer
Hl. Johannes Leonardi
Hl. John Henry Newman

Das größte Geschenk,
das wir einem Kind machen können,
ist, das Kind fühlen zu lassen,
dass es erwünscht,
geliebt und geachtet ist.

Hl. Mutter Teresa

Ich bin berufen

Ich bin berufen,
etwas zu tun oder zu sein,
wofür kein anderer berufen ist.
Ich habe einen Platz
in Gottes Plan,
auf Gottes Erde,
den kein anderer hat.
Ob ich reich oder arm bin,
verachtet oder geehrt
bei den Menschen,
Gott kennt mich
und ruft mich
bei meinem Namen.

Hl. John Henry Newman
(1801–1890)

10

Hl. Franz Borgia, Priester
Hl. Gereon, Märtyrer
Hl. Viktor von Xanten, Märtyrer
Hl. Daniele Comboni, Missionar

«Mache dich auf und werde licht!» Es könnte genauso gut heißen: Steh auf, verharre nicht in deinen Kümmernissen und Sorgen. Strahle! Strahlen heißt nicht glänzen! Glänzen ist oberflächlich. Man muss nur lange genug polieren – doch wie oft trügt da der Schein. Strahlen dagegen kommt von innen. Von einem Licht, das größer ist als wir. Mach dich auf und gib dem Licht in dir Raum. Das Strahlen kommt dann von ganz allein.

Andrea Wilke

Herbstliches Blatt

Du zeigst dich im Herbst im prachtvoll bunten Gewand im Sonnenlicht strahlend und schön.
Leuchtend von Vollendung und Freude erzählend, von reifem Leben, singst du dem Schöpfer ein Dankloblied.
Ahnend das Ende beginnst du den Tanz vertrauend und leicht der Schwere entgegen.
Fallen ist dein Los, Zulassen deine Botschaft.
Am Boden endet dein Atem, vergänglich, zerfallen, hineinwerdend in die Erde, verwandelt in fruchtbaren Boden wirkst du weiter, wirst Zukunftsnahrung für Neues.

Alfons Haneberg
Weil der Himmel blüht
Don Bosco Verlag

11

OKTOBER

Samstag

Hl. Bruno von Köln, Bischof
Hl. Papst Johannes XXIII.

Wer über Gott sprechen will,
sollte vielleicht zunächst
ins eigene Herz schauen,
ob in ihm genug Liebe ist –
oder zumindest
die Sehnsucht nach Liebe.

Tomáš Halík

Die Barmherzigen

Die Barmherzigen sind leise.
Sie fallen nicht auf.
Sie machen kein Aufheben von sich.
Sie streben nicht nach oben.
Sie beugen sich nach unten,
zu dem, der ihrer bedarf.
Sie stellen sich auf die gleiche Stufe,
sind neben ihm, nicht über ihm.
Sie richten ihn auf,
in seine Würde als Mensch,
in den aufrechten Gang,
in das Ebenbild Gottes.
Die Barmherzigen sind still.
Sie machen keine Karriere «nach oben».
Ihr Leben ist eine Karriere «nach unten».
In ihnen wurzelt das Reich Gottes.

Hl. Papst Johannes XXIII. (1881–1963)

12

OKTOBER

Sonntag

---

28. Sonntag im Jahreskreis
Hl. Maximilian, Bischof, Märtyrer
Hl. Pantalus, Märtyrer
Hl. Edwin, König

Die Zukunft des Menschen hängt davon ab, ob er wieder lernt, zu schweigen, sich zu sammeln, seiner selbst mächtig zu werden, Abstand zu gewinnen, den Sinn der Vorgänge zu sehen, nicht aus dem Gedränge der Vorteile und Parolen, sondern aus dem Wesen der Dinge heraus zu entscheiden.

Romano Guardini (1885–1968)

«Steh auf und geh!» (Lk 17,19)

Vor sechs Millionen Jahren fingen unsere Vorfahren an, aufrecht zu gehen. Und das – in Afrika! Aufstehen unterscheidet uns von anderen Primaten. Aufstehen, der aufrechte Gang ist das, was uns zum Menschen macht.

Aufstehen ist etwas Zentrales in unserem Leben. Die Bibel kennt das Aufstehen in vielen Bedeutungen, sowohl äußerlich als auch innerlich, das Aufgerichtetwerden. In der Geschichte Gottes mit dem Volk Israel wird erzählt, wie verschiedene Menschen aufgefordert werden, aufzustehen und zu gehen. Es sind Berufungsgeschichten. Die Aufstehgeschichten im Alten Testament haben oft mit einer notwendigen politischen Veränderung zu tun. Im Neuen Testament ist es Jesus, der immer wieder auffordert: Steh auf! Gemeint ist: ein Aufstand gegen alles, was dem Tod mehr Macht gibt als dem Leben.

Irene Löffler,
in der Bibelarbeit zum
Weltgebetstag der Frauen 2020

13

OKTOBER

Montag

Hl. Eduard, König von England
Hl. Koloman, Märtyrer
Hl. Aurelia, Märtyrerin

Wo Menschen eine Mitte finden –
wo Freude das Leben prägt –
wo Ängste überwunden werden –
wo Versöhnung Menschen verbindet –
wo Türen geöffnet werden:
da erfahren wir Auferstehung
mitten im Leben.

Quelle unbekannt

Lob des Schöpfers

Ehre sei dir, der herausgeführt hat aus der Dunkelheit der Erde die vielfältigen Farben, den Geschmack und die Düfte.
Ehre sei dir für die Freudigkeit und die Liebkosung der ganzen Natur.
Ehre sei dir dafür, dass du uns mit Tausenden deiner Gebilde umgeben.
Ehre sei dir für die Tiefe deiner Vernunft, die sich abgeprägt hat in der ganzen Welt.
Ehre sei dir; ich küsse andachtsvoll die Spuren deines unsichtbaren Fußtrittes.
Ehre sei dir, der du vor uns das helle Licht des ewigen Lebens bist.
Ehre sei dir für die Hoffnung auf unvergängliche Schönheit.
Ehre sei dir, Gott, in Ewigkeit!

Metropolit Trifon von Moskau (1861–1934)
Akathistos-Hymnus der Ostkirche

14

OKTOBER

Dienstag

Hl. Kallistus I., Papst, Märtyrer
Hl. Burkhard, Bischof

Dass es die Welt,
dass es den Menschen,
dass es die menschliche Person,
dich und mich gibt,
hat göttlichen Sinn.

Martin Buber

Unsere Sehnsucht

Wenn die Abende länger werden, hören wir in unsere Dunkelheit hinein, was da an Sehnsucht aufkommt. Wir sind nicht nur Menschen dieser Erde, die sich abmühen, dass ihr Leben einigermaßen erfolgreich sei. Wir sind auch Menschen des Himmels, haben in uns eine Sehnsucht nach mehr, nach Liebe, nach Geborgenheit, nach Heimat. Für Augustinus ist die Sehnsucht ein Grundpotential des Menschen. Die vielen Süchte, unter denen wir leiden, sind verdrängte Sehnsüchte.

Wenn ich die Sehnsucht zulasse, die in meinem Herzen auftaucht, wird es weit. Ich kann Ja sagen auch zu einem Leben, das meinen Erwartungen nicht entspricht, zu einer Arbeit, die nicht erfüllend ist, zu Beziehungen, zu Freundschaft und Partnerschaft, die nicht halten, was sie einmal versprochen haben. Ich ahne auch, dass es vielleicht nicht gut ist, ganz zufrieden zu sein.

Anselm Grün
in Zeitschrift «Christ in der Gegenwart»
Verlag Herder

15

OKTOBER

Mittwoch

Hl. Theresa von Avila, Ordensfrau,
Kirchenlehrerin

Die Liebe, die Gott uns erwiesen hat und
erweist, überrascht mich immer mehr und
bringt mich von Sinnen, da wir doch so
sind, wie wir nun einmal sind. Da er sie zu
uns hat, verstehe ich wohl, dass man mit
Worten gar nicht eindringlich genug sagen
kann, wie er sie uns zeigt, da er sie uns
durch Werke noch viel mehr gezeigt hat.

Hl. Theresa von Avila (1515–1582)

Die Männer und die Frauen

Du, Herr meiner Seele, dir hat vor den Frauen nicht gegraut, als du durch diese Welt zogst, im Gegenteil, du hast sie immer mit großem Mitgefühl bevorzugt und hast bei ihnen genauso viel Liebe und mehr Glauben gefunden als bei den Männern, denn es war da deine heiligste Mutter, durch deren Verdienste – und weil wir ihr Gewand tragen – wir das verdienen, was wir wegen unserer Schuld nicht verdient haben.

Reicht es denn nicht, Herr, dass die Welt uns eingepfercht und für unfähig hält, in der Öffentlichkeit auch nur irgendetwas für dich zu tun, was etwas wert wäre, oder es nur zu wagen, ein paar Wahrheiten auszusprechen, über die wir im Verborgenen weinen, als dass du eine so gerechte Bitte von uns nicht erhörtest? Das glaube ich nicht, Herr, bei deiner Güte und Gerechtigkeit, denn du bist ein gerechter Richter, und nicht wie die Richter dieser Welt, die Söhne Adams und schließlich lauter Männer sind und bei denen es keine Tugend einer Frau gibt, die sie nicht für verdächtig halten.

Hl. Theresa von Avila

16

OKTOBER

Donnerstag

Hl. Hedwig, Herzogin
Hl. Margareta Maria Alacoque
Hl. Gallus, Einsiedler

Ich kenne nur *ein* fruchtbares Tun,
und das ist das Gebet;
zugleich weiß ich aber,
dass jedes Tun ein Gebet ist,
wenn du dich ihm hingibst,
um zu werden.

Antoine de Saint-Exupéry

Ich glaube an das Licht

Herr, ich glaube an
Deine Gegenwart überall,
an Deine Gegenwart
in der Farbe des Himmels,
in den welken Blättern,
in den Rispen des Ginsters,
in den Schatten der Hügel
und in den Stimmen aller Geschöpfe.

Herr, diese Stunde ist Dir untertan
wie die Unsterblichkeit meiner Seele.
Deine Gewalt ist in meiner Freude,
und Du wiegst meine Schwermut
in Deiner Hand.
Du bist in jedem Gefühl,
und ich beuge mich
Deinen Gesetzen der Liebe.
Ich glaube an das Licht.

Max Bolliger

17

OKTOBER

Freitag

Hl. Ignatius von Antiochien,
Bischof und Märtyrer

Besser ist schweigen und etwas sein,
als reden und nichts sein.
Gut ist das Lehren,
wenn man tut, was man sagt.

*Hl. Ignatius von Antiochien
(† um 110)*

Der Christ: ein Pilger

Ein «Viator» – Reisender, Bote oder auch Pilger – zu sein, beschreibt das Christsein. Nicht beim Erfahrenen stehenbleiben, sondern weitergehen. Nicht sich verlieren in der Komfortzone, sondern immer wieder neu aufbrechen und Veränderung wagen, getragen von österlicher Freude.

Im Gehen erst entsteht der Weg. Und das, was die Menschen von damals mit uns heute verbindet, ist noch immer das «brennende Herz», wenn wir von ihm hören, und die Erfahrung, dass er da ist, wenn wir auf dem Weg innehalten und das Brot miteinander brechen.

Kirstin Faupel-Drevs
in: «Mit der Bibel durch das Jahr»
Verlage Kath. Bibelwerk / Kreuz

18

Hl. Lukas, Evangelist

Die Aufgabe, einer christusfernen Menschheit das Evangelium zu verkündigen, ist unübersehbar groß. Niemals könnten wir diesem Auftrag gerecht werden, wenn wir nicht wüssten, dass der Herr als der Wirkende und Segnende die nötige Ausrüstung schenken würde.

Walter Mauerhofer

Ich brauche die Bibel

Es gibt Menschen, die die Bibel nicht brauchen. Ich gehöre nicht zu ihnen. Ich habe die Bibel nötig. Ich brauche sie, um zu verstehen, woher ich komme. Ich brauche sie, um in dieser Welt einen festen Boden unter den Füßen und einen Halt zu haben. Ich brauche sie, um zu wissen, dass einer über mir ist und mir etwas zu sagen hat. Ich brauche sie, weil ich gemerkt habe, dass wir Menschen in den entscheidenden Augenblicken füreinander keinen Trost haben und dass auch mein eigenes Herz nur dort Trost findet. Ich brauche sie, um zu wissen, wohin die Reise mit mir gehen soll.

Jörg Zink

19

Sonntag

---

29. Sonntag im Jahreskreis
Sonntag der Weltmission
Hl. Petrus von Alcántara
Hl. Paul vom Kreuz

Die Kirche hat nicht sich selber zu die-
nen, vielmehr dient sie dem Leben, dem
Reich Gottes, und dieses Reich Gottes geht
weit über die Grenzen der Kirche hinaus.
Wichtig ist, dass sie überall präsent ist als
Zeugin für die Liebe Gottes zur ganzen
Menschheit.

Claude Rault,
algerischer Bischof

Witwe und Richter (Lk 18,1–8)

Jesus fordert mit einem gewagten Vergleich seine Zuhörer zu hartnäckigem Bitten Gott gegenüber auf. Die Witwe steht einer Lobby von Mächtigen gegenüber und hat unter normalen Umständen kaum Chancen, ihren Rechtsstreit für sich zu entscheiden.

Ohnmächtig steht der Beter auch Gott gegenüber. Welchen Sinn macht es, Gott den Allmächtigen mit Gebeten umstimmen zu wollen? Sind wir da nicht ähnlich chancenlos wie diese Witwe? Oft wundern wir uns, dass der Allwissende alles das zulässt, was sich in der Welt an Unrecht abspielt. Ist es da nicht klüger, gleich zu resignieren, sich mit den Zuständen abzufinden und, wenn man die Möglichkeit dazu hat, sich mit ihnen zu arrangieren?

Der Vergleich Jesu ermutigt nicht nur zur Hartnäckigkeit im Beten. Er fordert uns gleichzeitig auf, dem langen Atem Gottes zu vertrauen, der sich gegen allen Anschein auf die Seite der Schwachen stellt und sie zu ihrem Recht verhilft.

Hans Hütter

20

Hl. Wendelin, Einsiedler
Hl. Vitalis, Bischof

Manchmal denkt man, Gott müsste einem in all den Widerständen des Lebens ein sichtbares Zeichen geben, das einem hilft. Aber dies ist eben sein Zeichen, dass er einen durchhalten und es wagen und dulden lässt.

Jochen Klepper

Segen

Es wachse in Dir der Mut,
Dich einzulassen
auf dieses Leben
mit all seinen Widersprüchen,
mit all seiner Unvollkommenheit,
dass Du beides vermagst:
kämpfen und geschehen lassen,
ausharren und aufbrechen,
nehmen und entbehren.

Es wachse in Dir der Mut,
Dich liebevoll wahrzunehmen,
Dich einzulassen
auf andere Menschen
und ihnen teilzugeben
an dem, was Du bist und hast.

Sei gesegnet, Du,
und mit Dir die Menschen,
die zu Dir gehören, dass Ihr
inmitten dieser unbegreiflichen Welt
den Reichtum des Lebens erfahrt.

Antje Sabine Naegeli
Jeden Augenblick segnen
Verlag am Eschbach

21

OKTOBER

Dienstag

Hll. Ursula und Gefährtinnen,
Märtyrerinnen

Wie ein Herbstblatt sich
leise löst vom Baum,
so möchte ich mein Leben lassen,
wenn die Zeit reif geworden ist.
Leicht möchte ich sein,
nicht festhalten wollen,
im Fallen noch mich dir entgegen freuen.

Sabine Naegeli

Herbstlied

Ich mag den Herbst – mehr als den Mai,
Weil er zur Höhe führt.
Wenn jeder Baum jetzt
Blatt um Blatt verliert
Und goldenes Verglühen mich berührt,
Wenn alles stürmt: vorbei, vorbei,
Dann wird der Blick zum Himmel frei.

Der kahlen Äste edle Leere
Entlässt die Farben leicht.
Und wiegend, sanft, veratmend weicht
Zur Erde, was der Erde gleicht,
Damit ihr alles ganz gehöre
Und nichts den Blick nach oben störe.

Ich mag der Bäume stilles Stehen
Und schweig ihr Schweigen mit.
Darin versunken lockt das Lied
Des Nichts, aus dem die Fülle tritt.
In allem herbstlichen Vergehen
Ruft mich das große Auferstehen.

Wolfgang Schneller
in Zeitschrift: «Christ in der Gegenwart»
Verlag Herder

22

OKTOBER

Mittwoch

Hl. Ingbert, Mönch
Hl. Johannes Paul II., Papst

Wenn du einsam bist,
suche jemanden,
der noch einsamer ist.
Ihr werdet einander trösten,
miteinander aufbrechen
und die Welt verändern.

Hl. Papst Johannes Paul II. (1920–2005)

Das Verzeihen üben

Die Welt der Menschen kann nur dann «immer menschlicher» werden, wenn wir in alle gegenseitigen Beziehungen, die ihr geistiges Antlitz prägen, das Element des Verzeihens einbringen, welches für das Evangelium so wesentlich ist. Das Verzeihen bezeugt, dass in der Welt eine Liebe gegenwärtig ist, die stärker ist als die Sünde. Es ist darüber hinaus die Grundbedingung für die Versöhnung, nicht nur in den Beziehungen zwischen Gott und dem Menschen, sondern auch in den gegenseitigen Beziehungen zwischen den Menschen. Eine Welt ohne Verzeihen wäre eine Welt kalter und ehrfurchtsloser Gerechtigkeit, in deren Namen jeder dem anderen gegenüber nur seine Rechte einfordert ...

Die Kirche muss es daher in jedem geschichtlichen Zeitalter, aber besonders in unserem, als eine ihrer wichtigsten Aufgaben betrachten, das Geheimnis des Erbarmens, das uns in Christus aufstrahlt, zu verkünden und ins Leben hineinzutragen.

Hl. Papst Johannes Paul II.

23

OKTOBER

Donnerstag

Hl. Johannes von Capestrano, Priester
Hl. Severin, Bischof von Köln

Wir haben Geist und Vernunft und können Gott erkennen. Und wenn wir aufmerksam die Schönheit der Schöpfung betrachten, so lesen wir in ihr die große, allumfassende Vorsehung und Weisheit Gottes.

Hl. Basilius der Große (330–379)

Dafür danken wir dir

Gott,
Du bist in die Welt gekommen
und hast den Menschen
in die Herzen gesehen.
Du hast sie immer schon erkannt
in ihren Ängsten und Hoffnungen,
in ihrer Sehnsucht, geliebt zu werden
ohne Leistungen vorweg.
Frauen, Kinder, Betrüger, Aussätzige,
Menschen ohne öffentliche Rechte
hast du ins Recht gesetzt
allein durch die Liebe.
Das hält bis heute an.
Dafür danken wir dir.
Amen.

Christine Behler

24

OKTOBER

Freitag

Hl. Antonius Maria Claret, Bischof
Hl. Hilarion, Einsiedler, Abt

Wir sind für die Fülle geschaffen, die
man nur in der Liebe erlangt. Es ist keine
mögliche Option, gleichgültig gegenüber
dem Schmerz zu leben; wir können nicht
zulassen, dass jemand «am Rand des Lebens» bleibt. Es muss uns so empören, dass
wir unsere Ruhe verlieren und von dem
menschlichen Leiden aufgewühlt werden.
Das ist Würde.

Papst Franziskus

Mangel an Zeit?

Im Mangel an Zeit für das Wesentliche, für ein lebensnotwendiges Durchatmen erkenne ich eine neue subtile Form der Sklaverei. Wir lassen uns durch menschenfeindliche Strukturen durchs Leben peitschen und verbauen uns dadurch das Glück in unseren Beziehungen und in unserem Arbeiten. «Ich habe keine Zeit» wird zum alles bestimmenden Lebensgefühl. Dem setze ich mit aller Entschiedenheit die Behauptung entgegen, dass jeder und jede von uns Zeit genug hat – dass wir aber unsere Zeit zu wenig nutzen, um den Zugang zu unseren Ressourcen, zu unserem unerschöpflichen Wachstumspotential zu finden ... Wir brauchen eine neue Kultur der Brachzeit, der Langsamkeit, der Leere, die unsere Lebensqualität fördert, unsere Solidarität nährt und unser Eingebundensein in Schöpfung und Kosmos stärkt.

Pierre Stutz
Atempausen für die Seele
Verlag Herder

25

OKTOBER

Samstag

Hll. Chrysanth und Daria, Märtyrer
Hll. Krispin und Krispinian, Märtyrer

Mein Leben bekommt eine neue Qualität,
wenn ich jeden Morgen bewusst mit dem
Gedanken aufstehe: Heute grabe ich meine
ganz persönliche Lebensspur in diese Welt
ein, damit durch mich diese Welt ein wenig
heller und wärmer und menschlicher wird.

Anselm Grün

Wegbegleiter

Du hast mir geholfen,
den richtigen Weg zu finden.
Du hast mich geführt,
als ich nicht mehr weiterwusste.

Du hast mich begleitet,
als ich mich einsam fühlte.
Du hast mich gestärkt,
als mich Sorgen quälten.

Du hast mich ermutigt,
als ich Angst hatte.
Du hast mich geschützt,
als Gefahren drohten.

Immer wieder hast du mir
rettende Engel geschickt:
Menschen, die da waren,
als ich Hilfe brauchte.

Gisela Baltes
in liturg. Monatsschrift «Magnificat»
Verlag Butzon & Bercker

26

30. Sonntag im Jahreskreis
Hl. Amandus, Bischof
Hl. Lucian, Märtyrer

Es ist ein weiter Weg von der Selbstzufrie-
denheit eines «guten Katholiken», der «seine
Pflichten erfüllt», eine «gute Zeitung»
liest, «richtig wählt» usw., im Übrigen aber
tut, was ihm beliebt, bis zu einem Leben an
der Hand Gottes und aus Gottes Hand, in
der Einfalt des Kindes und der Demut des
Zöllners. Aber wer ihn einmal gegangen
ist, wird ihn nicht wieder zurückgehen.

Hl. Edith Stein

Vergeben

Oft hoffst du darauf,
dass dir Schuld vergeben werde.

Oft schaust du mit mulmigem Gefühl
auf diesen Tag der Aussprache.

Du weißt nicht, ob du fähig sein wirst,
um Verzeihung zu bitten.

Du fürchtest dich davor,
dass sie ausgeschlagen werden könnte.

Mögest du stets erkennen,
dass es deinem Gegenüber genauso geht.

Sei deshalb stark im Vergeben,
denn das ist Gottes Werk,
an dem du teilhaben darfst.

Thomas Schwartz
Segen voller Leben
Verlag Herder

27

OKTOBER

Montag

Hl. Wolfhard, Einsiedler

Beten heißt, eine falsche Sicherheit aufzugeben und nicht länger nach Argumenten zu schauen, die dich beschützen, wenn du in eine Ecke gedrängt wirst, nicht länger deine Hoffnungen auf ein paar schöne Momente zu setzen, die dein Leben dir bieten könnte. Beten heißt, von Gott nicht mehr die beschränkte Geisteskraft zu erwarten, die du in dir selbst entdeckt hast.

Henri J. M. Nouwen

Die Wurzel des Gebetes

Die Wurzel des Gebetes ist inneres Schweigen ...
Das kontemplative Gebet ist nicht so sehr die Abwesenheit von Gedanken, sondern das Loslösen von ihnen. Es ist die Öffnung von Herz und Verstand, Leib und Gemüt, eben unseres ganzen Seins für Gott, das Urgeheimnis jenseits aller Worte, Gedanken und Gefühle, jenseits der seelischen Verfasstheit des gegenwärtigen Augenblicks. Wir leugnen oder unterdrücken keineswegs, was in unserem Bewusstsein ist. Wir nehmen das Vorhandene einfach als gegeben hin, treten aber darüber hinaus, ohne zu erzwingen, einfach durch Loslassen dessen, was da ist.

Thomas Keating
Das Gebet der Sammlung
Vier-Türme-Verlag

28

Hll. Simon und Judas Thaddäus,
Apostel
Hl. Alfred, König

Je öfter für jemand gebetet wird,
desto mehr Segen liegt auf ihm,
denn kein gläubiges Gebet
wird unerhört bleiben,
wenn dem anderen auch
die Art der Erhörung verborgen ist.

Hl. Gertrud von Helfta

Das Gebet – ein Geschenk

Wenn ich von Gebet spreche, denke ich nicht an Worte. Es ist vielmehr ein Verlangen nach Gott, eine unsägliche Liebe, die nicht aus dem Menschen kommt, sondern von der göttlichen Gnade. Der Apostel schreibt: Wir wissen nicht, wofür wir in rechter Weise beten sollen: der Geist selber tritt jedoch für uns ein mit Seufzen, das wir nicht in Worte fassen können. Wenn der Herr jemandem dieses Gebet schenkt, dann ist das für ihn ein Schatz, der ihm nicht genommen werden kann, eine Speise vom Himmel, welche die Seele sättigt. Wer von ihr genießt, dessen Herz wird von ewiger Sehnsucht nach Gott wie von einem heißen Feuer entzündet.

Hl. Johannes Chrysostomus (ca. 347–407)

29

OKTOBER

Mittwoch

Hl. Narzissus, Bischof, Märtyrer
Sel. Maria Restituta Kafka
Sel. Chiara Badano

Es kommt Gott nicht darauf an, dass wir
ihm druckreife Texte vorlegen. Er nimmt
unter Umständen auch ein Stammeln an,
wenn es als Gebet aus dem Herzen kommt.

Norbert Maginot

Näher zu dir

Auf der staubigen Landstraße des Lebens
verlor ich mein Herz,
aber du nahmst es auf
und hieltest es in deiner Hand.
Ich fand Leid, wo ich Freude suchte,
aber das Leid, das du mir sandtest,
wandelte sich in meinem Leben
zur Freude.
Meine Hoffnungen
wurden zu Scherben,
du aber sammeltest sie
und fügtest sie zusammen
mit deiner Liebe.
Und während ich
von Tür zu Tür wanderte,
führte mich jeder Schritt
deinen Toren näher.

*Rabindranath Tagore (1861–1941),
bengalischer Dichter und Philosoph*

30

OKTOBER

Donnerstag

Hl. Alphons Rodriguez

Der Weg der Erlösung
führt nicht nach rechts
und nicht nach links;
er führt ins eigene Herz,
und dort allein ist Gott,
dort allein ist Friede.

Hermann Hesse

Das Herzensgebet

In der uralten christlichen Praxis des Herzensgebets ist das Herz die Mitte unserer Person und Wohnsitz Gottes, es integriert die Erwägungen des Kopfes und das Fühlen des Bauches und zeichnet sich durch besonderes Gespür für zwischenmenschliche Belange aus. Wer sich Gott im Herzensgebet mit gesammelter Wahrnehmung zuwendet, macht sich bereit, von ihm die Impulse für das eigene Handeln zu empfangen. Hörendes Herz denken – könnte das der Weg sein, uns selbst und so unsere Welt zu erneuern?

Johannes Bernhard Uphus
in Monatsschrift «Magnificat»
Verlag Butzon & Bercker

31

OKTOBER

Freitag

Hl. Wolfgang, Bischof
Hl. Quintin, Märtyrer

Beten ist wie
ein Gespräch führen
Hoffnung schöpfen
das Wissen, geliebt zu werden
ein unerschöpflicher Kraftspender
Luftholen im Stress des Alltags
eine Oase
ein Gespräch mit meinem besten Freund
an der Hand geführt werden
greifen nach einem Halt.

Adolf Exeler

Wasser des Lebens

Gott, du hast Wasser des Lebens.

Gib mir davon zu trinken,
damit die Wüsten in mir grün werden.
Gib mir davon zu trinken,
damit das Harte in mir weich wird,
damit Liebe wachsen kann,
die Hoffnung nie versiegt,
der Glaube nicht austrocknet.

Gott,gib mir das Wasser des Lebens
und lass es in mir
zur sprudelnden Quelle werden,
zur Quelle, die nie versiegt.

Und mach mir Mut, Gott,
dieses Wasser des Lebens
an andere weiterzugeben,
es nicht in mir einzusperren,
Dämme und Mauern darum zu bauen,
sondern es auszugießen,
mit anderen zu teilen.

Gib du mir das Wasser des Lebens.

Andrea Schwarz
Du Gott des Weges segne uns
Verlag Herder

1

NOVEMBER

Samstag

Was nützen schnelle Autos
denen, die ohne Richtung sind?
Was nützen volle Teller
denen, die nach Liebe hungern?
Was hilft es, alle zu verstehen,
ohne einen zu bekehren?
Wozu die Heiligen verehren,
wenn keiner werden will wie sie?

Martin Gutl

Allerheiligen

Die große Zahl derer, die vollendet sind, ohne dass wir ihre Namen und ihr irdisches Leben kennen, die gibt es, weil die Unauffälligen von Gott beschenkt werden. Gerade sie hat Jesus seliggepriesen. Heilige sind darum nicht unbedingt nur strahlende Persönlichkeiten, sondern auch gebrochene, schwache, suchende und ringende Menschen. Sie sind Beispiele dafür, wie Gott auf die spezifischen Nöte der jeweiligen Zeit geantwortet hat und wie Menschen bereit waren, seine Gnade durch ihre Gebrechlichkeit hindurch leuchten zu lassen.

Heilige sind Menschen, die unsere Maßstäbe infrage stellen. Sie hat Gott erwählt, um das Starke zu beschämen. Allerheiligen ist kein Hochleistungsfest, sondern kündet vielmehr vom segensreichen Wirken der Gnade Gottes. Von Gott beschenkt, können wir barmherzig sein; können wir unseren Hunger und Durst nach Gerechtigkeit wachhalten und uns einmischen, wo Unrecht geschieht; können wir andere trösten aufgrund der Hoffnung, die uns erfüllt.

Bischof Gerhard Feige

2

NOVEMBER

Sonntag

31. Sonntag im Jahreskreis
Allerseelen

Allerseelen, dein eigentlicher Name lautet Heimwehtag. Wer kommt, möge ein Licht anzünden und sagen, wie unvergessen die gemeinsame Zeit ist und dass jedes Lächeln, jedes Wort noch da ist. Wer kommt, möge die Tränen laufen lassen, gebe dem Schmerz Raum und vertraue den geliebten Menschen Gott an, in dessen Arme er ihn geborgen wissen darf. Und leise, unhörbar leise singst du von deiner Liebe.

Martha Böttger

Allerseelen

Der Gedenktag «Allerseelen» gibt uns die Möglichkeit, über unsere Beziehung zu den Verstorbenen und über unser Verhältnis zum eigenen Tod nachzudenken. Beides hängt ganz eng miteinander zusammen. Müssen wir nicht die Erinnerung an die Toten als eine Belastung empfinden, solange wir das eigene Ende ausschließlich als den Sturz ins Nichts ansehen? Und umgekehrt: Wäre unser Glaube an die Auferstehung der Toten stark und lebendig, dann wüssten wir auch, dass all jene, die uns auf dieser Erde verlassen haben, nicht im dunklen Meer der ewigen Vergangenheit untergegangen sind. Wir würden mit der Präfation dieses Tages überzeugt sein: «... und wenn die Herberge der irdischen Pilgerschaft zerfällt, ist uns im Himmel eine ewige Wohnung bereitet.»

Klaus Hollmann
in «Der Dom»
Kirchenzeitung Paderborn

3

Montag

Hl. Pirmin, Abtbischof
Hl. Hubert, Bischof
Sel. Rupert Mayer

Mit jedem Toten,
den wir lieben,
stirbt ein Teil von uns.
Von jedem Toten,
dem wir verbunden sind,
bleibt ein Teil durch uns.

Helmut Soltsien

Wie du willst

Herr, wie Du willst, soll mir gescheh'n,
Und wie Du willst, so will ich geh'n,
Hilf, Deinen Willen nur versteh'n.

Herr, wann Du willst, dann ist es Zeit,
Und wann Du willst, bin ich bereit.
Heut und in alle Ewigkeit.

Herr, was Du willst, das nehm' ich hin,
Und was Du willst, ist mir Gewinn.
Genug, dass ich Dein Eigen bin.

Herr, weil Du's willst, drum ist es gut,
Und weil Du's willst, drum hab' ich Mut.
Mein Herz in Deinen Händen ruht!

Lieblingsgebet des sel. Rupert Mayer

4

NOVEMBER

Dienstag

Hl. Karl Borromäus, Bischof
Hll. Vitalis und Agricola, Märtyrer

Unter allen Heilsmitteln,
die uns Jesus Christus
im Evangelium empfohlen hat,
nimmt das Gebet
den ersten Platz ein.

Hl. Karl Borromäus (1538–1584)

Das Ewige schon jetzt und heute

Ein christlicher Gelehrter des späten Mittelalters, Johannes von Tepl, schreibt in seinem Werk «Der Ackermann aus Böhmen»: «Sobald ein Mensch zum Leben kommt, sogleich ist er alt genug zu sterben.» Nur das «wiederauferstandene Leben» ist ewig. Und wenn die Vereinigung mit dem Auferstandenen schon auf dieser Erde stattfindet, bedeutet das nichts anderes, als dass das ewige Leben schon im Hier und Jetzt beginnt, wie Jesus selbst sagt: «Wer an den Sohn glaubt, hat das ewige Leben» (Joh 3,36).

Vincenzo Paglia
Bruder Tod
Verlag Herder

5

NOVEMBER

Mittwoch

Hll. Zacharias und Elisabeth,
Eltern des hl. Johannes des Täufers
Sel. Bernhard Lichtenberg

Unsere Toten sind nicht tot,
sie sind nur unsichtbar.
Sie schauen mit ihren
Augen voller Licht
in unsere Augen voller Tränen.

Hl. Augustinus

Sie blieben treu

Zacharias und Elisabeth, ein biblisches Ehepaar. Zacharias und Elisabeth, zwei Menschen, die nicht außengesteuert, sondern von innen leben. Von ganz innen, von Gottes Wort her. Und gerade ihnen bleibt verwehrt, worin sich sein Segen am dichtesten zeigt: eigene Kinder. Das ist ein schwerer Schlag, der beiden Schmerzen bereitet, ein Leben lang. Aber sie halten sich weiter an Gott, auch wenn Gott nicht zu ihnen zu halten scheint. Sie halten Wort; sie halten sein Wort. Sie halten zueinander. Sie bleiben sich treu. Sie wenden ihre Lebensenttäuschung und Lebensverwundung nicht gegeneinander. Bei der Begegnung mit dem Engel verweist Zacharias auf die Kinderlosigkeit seiner Ehe. Er könnte jetzt ganz leicht mit dem Finger auf seine Frau zeigen. Er tut es nicht. Eine Kleinigkeit; man muss sie wirklich nicht bemerken. Aber sie ist bemerkenswert. Vielleicht ist so Gottes Segen?

Susanne Sandherr

6

NOVEMBER

Donnerstag

Hl. Leonhard, Einsiedler
Hl. Protasius, Bischof
Gebetstag für geistliche Berufe

Ich warte, o Gott, in Geduld und Hoffnung.
Ich warte wie ein Blinder, dem man den
Aufgang des Lichtes verheißen hat. Ich er-
warte die Auferstehung der Toten und des
Fleisches.

Karl Rahner (1904–1984)

Lied von Tod und Leben

Wir sind mitten im Leben
zum Sterben bestimmt
was da steht, das wird fallen
der Herr gibt und nimmt

Wir gehören für immer
dem Herrn, der uns liebt
was soll uns auch geschehen
er nimmt und er gibt

Wir sind mitten im Sterben
zum Leben bestimmt
was da fällt, soll erstehen
er gibt, wenn er nimmt

Lothar Zenetti
Auf seiner Spur
Topos plus

7

NOVEMBER

Freitag

Hl. Engelbert, Bischof, Märtyrer
Hl. Willibrord, Bischof
Hl. Ernst, Märtyrer
Herz-Jesu-Freitag

Der christliche Glaube verdrängt die Abgründe unseres Daseins nicht, er setzt sich mutig damit auseinander. Dafür steht das Kreuz. Am tiefsten Punkt unserer Existenz, im Abgrund des Todes, geschieht der Durchbruch aus Gottes schöpferischer Treue. Über Jesu Grab ist kein Gras gewachsen. Das gilt auch für die tiefen Gruben und Gräben des Alltags – Gott reißt uns raus.

Franz Kamphaus

Ersetzbar?

Alle sind wir irgendwie ersetzbar. Das trifft jedoch nur zu, wenn wir Menschen auf ihre Funktion reduzieren und sie nach ihrem Marktwert beurteilen. Wie verfehlt diese Sichtweise ist, erfahren wir hautnah an den Gräbern unserer Liebsten ...

Die Lücken, die andere in unserem Leben hinterlassen werden, erinnern uns daran, dass jeder Mensch einzigartig und deshalb unersetzbar ist. Jeder und jede von uns hat eine eigene Art, sich zu freuen und zu trauern, zu lieben und zu verzweifeln, zu hoffen und zu leben. Und für jeden einzelnen Menschen gilt der vom Propheten überlieferte Zuspruch Gottes: «Ich habe dich beim Namen gerufen, du gehörst mir» (Jesaja 43,1).

Josef Imbach
Gott und die Welt
Bonifatius Verlag

8

NOVEMBER

Samstag

Hl. Gottfried, Bischof
Sel. Johannes Duns Scotus
Mariensamstag

Der Mensch lebt und besteht
nur eine kleine Zeit,
und alle Welt vergehet
mit ihrer Herrlichkeit.
Es ist nur einer ewig
und an allen Enden
und wir in seinen Händen.

Matthias Claudius

Sei du bei mir!

Wie du am Anfang warst,
als meine Wege begannen,
so sei du auch wieder
am Ende meines Weges.
Wie du bei mir warst,
als sich meine Seele formte,
sei du, Gott, auch
für meinen Weg das Ziel.
Sei bei mir zu aller Zeit,
ob ich liege oder stehe,
sei bei mir im Schlaf,
sei bei mir im Leben und im Tod.
Sei bei mir und mit allen,
die mir lieb sind.

Aus Irland

9

NOVEMBER

Sonntag

---

32. Sonntag im Jahreskreis
Weihetag der Lateranbasilika
Hl. Elisabeth von der Dreifaltigkeit
Hl. Theodor, Soldat, Märtyrer

Wir tragen unseren Himmel in uns. Denn
der Himmel ist Gott, und Gott ist in meiner
Seele. An dem Tag, da ich das begriffen
habe, ist in mir alles hell geworden, und ich
möchte dieses Geheimnis allen zuflüstern,
die ich liebe, damit auch sie, durch alles
hindurch, immer bei Gott bleiben.

Hl. Elisabeth von der Dreifaltigkeit
(1880–1906)

Sehnsucht nach Unendlichkeit

Wir Menschen tragen wesensnotwendig die Sehnsucht nach Unendlichkeit in uns; wir verzehren uns aus Durst nach Unsterblichkeit; und wir müssen schon sehr weit in der Verzweiflung abgestumpft sein, um solche Gefühle gar nicht mehr zu kennen. Ja, wir müssten unsere Seele schon sehr stranguliert haben, um uns in den Kategorien des Endlichen zur Ruhe zu setzen und den seelischen Erstickungstod des Alltags beinahe wie eine Erleichterung von allen wesentlichen Fragen zu begrüßen. Nein, für jemanden, der in der Wüste verdurstet, ist der Durst ein Beweis, dass es Wasser geben muss, selbst wenn an dem Ort, da er lebt, weit und breit kein Wasser zu finden ist.

Eugen Drewermann

10

NOVEMBER

Montag

Hl. Leo der Große, Papst,
Kirchenlehrer
Hl. Andreas Avellino

Auch von unserer Lebensangst gilt, dass
sie nur überwunden werden kann durch
die Erfahrung von Geborgenheit. Wo es
um Leben und Tod geht, genügt aber nicht
die Erfahrung menschlicher Geborgenheit
allein, denn alle Menschen sind sterblich –
da ist Gottes bergende Liebe gefragt. Diese Liebe gibt es, und sie hat sich in Jesus
Christus geoffenbart.

Hermann Josef Spital (1925–2007)
Bischof von Trier

Angenommen bin ich

Angenommen bin ich
grundsätzlich und für immer

Angenommen in meinem Dasein
und in meinem Sosein

Angenommen in meiner Schuld
und in meinen Fehlern

Angenommen in meiner Ohnmacht
und in meiner Angst

Angenommen in meiner Schwäche
und in meiner Krankheit

Angenommen in meiner Hinfälligkeit
und in meinem Sterben

Anton Rotzetter
Gott, der mich atmen lässt
Verlag Herder

11

NOVEMBER

Dienstag

Hl. Martin von Tours, Bischof
Hl. Menas, Märtyrer

Nicht der Kopf
muss zerbrochen werden,
um in der Wahrheit
weiterzukommen,
sondern das Herz.

Hl. Martin von Tours (316/317–397)

Heiliger Martin

Es gibt Menschen, die ihre Macht über andere missbrauchen und es ausnützen, wenn sie anderen überlegen sind.

Es gibt Menschen, die über anderen stehen und verächtlich auf sie herabschauen.

Es gibt Menschen, die überheblich auf dem hohen Ross ihres Berufes oder auf dem «Amtsschimmel» sitzen.

Bei dir, heiliger Martin, war das anders. Du hast dir nichts eingebildet auf deinem hohen Ross, sondern den frierenden Bettler am Wegrand gesehen und ihm geholfen, indem du deinen Mantel mit ihm geteilt hast.

Wir möchten heute wahrnehmen, wer an unserem Wegrand auf uns wartet und von uns erwartet, dass wir unsere Zeit mit ihm teilen, oder den schützenden und wärmenden Mantel eines guten Wortes um ihn legen, damit er nicht erfriert in unserer oft so kalten Welt.

Aus dem Internet

12

NOVEMBER

Mittwoch

Hl. Josaphat, Bischof, Märtyrer
Hl. Kunibert, Bischof

Wenn es einen Vorgeschmack auf Auferstehung gibt, dann lässt er sich in der Tiefe menschlicher Existenz erspüren. Etwa wenn Menschen verzeihen, dem Hass und der Gewalt mit Gewaltfreiheit begegnen, wenn sie einander ermutigen und sich auch zu opfern bereit sind nach dem Beispiel Jesu – als Hingabe «für», als Einsatz für Gerechtigkeit, als Akt der Freiheit, damit fremdes Leid gelindert wird.

Hermann F. Schalück

Hoffen auf das ewige Leben

Die Hoffnung auf das ewige Leben ist, wo sie wirklich lebt, kein Opium, das den innerweltlichen Einsatz gegen die vielen Tode behindert. Wahre Hoffnung auf ein Leben, das nicht mehr genommen werden kann, macht vielmehr frei zum unerschrockenen Widerstand gegen alle, die mit Reichtum und Gewalt die Kleinen unterdrücken und deren Lebenschancen nicht aufkommen lassen. Wer wirklich auf ewiges Leben hofft und sich in ihm eingewurzelt weiß, vermag auch Lebenschancen zu teilen, wenn diese bei anderen knapp geworden sind – eine Fähigkeit, ohne welche die an Menschen so reiche Welt nicht überleben wird. Er kann Lebenschancen, über die er verfügt, freigeben, weil er weiß, dass sie im Vergleich zu den Chancen des von Gott gewährten Lebens klein sind ... Wer sich mit seinem vergänglichen Leben in die Hände des lebendigen Gottes fallen lässt, erlebt Übergänge zum Leben.

Paul M. Zulehner
Fundamantalpastoral
Patmos Verlag

13

Hl. Briktius, Bischof
Hl. Stanislaus Kostka
Hl. Himerius

Geheiligt werde Dein Name
nicht der meine,
Dein Reich komme
nicht das meine,
Dein Wille geschehe
nicht der meine.
Gib uns Frieden mit Dir,
Frieden mit den Menschen,
Frieden mit uns selbst
und befreie uns von Angst.

Dag Hammarskjöld

Weißt du?

Weißt du, wo der
Himmel ist?

Sie sagen, er ist über dir,
über den Wolken,
unerreichbar fern.
Sie wollen dir einreden:
Den Himmel erreichst du nie.

Glaub ihnen nicht,
hol ihn dir herunter
aus den Wolken der Träume –
schaff Raum für den Himmel
in deinem Leben,
für die Nähe Gottes unter uns.

Vertrau der Botschaft:
Ich bin bei euch alle Tage
bis ans Ende der Welt.

Anne Enderwitz

14

NOVEMBER

Freitag

Hl. Sidonius, Bischof

Wer auf Gottes Kommen setzt,
lässt sich mit dem Bestehenden
nicht abspeisen.
Er weiß:
Da ist mehr drin im Leben.
Viel mehr.

Franz Kamphaus

Der weite Horizont

Menschen – so hat es jemand (Stephan Holthaus) einmal formuliert –, «die an die Ewigkeit glauben, können gelassener sein. Sie leben vom Ziel her. Die Perspektive der Ewigkeit nimmt Druck von der Zeit». Man kann auch sagen: Wer ein «wohin» und «wozu» hat, verkraftet auch fast jedes «wie» (Friedrich Nietzsche).

Von daher ist der Glaube an eine Zukunft in der Herrlichkeit Gottes keine billige Vertröstung auf ein Jenseits. Ein solcher Glaube weitet vielmehr unseren Horizont, ermöglicht trotz aller Beschwernis ein intensiveres Leben und ermutigt dazu, sich selbst mit dafür einzusetzen, dass es schon jetzt in unserer Welt gerechter und liebevoller wird.

Bischof Gerhard Feige

15

NOVEMBER

Samstag

Hl. Albert der Große, Bischof,
Kirchenlehrer
Hl. Leopold, Markgraf

Wer einen Pfennig in der Liebe unseres
Herrn in diesem Leben gibt: Das ist Gott
wohlgefälliger und dem Menschen nütz-
licher, als wenn seine Nachkommen nach
seinem Tode so viel Gold und Silber aus-
teilten, um Dome zu bauen, die von dieser
Erde bis zum Himmel reichen.

Hl. Albertus Magnus (1205–1280)

Im Haus Gottes

Ich komme, Herr, in dein Haus,
erschöpft von der Öde meines Alltags,
durstig – aus der Wüste
meiner unfruchtbaren Taten,
ausgebrannt – vom eitlen Ehrgeiz
meiner Pläne ...

Ich trete ein in den Raum der Gnade
und öffne staunend alle Sinne
dieser Einladung aus Licht
und blühendem Stein
und höre aus seiner Mitte deine Stimme:
«Seht, die Wohnung Gottes
unter den Menschen!
Er wird in ihrer Mitte wohnen –
Gott wird bei ihnen sein» (Offb 21,3f).

Und ich weiß:
Das Paradies ist wiedergefunden –
ich werde erwartet.

Charis Doepgen
in der Monatsschrift «Te Deum»
Verlage Maria Laach/Kath. Bibelwerk

Mit Musik durch die Advents-
und Weihnachtszeit

In jeder Buchhandlung

HERDER   www.herder.de

16

---

33. Sonntag im Jahreskreis
Hl. Margareta von Schottland, Königin
Hl. Othmar, Abt von St. Gallen

Schau, Gott stellt dich und mich irgend-
wohin, das Wo ist nicht wesentlich. Die
Hauptsache ist, dass wir stehen, so wie
ein Turm, der allen leuchten soll. Und das
Tiefste daran ist, dass der Turm weiß, dass
nicht er wichtig ist, sondern das Licht in
ihm. So wollen wir uns mühen und bitten,
dass der Turm steht und immer klarer und
durchsichtiger wird.

Maria Boxler

Der Herr kommt auf uns zu

Der Christ teilt mit allen anderen Menschen die gleiche, oft zwiespältige Erfahrung der Zukunft: auch er ist ihrer nicht Herr, auch er kann sich ihrem Zugriff, ihrem Zukommen nicht entziehen. Auch im Daseinsraum des Christen gibt es keinen Riegel, der den Einbruch einer unverfügten Zeit aufhielte. Aber ist er der Zukunft auch nicht Herr, so weiß er doch um den Herrn der Zukunft. Bei aller inhaltlichen Unbestimmtheit der Zukunft, bei aller Offenheit darüber, was das Morgen und Übermorgen bringt, weiß er die Zukunft im Grund schon entschieden durch das Geschehnis von Christi Tod und Auferstehung und Herrlichkeit. Aus den vielen Stimmen, Lichtern und Schatten, die aus der Zukunft schon jetzt in unsere Gegenwart hineinfallen, aus den unklaren und unentwirrbaren Zeichen hebt doch dieses eine Zeichen sich klar ab: Nicht nur vieles Unbekanntes kommt auf ihn zu, sondern der Herr.

Karl Rahner

17

NOVEMBER

Montag

Hl. Gertrud von Helfta, Ordensfrau
Hl. Hilda, Äbtissin
Hl. Florin, Priester

Wenn Beten wie Atmen ist, wie der Philosoph Søren Kierkegaard sagte, geht es über die Bewusstseinsebene hinaus. Unser ganzes Sein ist ein existenzielles Gebet. Es ist der Atem der Seele, und uns kommt die wunderbare Aufgabe zu, uns dessen immer wieder bewusst zu werden. Und manchmal steigt die Freude am Leben wie ein Dankgebet nach oben: Eucharistie (Danksagung) in seiner schönsten Form.

Ermes Ronchi

Dich werde ich sehen

Du, ewiger Lichtes Quell,
hole mich heim,
in dich zurück,
von wo ich gekommen,
du tiefster Grund allen Lebens.

Lass mich erkennen,
wie ich erkannt bin,
lieben, wie ich geliebt bin.

Dich, mein Gott,
werd ich sehen, wie du bist,
werd dich schauen,
genießen, besitzen,
selig durch dich auf ewig.

Hl. Gertrud von Helfta (1256–1302)

18

NOVEMBER

Dienstag

Weihetag der Basiliken
St. Peter und St. Paul in Rom
Hl. Odo, Abt

Wir beten nicht, um Gott wissen zu lassen,
was wir wollen, denn er kennt unser Herz
besser als wir selbst; sondern wer betet,
lebt vor ihm, zu ihm hin, von ihm her, gibt
Gott, was sein ist, und empfängt, was Er
geben will.

Romano Guardini

Das rechte Gebet

Den betenden Menschen macht das Gebet demütiger, sanfter, geduldiger, arbeitsamer, liebevoller gegen Gott und den Menschen – oder es ist nicht das rechte Gebet.
Es kommt beim Beten gar nicht darauf an, ob die Gebetsübungen lang oder kurz, ob sie alt oder neu sind; auch nicht, ob du dich eines Buches oder keines bedienst.
Darauf kommt es beim Beten an, dass du im Glauben und Vertrauen, mit Demut und Liebe vor dem Vater im Himmel dein Herz reden lässt.

Johann Michael Sailer (1751–1832

19

NOVEMBER

Mittwoch

Hl. Elisabeth von Thüringen
Hl. Mechthild von Hackeborn
Buß- und Bettag

In den Evangelien ist nicht
für die Prostituierten und die Zöllner
die Umkehr am schwersten,
sondern für die Frommen,
die meinen, sie hätten es nicht nötig,
Buße zu tun.

Brennan Manning

Zeiten der Reife

Lass uns dir vertrauen, Gott, und segne uns, dass sich auch die Bruchstücke unseres Lebens wiederzusammenfügen können.
Achte darauf, Gott, und segne uns, dass wir Äußerlichkeiten nicht zu wichtig nehmen und nicht am Vergangenen hängen.
Schenke uns allen, Gott, und segne uns, dass wir die dunklen Seiten unseres Lebens nicht verdrängen, sondern mit ihnen zu leben lernen.
Lass uns begreifen, Gott, und segne uns, dass Tage der Sorge, der Trauer und des Leids keine verlorenen Zeiten sind, sondern zu unserer Reife führen.

Roland Breitenbach,
in: «Ich bin die Auferstehung und
das Leben»
Verlag Herder

20

NOVEMBER

Donnerstag

Hl. Edmund, König, Märtyrer
Hl. Korbinian, Bischof
Hl. Bernward, Bischof§

Das Paradoxe am Gebet ist,
dass wir es erlernen müssen,
obwohl wir es doch nur
als Geschenk empfangen können.

Henri J. M. Nouwen

Glauben – Beten

Glauben ist Beten, Beten ist Glauben. Beten ist hier nicht kindhaft gemeint, sondern als Persönlichkeitsakt, wie er dem aufrechten Menschen in seiner Gottsuche möglich ist. Die vielen Fragen an den Unverstehbaren, das Kämpfen mit ihm wie Jakob am Jabbok, die Klage des geschundenen Menschen gehören ebenso dazu wie der reife Dank.

Fridolin Stier, ein zeit seines Lebens mit Gott ringender Theologe, schrieb: »Das meiste dessen, was in meinem Kopf vorgeht, gehört zur Gattung Gebet.«

Monika Renz
Der Mystiker aus Nazaret
Kreuz Verlag

21

NOVEMBER

Freitag

Gedenktag Unserer Lieben Frau
in Jerusalem

Es gibt kein «Unmöglich»,
wenn Maria uns
führt und unterstützt.
Sie hat als Erste an das geglaubt,
was «unmöglich» war.

Kardinal Stefan Wyszynski (1901–1981),
Primas von Polen

Nimm mich auf

O Gott, der du der Gründer des Alls bist –
das Eine gib mir vor allem, dass ich recht
zu Dir bete. Und lass mich in meinem Tun
würdig werden. Und: Lass mich die Freiheit finden.

Sag mir, wohin ich soll, um Dich zu schau-
en. Nimm mich auf, dass ich Zuflucht bei
Dir suche, Herr und milder Vater. Herr,
meine einzige Hoffnung, erhöre mich, dass
ich nicht matt werde, Dich zu suchen, sondern immer mit Verlangen suche Dein Antlitz. Du gibst Kraft zu suchen, der du Dich
finden lässt. Vor Dir ist meine Kraft und
meine Unkraft: Erhalte jene, diese aber
heile. Vor Dir ist mein Wissen und mein
Nichtwissen. Wo Du mir öffnest, da segne
auch meinen Eingang. Deiner möchte ich
gedenken, Dich verstehen, Dich lieben.
Vermehre in mir diese Gaben, bis Du mich
wandelst zu einem vollkommenen Menschen.

Hl. Augustinus
Die Unruhe zu Gott
Paulusverlag

22

NOVEMBER

Samstag

Hl. Cäcilia, Märtyrerin
Hll. Philemon und Appia, Märtyrer

Die Aussage von Musik
sollte keine andere sein
als die Herrlichkeit von Gott
und die Wiedergeburt der Seele.

Johann Sebastian Bach

Musik als Gebet

Musik ist die himmlischste aller Künste. Und die himmlischste Musik ist der Engelsgesang. Im himmlischen «Halleluja» wird Singen zum vollendeten Lobpreis Gottes. Für uns Erdenkinder kann Musik vieles bedeuten und beinhalten: Ablenkung und Unterhaltung, Ekstase und Erbauung. Musik hat eine spirituelle Dimension. Darin klingt Geistiges und Geistliches an. Sie eröffnet Klangräume und erschließt akustische Klangwelten.

In Musik und Gesang kommt immer wieder Göttliches zum Anklang, wird Gott besungen und vor Ohren geführt. In geistlicher Musik ist oft ausdrücklich von Gott die Rede. Insofern kann hier von musikalischer Theologie gesprochen werden. Weil aber im Gottesdienst nicht nur von Gott, sondern auch und vor allem zu Gott geredet und gesungen wird, zeigt sich hier Musik zugleich als Gebet.

Edmund Arens
in «Schweizerische Kirchenzeitung»

23

Christkönigsfest
Hl. Klemens I., Papst, Märtyrer
Hl. Kolumban, Abt
Hl. Felicitas, Märtyrerin

Unsere Freiheit wurde durch den Tod des Sohnes Gottes teuer erkauft. Niemand kann uns in neue Fesseln schlagen, denn Gottes Sohn ist auferstanden. Lasst uns der Welt antworten, wenn sie uns furchtsam machen will: Eure Herren vergehen, unser Herr kommt!

Gustav Heinemann (1899–1976), deutscher Bundespräsident

Christus König

Gott, unser Herr,
unser herrlicher Herr,
Jesus Christ!
      Singt ihm, einst wird er erscheinen,
      und singen wir nicht,
      dann jubelt der Ruf aus den
      Steinen:
      Gepriesen sei Er,
      der da kommt,
      Christus König!

Gott, unser Herr,
unser herrlicher Herr,
Jesus Christ!
      Dir sind vom Vater gegeben
      Gewalt und Gericht.
      Und die an dich glauben,
      die leben
      in deinem herrlichen Reich,
      das da kommt,
      Christus König!

Silja Walter
Gesamtausgabe. Band 10
Paulusverlag

24

Hl. Flora, Märtyrerin
Hll. Andreas Dung-Lac und
Gefährten, Märtyrer

Du allwissendes Wort
des himmlischen Vaters,
du König des Weltalls,
der durch sein Bild
das sterbliche Volk ehrte,
gib uns Gnade
und schenke uns
segenspendenden Beistand!
Auf dich schauen die Augen
voller Hoffnung.

Aus der griech. Orthodoxie

Ewiges Leben

Ewiges Leben heißt nicht, dass es endlos so weitergeht wie jetzt, es meint nicht eine Verjenseitigung des Vorhandenen. So stellen es sich diejenigen vor, die schon in diesem Leben alles haben, und trotzdem nie genug bekommen; die das, was sie haben, für immer haben wollen. Anderes fällt ihnen nicht ein als ihre private Seligkeit. Christen jedoch lassen sich damit nicht abspeisen. Sie hoffen auf ein Glück, das nicht mit dem Unglück anderer bezahlt wird; auf eine Lust, die nicht Privatvergnügen oder Gruppenprivileg bleibt, sondern alle erfasst. Alle werden zu ihrem Recht kommen und Frieden finden.

Bischof Franz Kamphaus

25

Hl. Katharina von Alexandrien,
Jungfrau, Märtyrerin
Sel. Niels Stensen

Schön ist, was wir sehen,
schöner, was wir erkennen,
weitaus am schönsten aber,
was wir nicht fassen können.

Sel. Niels Stensen

Mein Gott in mir

Im innersten Raum meines Herzens
wachst du in aller Stille
wartest du in unendlicher Geduld
bist du wahrhaftig gegenwärtig
mein Gott in mir.

Auf dem heiligen Boden in mir
erscheinst du im dornigen Feuer
suchst du das Gespräch mit mir
offenbarst du mir deinen Namen
mein Gott in mir.

Auf meinem inneren Weg
gehst du mit mir, stehst du zu mir
führst du mich zum Licht
verlässt du mich nicht
mein Gott in mir.

Quelle unbekannt

26

NOVEMBER

Mittwoch

Hl. Konrad und hl. Gebhard,
Bischöfe von Konstanz
Hl. Johannes Berchmans

Wenn wir unseren Willen ganz dem Willen Gottes unterordnen, erhält jede Kleinigkeit, jedes Treffen auf der Straße, jeder Telefonanruf, jeder Brief plötzlich einen Sinn.

Ernesto Cardenal

Die Stille im Zimmer

Setz dich einmal in dein Lieblingszimmer, vermutlich in dein Wohnzimmer, und genieße die Stille, die davon ausgeht ... Nun nimm wahr, dass alles, was in deinem Wohnzimmer steht und hängt, auch ein Bild für dich ist. Du drückst darin deine Seele aus. Wenn es Bilder deiner verstorbenen Eltern sind oder Bilder deiner Kinder, so kommst du in Berührung mit deiner Lebensgeschichte, mit deinen Wurzeln, aus denen du lebst, und mit deiner Fruchtbarkeit. Dein Leben hat Früchte getragen, die du jetzt dankbar anschauen kannst.

Vielleicht fühlst du dich auch einsam, wenn du so in deinem Zimmer bist. Dann solltest du dir vor Augen halten: Dort, wo ich allein bin, bin ich auch «all-eins», mit allen Menschen eins, eins mit aller Welt und eins mit Gott, dem Grund der Welt.

Anselm Grün
Gute Worte für das ganze Leben
Topos plus

27

NOVEMBER

Donnerstag

Hl. Valerian, Bischof
Hl. Bilhildis, Äbtissin

Gott kann Wege aus der
Ausweglosigkeit weisen.
Er will das dunkle Gestern
in ein helles Morgen verwandeln –
zuletzt in den leuchtenden
Morgen der Ewigkeit.

Martin Luther King

Loslassen

«Segne unser Tun und Lassen» heißt es in einem Gesangbuchvers. Gemeint ist das, was wir tun, und das, was wir nicht tun. Einmal die Hände in den Schoß legen! Sich eine Stunde der absichtslosen Muße gönnen!

Wir sollten über das Lassen nicht die Nase rümpfen. Der Philosoph Wilhelm Weischedel spricht davon, wir müssten «abschiedliches Sein» lernen und ausüben.

Wir leben in immer neuen Abschieden und merken es bloß nicht. Unser Leben ist darauf angelegt, dass wir loslassen können – einen Halt aufgeben, um einen neuen Halt zu gewinnen.

Karl-Friedrich Wiggermann

28

Hl. Rufus, Märtyrer
Hl. Gunther von Melk

Friede des Herzens
heißt nicht nur Ruhe,
sondern er schließt eine gewisse
Freudigkeit und Heiterkeit in sich,
die aus uns herausscheint
und auf die anderen wirkt.

Albert Schweitzer

In deinem Licht

Was jetzt wichtig ist,
einmal wird es vergehen.
Was jetzt ängstigt,
einmal wird es gelöst sein.
Was jetzt erstrebenswert ist,
einmal kommt es nicht mehr darauf an.

Einmal werden sich alle Dinge ordnen.
Da wird mir genommen,
woran ich mich jetzt festhalte.
Da fällt von mir ab,
was mich jetzt beunruhigt.
Da werde ich vor dir stehen
in deinem Licht.
Und dein Blick macht
das Gerade und das Krumme
meines Lebens offenbar.
Denn einzig du weißt, wer ich bin.

Hildegard Nies
in der Monatsschrift «Te Deum»
Verlage Maria Laach / Kath. Bibelwerk

29

NOVEMBER

Samstag

Hl. Saturnin, Bischof, Märtyrer

Das Gegenteil von Liebe
ist nicht Hass,
sondern Kontrolle.
Gott bleibt in der Liebe,
und deshalb verfällt er nicht
in den Kontrollmodus.

Richard Rohr

Für das neue Jerusalem

Wir erkennen das Baumaterial für das neue Jerusalem: unsere Herzen, die sich für den Weg des Lebens entscheiden, die das Werk Deiner Hände heilig halten, die menschengeschaffenes Elend nicht als gottgewollt akzeptieren, die eine Stimme bilden, wenn es um die Würde des Menschen geht. Um die Würde der Entrechteten, der Gefangenen, Gefolterten, Verschwundenen, aber auch um die Würde der Henker, die ebenfalls Deine geliebten Kinder sind.

Herr, wir erkennen das Baumaterial für das neue Jerusalem: unsere Herzen, Zellen im großen Körper der Menschheit. Wir wollen uns auf Deine Kraft in uns besinnen und uns in Bewegung setzen. Wir wollen an den Sieg der Liebe glauben. Denn Du hast alles bereitet.

Darum preisen wir Dich mit allen guten Mächten und Kräften in dieser Welt, mit allen Menschen guten Willens.

Magdalena Marx
in Zeitschrift «Christ in der Gegenwart»
Verlag Herder

30

NOVEMBER

Sonntag

1. Sonntag im Advent
Hl. Andreas, Apostel

Es sind noch nicht die lauten Engel des
Jubels und der Öffentlichkeit und der Erfüllung, die Engel des Advent. Still und un-
bemerkt kommen sie in die Kammern und
vor die Herzen wie damals. Still bringen
sie die Fragen Gottes und künden uns die
Wunder Gottes, bei dem kein Ding unmöglich ist.

Alfred Delp

Zum ersten Advent

Zum ersten Advent wünsche ich dir
den Engel des achtsamen Wachens
und wachsamen Wartens, damit du
hellwach und erwartungsvoll in den
Advent hineingehen kannst.

Beseelen möge er dich, in aller
Ungeduld viel Geduld mit Gott,
deinen Nächsten und dir selbst zu üben,
um ihre entspannende Heilkraft
von innen heraus erneut zu erfahren.

Geleiten und begleiten möge er dich
auf deinem ganz persönlichen Weg
durch die Adventszeit dieses Jahres,
damit du sie als eine besondere Gnade
empfinden und wahrnehmen kannst.

Ermahnen möge dich dieser Engel,
dir öfter genügend Ruhe zu gönnen,
damit du erkennen kannst, womit
dich Gott gerade im beginnenden
Advent beschenkt und bereichert.

Paul Weismantel

1

DEZEMBER

Montag

Hl. Blanca, Königin
Hl. Natalia, Witwe
Hl. Charles de Foucauld

Mein Gott, danke du dir in mir, schaffe du selbst in mir die Dankbarkeit, die Danksagung, die Treue, die Liebe ... Schaffe du meine Gedanken, meine Worte und meine Werke, damit alles dir zum Dank gereiche und dich verherrliche in mir.

Hl. Charles de Foucauld (1858–1916)

Advent im Alltag

Mitten im Alltag dieser Welt soll Advent sein, weil Gott in uns ankommen will in einem Leben des Gebets und der Werke der Liebe. Im Glauben wissen wir: Jesus Christus, der Herr der Kirche, ist mit uns alle Tage bis zum Ende der Welt (Mt 28,20). Dieses Vertrauen und diese Hoffnung sind lebenswichtig für unser ganzes Dasein als Christen. Als adventliche Menschen bauen wir nicht auf die Strukturen dieser Welt. Wir sind vielmehr voll Hoffnung auf die kommende Welt. So können wir mit Mut jeden Tag die Portion Last, die uns zugemutet ist, tragen und jeden Tag aufs Neue bereit werden für Gott und sein Reich, das Gerechtigkeit, Friede und Freude im Heiligen Geist ist (Röm 14,17).

Walter Kasper
Bedenke dein Geheimnis
Verlag Kath. Bibelwerk

2

DEZEMBER

Dienstag

Hl. Luzius, Bischof, Märtyrer
Hl. Bibiana, Märtyrerin

Den Weg innerlich bereiten, das heißt zur
Ruhe kommen. Die Straßen ebnen. Höhen
und Tiefen gleichmäßig auffüllen. Das bedeutet zur Mitte finden, Bedürfnisse und
Ansprüche einmal sein lassen, sich etwas
entgehen lassen, um so frei zu werden für
neue Eindrucke im Advent, für Gott.

Jürgen Kaufmann

Macht hoch die Tür ...

So viele Menschen,
so viele Fragen. –
Weise den Weg.

So viel Leid, Not und Tod,
so viele Plagen. –
Weise den Weg.

So viele Hoffnungen,
so viele, die es wagen. –
Weise den Weg.

«Er ist gerecht, ein Helfer wert,
Sanftmütigkeit ist sein Gefährt»:
Weis' uns den Weg!

Dorothee Sandherr-Klemp

3

DEZEMBER

Mittwoch

Hl. Franz Xaver, Apostel Indiens

Das Leben ist
ein einziger Advent.
Ob wir das Leben
als solchen Advent
anzunehmen und
zu feiern gewillt sind,
das ist die Frage.

Karl Rahner

Erwartungshaltung

Mit der heilen Welt ist nichts! Zu viel Tod, Schmerz, Angst und Weinen! Und doch will jeder eine bessere Welt. Und niemand ist, der nicht wartet auf den Tag, da jede Träne abgewischt und alle Knechtschaft weggefegt wird, da er innerlich zufrieden, glücklich, froh und frei leben kann, da nun niemand mehr bangt um sein Glück, da die ganze Welt voll Lachen ist und voll Licht.
Für Christen hat das alles einen Namen und ein Gesicht: Jesus von Nazaret. Letztlich warten wir auf ihn. Wir warten das ganze Jahr, besonders aber in der Zeit des Advents.

Anton Rotzetter
Mach's wie Gott, werde Kind!
Verlag Herder

4

DEZEMBER

Donnerstag

Hl. Barbara, Märtyrerin
Hl. Johannes von Damaskus
Sel. Adolph Kolping
Gebetstag für geistliche Berufe

Das Glück des Menschen
liegt nicht in Geld und Gut,
sondern es liegt in einem Herzen,
das eine wahrhafte Liebe
und Zufriedenheit hat.

Sel. Adolph Kolping
(1813–1865)

Weihnachten nicht ohne Advent

Wie hätte ich mich auf Weihnachten freuen können, wenn ich nicht zuvor den Advent durchgehalten hätte? Zuerst das Warten in Kälte und Dunkel, und erst dann Wärme und Licht. Eins nicht ohne das andre. Warten war unerlässlich ...

Mein frühes Aufstehen und Frieren (um die Adventmessse zu besuchen) bedeutete für mich die Vorbereitung auf das Kommen des Messias zu mir.

Als ich einige Jahre später bei einem der deutschen Mystiker las, Christus sei nicht geboren, wenn er nicht in unseren Herzen wieder und wieder geboren werde, verstand ich das sofort.

Luise Rinser

5

DEZEMBER

Freitag

Hl. Anno, Bischof von Köln
Hl. Sabbas, Abt
Hl. Ragnachar, Bischof von Basel
Herz-Jesu-Freitag

Advent ist zunächst
Warten, Erwarten.
Das heißt, Tag für Tag in sich
das Maranatha, das «Komm, Herr»,
aufsteigen lassen.
Komm für die Menschen!
Komm für uns alle!
Komm für mich selbst!

Frère Roger Schutz

Adventstage

Tage des Dunkels, der Beklommenheit,
der Einsamkeit.

Tage der Stille, der Einkehr,
der Umkehr.

Tage des Loslassens, des Freiwerdens,
des Freigebens.

Tage der Prüfung, der Besinnung,
der Erneuerung.

Tage der Achtsamkeit, der Hinwendung,
der Öffnung.

Tage des Wartens, des Hoffens,
des Ersehnens.

Tage der Vorbereitung auf den,
der kommen wird.

Gisela Baltes
in der Monatsschrift «Magnificat»
Verlag Butzon & Bercker

6

DEZEMBER

Samstag

Hl. Nikolaus, Bischof
Mariensamstag

Nikolaus finde ich gut, denn er ist ein wahrer Freund der Kinder! Im Gegensatz zum Weihnachtsmann möchte er den Kindern inneren Reichtum schenken – und sie nicht dazu verführen, ausschließlich nach dem äußeren Wohlstand zu streben. Sein Tun motiviert uns alle, nicht nur an unser eigenes Wohlergehen zu denken, sondern immer achtsam für den Menschen neben uns zu sein.

Nina Ruge, Fernsehmoderatorin

Advent: eine gute Zeit

Advent wäre die Zeit, unsere Süchte wieder in Sehnsucht zu verwandeln. Jeder von uns kennt Süchte, innere Abhängigkeiten. Da sind nicht nur die in die Augen fallenden Süchte wie Alkoholismus, Drogensucht, Medikamentenabhängigkeit, Arbeitssucht, Beziehungssucht, Kaufsucht, Esssucht, Spielsucht. Sobald wir abhängig werden von einem Verhalten oder von einem Ding, bildet sich in uns eine Suchtstruktur aus. Wir können ohne das Verhalten oder ohne das bestimmte Ding nicht mehr sein.

Die Kunst bestünde darin, dass wir unsere Süchte genau anschauen und die Sehnsucht darin entdecken, die uns zeigt, dass unser Verlangen über das Alltägliche und Banale hinausweist. Letztlich steckt darin die Sehnsucht nach Heimat und Geborgenheit, die Sehnsucht nach dem verlorenen Paradies.

Anselm Grün
Vergiss das Beste nicht
Verlag Herder

7

DEZEMBER

Sonntag

---

2. Sonntag im Advent
Hl. Ambrosius, Bischof, Kirchenlehrer
Hl. Gerald, Bischof

Advent heißt: Gott kommt.
Er ist schon in Sicht.
Aus dem Himmel. Auf die Erde.
Aus der Höhe. In die Tiefe.
Verborgen. In einem Kind.
Der Blick in das Sternenzelt
wird umgelenkt –
in eine Krippe.

Udo Hahn

Der Rufer in der Wüste

«Bereitet dem Herrn den Weg», damit er ankommen kann in eurem Leben. Dabei ist nicht der perfekte Mensch notwendig – den gibt es auch nicht –, sondern der, der selbstkritisch seine Schwächen erkennt und zur Umkehr bereit ist.

Johannes hat sich als Ort seiner Verkündigung die Wüste ausgesucht: eine Stätte lebensfeindlicher Mächte, mit all den lauernden drohenden Gefahren, der Einsamkeit, dem Hunger und Durst, der Hitze und Dürre. Es sollte in dieser beständigen Gefährdung das Vertrauen auf Gottes Führung wachsen. Und der Mensch sollte spüren, dass Gott ihm dauerhaft nahe ist und ihn zum Heil führt.

Ein langer Weg ...

Helmut Krug

8

DEZEMBER

Montag

Hochfest der ohne Erbsünde
empfangenen Jungfrau
und Gottesmutter Maria

Maria ist die adventliche Gestalt, in der
Christus, in unserer Welt angekommen,
seinen Advent gehalten hat. Denn Maria
hat so gelebt, dass sie für Gott ganz durchlässig, dass sie für Gott ganz «bewohnbar»
und dass sie zur Wohnung Gottes in der
Welt geworden ist.

Kardinal Kurt Koch

Ansprechbar wie Maria

Gott, wir hören oft Dein Wort.
Aber es prallt an uns ab.
Es kommt gar nicht an.
Unbewusst sperren wir uns.
Wir müssten sonst
umdenken und umkehren,
andere, neue Menschen werden.
Das kostet viel Kraft
und viel guten Willen.

Gott, wir möchten ansprechbar sein
wie Maria!
Freilich, sie erschrickt über Dein Wort.
Sie hört den Anspruch heraus,
der in Deinem Gruß liegt:
Gerufen werden in Deine Nähe und –
unter Deine Führung.
Aber niemand weiß,
wohin Du den Menschen führst.

Gott, mach uns im Innersten unruhig,
damit wir Dein Wort hören
und nicht verschlafen.

Theo Schmidkonz
Maria – Gestalt des Glaubens
Rex Verlag

9

DEZEMBER

Dienstag

Hl. Petrus Fourier, Ordensstifter
Sel. Liborius Wagner

Die ausgetretenen Wortwege
verlasse ich,
um einzutreten
in den Raum des Schweigens.
Warten will ich,
bis die Stille
das Laute überwächst
und ich ganz Ohr werde
für deine Gegenwart.

Antje Sabine Naegeli

Stille erfahren

Der Gouverneur unterbrach eine Reise, um dem Meister seine Ehrerbietung zu erweisen: «Staatsgeschäfte lassen mir keine Zeit für lange gelehrte Abhandlungen», sagte er. «Könntet Ihr das Wesentliche der Religion für einen aktiven Menschen wie mich in einem oder zwei Absätzen zusammenfassen?»

«Ich werde es mit einem einzigen Wort zum Nutzen Eurer Hoheit ausdrücken.»

«Unglaublich! Wie lautet dieses außergewöhnliche Wort?»

«Stille.»

«Und auf welchem Weg gelangt man zur Stille?»

«Meditation.»

«Und was, darf ich fragen, ist Meditation?»

«Stille.»

Anthony de Mello
Eine Minute Weisheit
Verlag Herder

10

Hl. Angelina, Äbtissin
Hl. Eulalia, Jungfrau, Märtyrerin

Ich nehme mir die Zeit,
Zeit zu haben.
Denn alles Große
reift in der Stille.

Friedrich Wilhelm Nietzsche

Advent ist immer

Du, Gott, willst,
dass wir dich allezeit erwarten,
dass immer Advent ist.
Denn weil du uns erwartest,
schufst du die Möglichkeit
für Buße und Umkehr.
Mit Hoffnung schaust du
als unser Gegenüber auf das,
was zerbrochen ist.
Du bist ein Heilender,
der sich nicht abnutzt –
als Erwartung, als erwartendes Hoffen,
als unsere innerste Vertrautheit.
Dieses hoffende Warten belebt
und befähigt uns, zu lieben.
Alles ist schon immer
in diese Erwartung gelegt,
und für dich, Gott,
heißt Erwarten zutiefst Beten.

Jean Debruyne
in der Zeitung «La Croix»

11

Hl. Damasus I., Papst

Spiel mir das Lied vom Leben
denn es kommt ein Schiff
voller Hoffnung

Der Himmel reißt auf
und einer sagt: Siehe
ich mache alles neu.

Karin Kammann

Warten auf Weihnachten

Gott schenkt uns Zeit, indem er selbst in die Zeit kommt, zeitlich wird und der Zeit ein anderes Gesicht gibt. Ein Gesicht des Erbarmens. Die unerbittlich ablaufende Zeit, die gerade auch in diesen Tagen der Vorbereitungen auf Weihnachten mit den tausend Erledigungen und Einkäufen von vielen so empfinden wird – obgleich es ja die schönste Zeit des Jahres ist –, diese Zeit wird gnädig umhüllt. In einem kleinen Kind. «Er kommt aus seines Vaters Schoß und wird ein Kindlein klein, er liegt dort elend, nackt und bloß in einem Krippelein.» Auf diesen Gott warten wir. Auf den Gott, der der Zeit ein menschliches Antlitz gibt. Die Zeit muss nicht ausverkauft werden. Es ist genügend Zeit da. Aus der Ewigkeit geschöpft. Barmherzige Zeit. Zeit der Liebe. Zeit zum Sein-Können. Zeit, loslassen zu dürfen. Zeit, sich unterbrechen zu lassen vom bedrängenden Takt der Zeiten. Zeit zum Warten. Darauf dürfen wir uns verlassen. Ganz gewiss. So gewiss, wie Weihnachten auf uns zukommt.

Reiner Zeyher

12

DEZEMBER

Freitag

Hl. Hartmann, Bischof
Hl. Ida von Nivelles

Adventszeit ist Erwartungszeit, nicht Vertröstungszeit. Sie will zum Aufbruch bewegen, zu mehr Menschlichkeit. Gottes Ankunft ereignet sich in jedem Menschen, der mehr er selbst wird, der seine Aufgabe auf dieser Welt deutlicher entdeckt und lebt.

Pierre Stutz

Ausschau halten

Advent ist die Zeit intensiven Ausschauens auf das, was kommt. Es ist die Zeit, in der das Herz des Menschen besonders stark seine Schwäche fühlt und sich über den düsteren Alltag hinaus erheben will.

Christen harren auf den, der kommt. Sie suchen nach ihrer Würde, indem sie Christus in ihrem Leben erwarten. Weihnachten ist das Fest, das Antwort in Fleisch und Blut auf das Ausharren schenkt.

Gott kommt anders, als der Mensch denkt. Gott hat einen Plan; er weiß, was er tut. Er kommt in der Schwäche des Menschen in den grauen bescheidenen Alltag, um uns Menschen zu erreichen.

Kardinal Kurt Koch

13

Hl. Luzia, Jungfrau, Märtyrerin
Hl. Odilia, Patronin des Elsass
Hl. Jodok, Priester, Einsiedler

Ich wünsche dir,
dass Gott sein Licht über dir ausgießt.
Dass Er deine Seele
hell und freundlich macht,
deine Augen zum Leuchten bringt
und seine Liebe ausstrahlt durch dich.
Und du selbst zum Licht wirst
für diese Welt.
So segne dich unser Gott.

Tina Willms

Adventsbitte

Du Licht,
das uns durch dunkle Zeiten trägt,
das Ängste und Sorgen vertreibt,
das uns Hoffnung in der Bedrängnis gibt
und uns Rettung und Hilfe verspricht.
Komm!

Du Licht,
das den Neubeginn ankündigt,
das die Schrecken der Nacht bannt,
das den Morgen anbrechen lässt
und uns durch den Tag begleitet.
Komm!

Du Licht,
Leitstern durch unser Leben,
Kraftquell auf all unseren Wegen,
Orientierung und Ziel,
unser Heil, unsere Zukunft.
Komm!

Gisela Baltes

14

DEZEMBER

Sonntag

---

3. Sonntag im Advent
Hl. Johannes vom Kreuz, Priester
Kirchenlehrer
Sel. Franziska Schervier

Es ist von höchster Wichtigkeit, dass die Seele sich viel in der Liebe übt, damit sie – sich rasch verzehrend – kaum länger hienieden verweilt, sondern geradewegs dahin gelangt, Gott von Angesicht zu Angesicht zu schauen.

Hl. Johannes vom Kreuz (1542–1591)

Der Herr kommt

Die Verheißung und die frohe Botschaft ist eine Botschaft des Lebens. Nicht «Nichts läuft mehr», sondern «Er kommt»: «Seht, euer Gott, er selber kommt, uns zu erretten.»

Es geht uns wie Eingeschlossenen in einem Bergstollen, die auf Schritte warten. Wir leben auf, wenn jemand kommt.

Darum auch die Frage des Täufers: «Bist du es, der da kommen soll?» Die Antwort, der Ausweis, dass sich etwas bewegt, dass der Erwartete kommt, sind Leute, die laufen können: Blinde sehen, Lahme gehen.

Der Kommende macht möglich, dass auch andere Menschen kommen; der selber Laufende gibt andern, die gelähmt sind, das Laufen zurück. Stärkt die schlotternden Knie: Wo Er läuft, da läuft etwas.

Dietrich Wiederkehr
Kernstücke. Predigtminiaturen
NZN/TVZ

15

DEZEMBER

Montag

Hl. Christiane, Jungfrau
Hl. Wunibald, Abt
Sel. Carlo Steeb, Ordensgründer

Vom Himmel nimmt er seinen Lauf,
es geht ein Licht des Heils uns auf.
Es überstrahlt mit Gnad und Recht
der Sohn das menschliche Geschlecht.

*Friedrich Gottlieb Klopstock
(1724–1803), deutscher Dichter*

Gott sei Dank

Gott sei Dank,
dass es immer noch Menschen gibt,
die warten können und glauben,
dass im Herzen aller Geschichte
dein Geist wohnt.

Gott sei Dank,
dass es immer noch solche gibt,
die fest bleiben und wissen,
dass das Licht
unseren Schritten nachkommt.

Wir gehn ins Dunkel voran;
die Last des Tages drückt
und längt die Schatten,
kürzt die Dinge.
Nur die Hoffnung wacht und weiß:
Das Licht kommt nach.

Maria Otto
in: «Das Lächeln Gottes»
Verlag Herder

16

DEZEMBER

Dienstag

Hl. Adelheid, Kaiserin

Die Geburt Jesu in Bethlehem
ist keine einmalige Geschichte,
sondern ein Geschenk,
das immer bleibt.

Martin Luther

Zeit schenken

Das Beste, was wir mit der Zeit machen können? Wir können sie verschenken. Wir können anderen Zeit schenken: den alten Menschen, den Kindern.
Zeit ist Geld? Zeit ist unbezahlbar! Zeit ist mehr Gabe als Geld. Wir können sie zur Gabe machen. Sie kann eines der kostbarsten Geschenke werden. Denn mit der Zeit geben wir nicht etwas, sondern uns selbst.
Wer Gott als den Herrn der Zeit bekennt, der ist nicht mehr ein Sklave der Zeit. Die Jahre vergehen. Gott ist im Kommen.

Franz Kamphaus
Lichtblicke
Verlag Herder

17 DEZEMBER

Mittwoch

Hl. Lazarus von Bethanien
Hl. Johannes von Matha, Ordensgründer
Hl. Viviana, Märtyrerin

Gibt es ein ganz großes Gebet,
das ganz knapp ist?
Ein Gebet in nur einem Wort?
«Veni» – Komm!
Es ist ein Urgebet.
Das Urgebet des Advents –
das Urgebet um den Geist.

Bischof Klaus Hemmerle

Das Wort der Hoffnung

Das letzte Wort über den Menschen besagt, dass er geliebt, frei und fähig ist, den Weg zum Guten einzuschlagen, und dass er mit dem Jesuskind, wie neu geboren, sein Leben und den Aufbau der Gesellschaft wieder neu beginnen kann. Dieses Wort der Hoffnung ist es, das hinter allen Festtagsgrüßen steht; es ist der wahre Sinn aller Gaben, die wir einander schenken.

Das Kind, das zu uns kommt, ist das Zeichen dafür, dass Gott uns das Tor geöffnet hat, das auf diesen Lebensweg hinausführt. Trotz allem, trotz aller Finsternis und aller Furcht, besitzen wir in Jesus Gottes Liebe und können unserem Leben einen positiven und echten Sinn geben.

Carlo M. Martini
Christus entgegengehen
Verlag Herder

18

Hl. Gatian, Bischof
Hl. Wunibald, Abt

Wer das Ziel kennt, kann entscheiden.
Wer entscheidet, findet Ruhe.
Wer Ruhe findet, ist sicher.
Wer sicher ist, kann überlegen.
Wer überlegt, kann verbessern.

Konfuzius

Mit uns selbst zur Ruhe kommen

Gott, segne uns und behüte uns,
dass wir bewahrt bleiben
vor der Macht dunkler Mächte in uns
und vor der Versuchung,
mit ihnen herrschen zu wollen in der Welt.

Gott segne uns und stärke uns,
dass wir die Angst überwinden
vor allem, was unser Leben bedroht
und was zerstörerisch wirkt in der Welt.

Gott segne uns und erfülle uns mit Frieden,
dass wir mit uns selbst zur Ruhe kommen
und die gesammelten Kräfte
einsetzen können
für den Frieden in der Welt.

*Christa Spilling-Noker
in der Zeitschrift «Zeichen der Liebe»*

19

DEZEMBER

Freitag

Hl. Thea, Märtyrerin
Sel. Urban V., Papst

Advent ist Erwartung, Sehnsucht, Hoffen
und aktiv wach sein für das Wesentliche
und die Regungen des Lebens. Wer diesen
Zustand in sich zulässt und pflegt, der ist
wie ein Acker, offen und bereit für die Saat
der Zukunft: die Hoffnung.

Jean Pohlen

Adventslichter und Tannenbäume

Die Lichter des Advents können ein Wink Gottes werden, der uns daran erinnert, wach zu werden ...

Es liegt an mir, ob ich an den vielen Sternen der Lichterketten vorbeilaufe oder mich von ihnen zu einem Gebet bewegen lasse, wenn mir ein Stern besonders ins Auge fällt: «Gott, wie einmal ein Stern Menschen nach Betlehem geführt hat, lass mich an diesem Tag nicht die Orientierung auf dein Fest verlieren.»

Auch ein Tannenbaum an Stellen, wo es sonst nur Beton und Steine gibt, vermag ein kleines Stoßgebet zu formen: «Gott, es ist wahr! Du kannst selbst da Leben entstehen lassen, wo vorher alles tot zu sein schien. Lass mich die Hoffnung auf dich nicht verlieren!»

Heinz Josef Algermissen
Morgenstern in finst'rer Nacht
Verlag Herder

20

DEZEMBER

Samstag

Hl. Ursicinus, Einsiedler
Hl. Dominikus von Silos, Abt

Im Advent sollten wir uns fragen,
ob Geist und Herz in uns
über das Gegenwärtige hinaus
noch ein wenig Raum
für Neues und Zukünftiges haben.

Karl Rahner

Tritt ein!

Zu allen Tages- und Jahreszeiten des Lebens unterwegs sein – das ist uns aufgegeben. Ein innerer Kompass ist auf der Reise mit dabei: die Sehnsucht, daheim ankommen zu dürfen, eine innere Heimat zu haben, einen Ort, um zu sein und bisweilen ein wenig zu verweilen. Der Advent macht der Sehnsucht Beine. Sie läuft nicht ins Leere. Denn Jesus sagt: «Ich bin die Tür. Wer durch mich eintritt, wird gerettet werden» (Joh 10,9).

Sie ist da und lässt sich finden, die Tür zum Zuhause. Etwas verwachsen vielleicht der Eingang, abgetreten die Schwelle. Dennoch gewährt sie Einlass. Das ist das Wunder: Gott öffnet die Tür. Sichtbar und zugänglich für jeden, der kommen will. Keine Hintertür, keine Scheintür, kein Geheimzugang nur für Eingeweihte. Jesus ist die Tür. Offen und einladend. Der Durchgang zum Leben ist da.

Anna Hennersperger
in «Bethlehem ist nicht mehr fern»
Taschenbuchreihe Topos plus

21

DEZEMBER

Sonntag

---

4. Sonntag im Advent
Hl. Severin, Bischof von Trier

Die Revolution unseres Denkens und
Wollens ist immer noch die schwerste,
aber auch die wirkungsvollste. So bedeutet Weihnachten ein Gegenprogramm zu
den Selbstverständlichkeiten des täglichen
Lebens: Rücksicht statt Eigensinn, Barmherzigkeit statt Niedertrampeln, Verstehen
statt Kaltschnäuzigkeit, Liebe statt Hass.

Kardinal Karl Lehmann

Wie Josef

Wie Josef
einem Ruf nachgehen, ein Haus bauen,
eine Frau nehmen,
mit ihr auf das Kind warten.

Wie Josef
sich nicht aus der Geschichte Gottes
mit uns davonmachen.

Wie Josef
geduldig auf die Stunde warten,
da Gott uns braucht.

Wie Josef
in den Widrigkeiten des Tages
Gottes Willen erkennen.

Wie Josef
aufbrechen und zurücklassen,
Gefahren sehen, nicht ausweichen.

Wie Josef
Gottes Ruf hören und das Alltägliche tun.

Johannes Kuhn

22

DEZEMBER

Montag

Hl. Flavian, Märtyrer
Sel. Jutta von Sponheim

Das Geheimnis der Weihnacht besteht darin, dass wir auf unserer Suche nach dem Großen und Außerordentlichen auf das Unscheinbare und Kleine hingewiesen werden.

Quelle unbekannt

Gottesgeburt

Wenn ich zu mir komme
und das Außen loslasse,
wenn der Lärm verebbt
und die Gedanken ruhig werden,
wenn ich aus dem Reden
ins Hören komme
und aus dem Tun ins Sein,
wenn ich mich stelle
und nicht länger flüchte –
dann erst kann Gott zur Welt kommen
    in mir
      durch mich
        zu den Menschen.

Andrea Schwarz
Du Gott des Weges segne uns
Verlag Herder

23

Hl. Johannes von Krakau, Priester
Hl. Viktoria, Märtyrerin

Du sollst hoffen,
dass er kommt;
denn wenn er kommt,
will er dich voll Erwartung finden,
damit er dir wirklich geben kann,
was menschliches Hoffen übersteigt.

Richard Thalmann

«Ich verkünde euch eine große Freude»

Es gibt so wenig Freude in der Welt. Ein Engel «musste» kommen, um uns zu beschwören, in der Freude zu leben.
Seitdem hat der Christ den Auftrag, Freude in die Welt auszustrahlen. Das bedeutet wesentlich: Du darfst kein abgestumpfter Mensch werden. Unglücklich kann jeder sein; Freude verlangt aber Anstrengung.
Seit der Botschaft der Weihnachtsnacht ist die Freude für uns Christen eine Pflicht, und die Traurigkeit etwas, das wir bekämpfen sollen.

Ladislaus Boros
Weihnachtsmeditationen
Walter Verlag

24

DEZEMBER

Mittwoch

Vigil von Weihnachten

In der Heiligen Nacht
möge Frieden dein Gast sein,
und das Licht der Weihnachtskerzen
weise dem Glück den Weg
zu deinem Haus.

Irischer Segensspruch

Ein Licht

Ein Licht, entzündet in der Nacht,
begann in einem Stall zu leuchten
und hat den Menschen das gebracht,
was Du und ich, was alle bräuchten:

Es brachte Hoffnung in die Welt,
es brachte Hoffnung zu den Hirten
und einen Stern ans Himmelszelt,
dass Suchende sich nicht verirrten.

Drum lass uns gehen zu dem Licht,
lass uns den Weg zum Stalle wagen,
und wenn's uns leuchtet, warte nicht,
es auch zu anderen zu tragen!

Rainer Haak

25

Donnerstag

Hochheiliges
Weihnachtsfest

Der Stern der Weihnacht
erfüllt unsere Sehnsucht
nach Liebe und Freude,
nach Hoffnung und Frieden,
nach Geborgenheit und Gemeinschaft.

Der Stern der Weihnacht
verbindet Menschen untereinander,
öffnet ihre Herzen füreinander,
lässt sie Licht sein miteinander.

Heidi Rose

Was wir feiern

An Weihnachten feiern wir nicht eine Erinnerung, sondern eine Prophetie, eine Verheißung. Weihnachten, das ist kein sentimentales Fest, sondern insgeheim der eigentliche Wendepunkt der Geschichte. In einen Kontext hinein, in dem Menschen zu einer Nummer zu werden drohen und nicht die Würde des Einzelnen, sondern Zahlen zählen, wird dieses Kind geboren ... Gott wird Mensch. Der Blick wird gelenkt auf den Menschen, der nichts vorzuweisen hat, außer diesem einen: dass er Mensch ist. Mensch – und Punkt!
Und noch etwas: Haben wir eigentlich je bedacht, dass dieses Kind, der menschgewordene Gott, von der menschlichen Liebe lebt? Es ist Sache der Menschen, für diesen Gott Sorge zu tragen.

Ermes Ronchi
Die Weihnachtsüberraschung
Verlag Neue Stadt

26

Zweiter Weihnachtstag
Hl. Stephanus, erster Märtyrer

Jeder Mensch ist ein Fenster einer Kathe-
drale. Aber was ist solch ein Fenster ohne
Licht? An Weihnachten ist das Licht auf-
gegangen. Ich will es hinhalten, dieses
Leben, in sein Licht – und das Fenster wird
in Farbe erglühen und viele werden Licht
sehen.

Bischof Klaus Hemmerle

An Weihnachten glücklich sein

Lasst uns unsere Lampe anzünden
an dem Stern von Bethlehem
und in Stille durch die Nacht gehen.
Wir müssen uns nicht unentwegt fragen,
ob das wohl alle Finsternis vertreibt.
Um an Weihnachten glücklich zu sein,
brauchst du Licht und Wärme.
Du brauchst Licht im Herzen,
um Sinn in deinem Leben zu sehen,
und du brauchst
die Wärme lieber Menschen,
die dich gern haben.
Jedes Herz kann eine Krippe sein,
in der die Liebe geboren wird.

Phil Bosmans
Weihnachten mit Herz
Verlag Herder

27

DEZEMBER

Samstag

Hl. Johannes,
Apostel und Evangelist
Hl. Fabiola

Die große Botschaft
des Christentums ist ja,
dass wir trotz unserer Fehler
geliebt werden.
«Christ der Retter ist da!»

Margot Käßmann

Du großer Stern

Wo bist du, Gott, du großer Stern,
den die Gebete nennen?
Du warst doch nah und bist so fern
und lässt dich nicht erkennen.

Die Augen nehmen dich nicht wahr,
wir gehen wie die Blinden
und suchen, wo dein Bild einst war,
und können dich nicht finden.

Wir hören deine Stimme nicht
im Lärmen der Motoren.
Lass leuchten, Herr, dein Angesicht,
sonst gehen wir verloren.

Der Himmel über uns ist leer
und nirgends Engelheere.
Wo nehmen wir den Frieden her?
Wir haben nur Gewehre.

Weiß einer noch, wo Hirten sind,
die wachen bei den Herden?
Zeig uns den Stall, zeig uns das Kind,
dass wir gerettet werden.

Lothar Zenetti

28

DEZEMBER

Sonntag

Fest der Heiligen Familie
Hl. Kaspar del Bufalo, Ordensgründer

Gott wird Mensch und zeigt damit, wie
groß er vom Menschen denkt. Gott wird
Mensch, so wie wir selber auch Mensch
werden: hineingeboren in eine Familie.
Damit zeigt er, wie groß er von der Familie denkt. In der Familie geschieht die
Menschwerdung Gottes, in der Familie
wird der Grund gelegt für das Leben jedes
Menschen.

Franz Vorrath

Nicht aus Zuckerwatte!

Die Weihnachtsgeschichte ist keine Zuckerwatte-Wohlfühl-Story. Die Umstände der Geburt von Jesus sind im Gegenteil höchst prekär. Dem Volk geht es schlecht, Maria wird von ihrem Verlobten beinahe verstoßen, Jesus unter primitivsten Bedingungen geboren. Kaum auf der Welt, wird seine Familie zu Flüchtlingen. Das ist nicht das, was wir uns unter «Himmel auf Erden» vorstellen. Es ist aber genau diese Wirklichkeit, in der Gott uns begleitet. Gott deckt das Unerhörte auf. Das ist Weihnachten. Gott schaut hin – und wir schauen hin, damit die Verheißung wahr wird: Friede den Menschen auf Erden!

Bischof Felix Gmür

29

Hl. Thomas Becket,
Bischof und Märtyrer

Ein Geschäftsmann wollte vom Meister
wissen, was das Geheimnis eines erfolgrei-
chen Lebens sei. Sagte der Meister: «Mach
jeden Tag einen Menschen glücklich!» Und
er fügte als nachträglichen Gedanken hin-
zu: «... selbst wenn dieser Mensch du selbst
bist.» Nur wenig später sagte er: «Vor allem, wenn dieser Mensch du selbst bist.»

Anthony de Mello

Gesegnet

Gesegnet sei jeder Atemzug,
der dich belebt.

Gesegnet sei die Vorfreude,
die deiner Hoffnung
Leben einhaucht.

Gesegnet sei die Stunde
der Enttäuschung,
die ein Freund mit dir teilt.

Gesegnet sei das Glück,
das dich leise berührt,
und der weite Horizont,
der dein enges Herz öffnet.

Gesegnet sei jeder Augenblick,
in dem ein Mensch
durch dich gesegnet ist.

Helge Adolphsen
Minutengebete
Kreuz-Verlag

30

Hl. Felix I., Papst
Hl. Rainer, Bischof
Hl. Sabinus von Spoleto

Es gibt so wunderweiße Nächte,
drin alle Dinge Silber sind.
Da schimmert mancher Stern so lind,
als ob er fromme Hirten brächte
zu einem neuen Jesuskind.

Weit wie mit dichtem Demantstaube
bestreut, erscheinen Flur und Flut,
und in die Herzen, traumgemut,
steigt ein kapellenloser Glaube,
der leise seine Wunder tut.

Rainer Maria Rilke

Eine Linie

Es läuft eine Linie durch unsere Jahre, gezogen von einer sicheren Hand. Nichts geschieht «einfach so». Was um uns her geschieht, redet uns an. Was wir erfahren, will uns ändern. Was uns begegnet, ist ein Geschenk. Alle Wahrheit, die wir verstehen, alle Lebenskraft, hat uns einer zugedacht. Was uns zufällt, was wir Zufall nennen, fällt uns aus einer gütigen Hand zu. Was uns schwer aufliegt, ist uns auferlegt von einer Hand, die weiß, was wir sind.
Sind wir also noch wichtig? Für Gott sind wir es. Wir können uns aus der Hand legen. Er wird uns halten und bewahren in Zeit und Ewigkeit.

Jörg Zink

31

DEZEMBER

Mittwoch

Hl. Silvester I., Papst
Hl. Melania
Hl. Katharina Labouré

Der du allein der Ewige heißt
und Anfang, Ziel und Mitte weißt
im Fluge unsrer Zeiten:
Bleib du uns gnädig zugewandt,
und führe uns an deiner Hand,
damit wir sicher schreiten.

Jochen Klepper

«Adieu», altes Jahr!

Wer zum Abschied «Adieu» sagt, der beendet nicht einfach ein Gespräch oder ein Treffen. Das Wort, das aus dem Französischen stammt, bedeutet so viel wie «zu Gott hin». Adieu zu sagen bedeutet: Ich wünsche dir, dass du Gott anbefohlen bist, dass er seinen Segen auf dich legt ...

Es kann wohltuend sein, wenn wir das alte Jahr nicht einfach mit einem belanglosen «Tschüss» verabschieden. Vielmehr dürfen wir von Herzen sprechen: «Adieu 2025». Wir beenden dieses Jahr nicht einfach dadurch, dass wir einen neuen Kalender aufhängen und den alten entsorgen. Wir ziehen nicht einfach einen Schlussstrich unter dieses Jahr und sagen: «Ende». Wir versöhnen uns vielmehr mit diesem vergangenen Jahr und vertrauen es Gott an ... Er wird alles vollenden, was in diesem Jahr noch offen geblieben ist.

Fabian Brand
Mache dich auf und werde Licht
Verlag Herder